Couverture feuillet de garde
19443

Mss. en onciales du XIe siècle traitant Sermones S[anc]ti Augustini de la Bibliothèque de Munich (Cod. 14491), mss. jugé d'origine française.

Quid sit collibertus. Ille collibertus vocatus qui ante mancipium et servus fuit, et postea causa devotionis a domino suo ad aliquem privatum sit vel episcopatum vel monasterium, sive ad aliquam conventum ecclesiae pro redemptione peccaminum suorum libertati ecclesiastica donatus; non est toto liber sit vel privatus, sicut liberti, sed subjice ecclesiastica familiae conditionaliter et hoc divina sit mancipatus; quam conditionem nullo modo audet sit transgredi. Verbi gratia: Si habeo servum, trado mihi sicut propr[ium] et non est libertas sive collibertus. At si ego sit sancti alicujus altari pro anima mea tradidero, ut aut singulis annis censum a me constitutum persolvat aut cotidianum servitium per sancti personam reddat; jam non erit servus meus sed collibertus, id est ejusdem libertatis modo erit secundum spem, quoniam ego sum servus Dei et illius sancti cui illum tradidi.

(Publiée à Vienne dans le XXXIVe année 1828, p. 584, d'après le tome XI de la Zeitschrift für Rechtsgeschichte.)

L. D.

I.C. 9
§ 1

De hominibus quos dedit Odricus sco Martino
auctoritas ecclesiastica patenter admonet.

Quia seculi huius finem in proximo expectantes. expedit ut
unusquisq; & de propria familia & de substantia agat.
quomodo post obitum mereatur ueniam peccatoris.
Igitur ego indigno nomine ODRICVS. & filius meus Isembardus.
necnon & Guarnerius fidelis noster & filius eius Guitbertus ob
amore dei & remedio animarum nostrarum. ut parentum nostros
his hominibus nominis Erbaldi. & Enurardi cum fructibus
eorum dedimus sco Martino loco maioris monasterii atq
monachorum ipsius loci. Ideirco. ut ab hodierna die aut
deinceps nec nobis neq; successoribus nostris ullum debeant noxie
condicionis seruicium sed suum obsequium predicto loco diebus
uite sue cum suis fructibus reddant. Hanc g donationem
ut superius dixi p amore dei & partim accepto pretio manu
ppria firmo. Et ut omni tempore stabilis & firma pmaneat.
manibus nrorum fidelium subter firmauimus. & corroborari
iubemus. Siqs autem hanc donationem calumniare psumpserit.
ut abstrahere uoluerit. ira dei omnipotentis incurrat. &
auri libras centum componat. ✠ Adrici cui beneficium est.
✠ Isembardi. ✠ Guarnerii. ✠ Guitberti. ✠ Rainaldi. ✠ Arlefridi
sacerdotis & canonici Sci Leti. ✠ Constantini LEVITE:

De iohanne seruo effecto
Non maxima tantum aut modica sed etiam minima que
gerimus notificamus uobis q futuri estis posteri nostri. quia

DE SERVIS.

De hominibus quos dedit Adricus sco Martino
Auctoritas ecclesiastica patenter admonet.
Aqua seculi huius finem in proximo expectans. Expedit ut
unusquisque & de propria familia & de substantia agat.
quomodo post obitum mereatur ueniam peccatoris.
Igitur ego indi nomine Adricus. & filius mis Isembardus.
necnon & Guarnerius fidelis nr & filius el Guitberti ob
amore di & remedio animarum nrarum. ut parentum nror
bis hominibus nominis Erbald. & Einuard cum fructibs
eor dedim sco Martino loco maioris monasterii atque
monachorum ipsius loci. Ideirco. ut ab hodierna die. aut
deinceps nec nob neque successoribs nris ullum debeant noxie
conditionis seruitium sed suum obsequium predicto loco diebs
uite sue cum suis fructibs reddant. Hanc g donationem
ut superius dixi p amore di & partim accepto pretio manu
ppria firmo. & ut omni tempore stabilis & firma permaneat.
manibs nror fidelium subter firmauim. & corroborari
iubem. Siqs aute hanc donatione caluniare presumpserit.
ut abstrahere uoluerit. ira di omnipotentiss incurrat. &
auri libras centum componat. S Adrici cuius beneficium est.
S Isembardi. S Guarneri. S Guitberti. S Rainaldi. S Aklefridi
sacerdotis & canonici Sci leti. S Constantini LEGITE:

De Iohanne seruo effecto
Non maxima tantum aut modica sed etiam minima que
gerimus notificam uob q futuri estis posteri nri. quia

DE SERVIS.

LE
LIVRE DES SERFS
DE MARMOUTIER

Publié par feu André SALMON, ancien élève de l'École des Chartes

SUIVI DE CHARTES SUR LE MÊME SUJET

ET PRÉCÉDÉ D'UN

ESSAI SUR LE SERVAGE
EN TOURAINE

PAR M. CH. L. GRANDMAISON

Ancien élève de l'École des Chartes

Archiviste d'Indre-et-Loire, Vice-président de la Société Archéologique de Touraine

---

TOME XVI

DES PUBLICATIONS DE LA SOCIÉTÉ ARCHÉOLOGIQUE DE TOURAINE.

TOURS
IMPRIMERIE LADEVÈZE
1864.

ESSAI

SUR

LE SERVAGE EN TOURAINE.

La bibliothèque de Tours, parmi les précieux manuscrits qui lui sont venus des grandes abbayes de Touraine, possède un document presque unique en son genre et du plus haut intérêt pour l'histoire des personnes au moyen-âge. C'est un cartulaire exclusivement composé de chartes relatives aux serfs de l'abbaye de Marmoutier.

Le manuscrit a 24 centimètres et demi de hauteur sur 17 de largeur, et contient 44 feuillets de parchemin, rayés à la pointe sèche, écrits au recto et au verso, portant 25 lignes à la page et formant cinq cahiers et demi de 8 feuillets chacun, le sixième n'ayant que 4 feuillets. Chaque cahier offre au commencement une lettre ornée et peinte, soit en vermillon, soit en vermillon et en noir; au bas de la première page de chacun de ces cahiers on lit: *De Servis*, comme on peut le voir sur le spécimen qui représente le recto du 33ᵉ feuillet. Il y a une exception cependant pour le dernier cahier où ces mots sont en vermillon. La même couleur a été employée pour les rubriques des chartes. L'écriture est une minuscule qui reproduit les formes des dernières années du xɪᵉ siècle.

Ce volume a reçu au XVIIe siècle une reliure en parchemin et au dos est écrit en caractères de ce temps là : *De Servis Majoris monasterii.* Sur le premier feuillet de garde on lit : *Des Esclaves*, et au-dessous, d'une autre main : *Des serviteurs ou commis anciens de ce monastère de Mairemoustier.*

On a collé, à la fin, la pièce qui forme le n° L, de l'*Appendix*.

Le nombre 156, écrit sur le premier feuillet du cartulaire, est le numéro d'ordre qu'il portait dans l'ancienne bibliothèque de Marmoutier.

Notre regrettable collègue André Salmon, qui nous a laissé tant de preuves de sa noble passion pour l'histoire de Touraine, était mieux préparé que personne pour comprendre l'importance et la valeur historique d'un pareil document. Il résolut de le donner au public, et dès l'année 1845 il imprimait le texte du *De Servis*; mais il n'en distribuait que quelques exemplaires qui même furent depuis retirés pour la plupart. Il voulait écrire une introduction digne de ce précieux recueil de chartes et mettre lui-même en valeur et dans tout son jour le trésor qu'il avait sous la main. Il prit dans ce but une immense quantité de notes, aujourd'hui conservées à la bibliothèque de Tours, et qui ne sont en général que des extraits et des analyses des chartes mêmes du *De Servis*. Avec cette patience et cette ardeur de recherches qui le caractérisaient, il y joignit de nombreuses copies de pièces sur le même sujet. Mais distrait par d'autres travaux, il mourut bien jeune encore sans laisser une seule ligne de rédaction, sans rien même qui pût faire pressentir le plan qu'il se proposait de suivre.

Cependant, la générosité de la famille Salmon avait rendu la Société archéologique de Touraine propriétaire du texte déjà imprimé, et cette Société résolut de le livrer à ses membres titulaires et correspondants. Un document de cette importance, qui ne pouvait manquer d'attirer dès son apparition l'attention du monde savant, non-seulement en France mais encore à l'étranger, ne devait point être mis au jour sans une introduction destinée à résumer et à coordonner les indications si nombreuses et si variées qu'on y trouve sur la condition des personnes serviles au moyen-âge.

Le comité de rédaction de la Société m'a fait l'honneur de me confier cette délicate mission, que tant d'autres de nos collègues eussent sans doute été plus capables de remplir dignement. Si je n'avais consulté que mes forces, j'aurais reculé devant une pareille tâche; mais pour ne pas laisser incomplète l'œuvre de notre cher collègue et aussi par dévouement à la Société, j'ai cru au moins devoir faire preuve de bonne volonté.

J'ai ajouté au *De Servis*, sous forme d'*Appendix*, plus de soixante chartes sur le même sujet, extraites des archives de nos abbayes tourangelles. La plupart de ces chartes ont été choisies parmi les copies de Salmon, les autres sont le fruit de mes recherches personnelles; je les ai autant qu'il m'a été possible collationnées sur les originaux. Des tables des noms de personnes et des noms de lieux complètent la publication, qu'on a essayé de rendre à peu près uniforme par le choix du papier et des caractères.

Enfin, je fais précéder le *De Servis* d'un *Essai sur le servage en Touraine*, dont je ne me dissimule point les imperfections, provenant les unes de ma propre insuffisance, les autres des difficultés inhérentes à un pareil sujet, surtout lorsqu'il est traité en province, loin des ressources et des secours de toute nature qu'offre la capitale.

Malheureusement les beaux travaux de M. Guérard sur la matière finissent à peu près à l'époque où commence mon *Essai*; je n'ai donc pu profiter d'un guide si sûr et si digne de toute confiance. Si la mort ne l'eût enlevé trop tôt à l'érudition française, dont il était une des gloires, ses excellents conseils ne m'auraient assurément point fait défaut, pas plus que ses encouragements n'ont manqué à Salmon, lors de la publication du texte du *De Servis*. Puisse notre œuvre commune être protégée par la mémoire du maître illustre et vénéré dont il nous a été donné à tous deux de recueillir les précieuses leçons.

Ch. L. Grandmaison.

ESSAI

SUR LE

SERVAGE EN TOURAINE

D'APRÈS

LE *DE SERVIS* DE MARMOUTIER

ET LES PIÈCES QUI L'ACCOMPAGNENT.

Le savant Guérard, dans sa belle introduction au Polyptique d'Irminon, a essayé de distinguer, par des dénominations particulières, les différents états qu'ont successivement traversés les populations rurales de la France avant d'arriver à la liberté civile.

Il reconnaît trois âges dans l'histoire de la servitude :

1° *L'esclavage*, embrassant l'époque romaine; — absence de toute liberté de droit ou de fait.

2° *La servitude*, pendant l'époque barbare; — la rigueur du droit, resté à très-peu de chose près le même que dans la période précédente, est adoucie en fait par l'action bienfaisante du pouvoir protecteur de l'église.

3° *Le servage*, qui commence avec la féodalité, nous montre le serf entrant peu à peu en jouissance d'une liberté et d'une propriété encore, il est vrai, conditionnelles et limitées, mais cependant très-réelles.

Les critiques n'ont point manqué à cette nomenclature; mais, comme nous n'en connaissons pas de meilleure, il nous sera sans doute permis de la suivre dans cette étude qui, du reste, ne porte que sur des documents appartenant à la troisième période, celle du *Servage*. On ne doit pas oublier, d'ailleurs, qu'en pareille matière, les termes et les distinctions ne sauraient avoir une exactitude rigoureuse, et que des exemples des trois conditions serviles peuvent se rencontrer dans les trois âges de la servitude, mais dans des proportions très-différentes. En examinant les questions de cette nature il faut surtout tenir compte de l'ensemble des faits, et c'est la condition de la classe la plus nombreuse qui doit décider du caractère de chaque période.

SOURCES DU SERVAGE. — Dès que la féodalité s'établit en France, c'est-à-dire au plus tard dès le xe siècle, les guerres cessent d'être nationales, et la plus abondante source de servitude se trouve ainsi tarie. Ces guerres ne sont à la vérité que plus fréquentes, les seigneurs étant continuellement en lutte avec leurs voisins et avec leurs vassaux; mais on se battait, pour ainsi dire, à sa porte, et les hostilités finies on ne pouvait qu'échanger les prisonniers ou les mettre à rançon, comme le dit M. Guérard (1).

Aussi la principale source du servage que nous offrent nos documents est-elle l'hérédité; si cette source, qu'on peu appeler naturelle, eût été la seule, le servage continuellement miné par les affranchissements et surtout par les effroyables mortalités de ces temps-là, n'eût guère tardé à disparaître tout à fait. Mais on aperçoit dans les textes d'autres causes particulières à l'aide desquelles la classe servile était comme recrutée et de temps en temps rajeunie.

Ainsi deux hommes libres, Geoffroy et Constantin deviennent serfs de Marmoutier, parce qu'ils ne peuvent restituer aux moines des choses appartenant à l'abbaye dont on leur avait confié la garde et qu'ils avaient volées (2).

Arnoul Gazel, déjà serf de Marmoutier, il est vrai, passe sous la domination de Teduin des Roches, pour un délit dont il n'avait pas payé l'amende (3).

---

(1) Introduction au Polyptique d'Irminon, p. 387.
(2) *De Servis*, p. 99.
(3) *Ibid.* p. 8.

Otbert, berger, brûle une grange des moines, et comme il ne pouvait réparer ce dommage, il devient leur serf ainsi que sa femme Plectrude (1).

Dans une société encore grossière, où les délits très-fréquents étaient le plus souvent punis par des amendes, et où la misère était le partage du plus grand nombre, on conçoit que cette source de servitude ait été assez abondante.

Une autre provenait de la nature spéciale de certaines terres dont la jouissance entraînait avec elle la servitude du possesseur. Nous voyons, en effet, Bertrand Agneau devenir serf de Marmoutier avec sa femme Ermentrude et son fils Rigault, parce qu'il achète, du consentement des moines, une maison, située dans leur bourg (2). Otbert, qui fut maire de Marmoutier, tenait de cette abbaye une terre près de Cedant pour laquelle il devint serf; sa femme et ses enfants l'étaient comme lui; après sa mort les moines affranchissent sa fille à condition qu'on leur rendra la terre qu'avait tenue le père, et pour laquelle ils étaient tous serfs (3). Il y avait donc des terres serviles.

On trouve aussi des terres sur lesquelles il suffisait de naître pour devenir collibert, ce qui n'est qu'une variété du serf. Fromond et Hildeburge sont dits colliberts à cause du domaine des Aubrières où ils étaient nés près de Nouâtre (4). De l'attention que mettent les rédacteurs de nos chartes à désigner toujours le lieu de naissance des colliberts (5), tandis qu'ils n'indiquent que la condition des pères et mères des serfs, il semblerait résulter que celle du collibert provenait de sa naissance sur une terre collibertile, qu'il cultivait en payant certaines redevances fixes, et à laquelle il était attaché, ne pouvant quitter cette terre, s'y mariant et y ayant des enfants qui héritaient de leur père; condition presque de tous points analogue à celle du colon romain.

---

(1) *De Servis*, p. 5.
(2) *Ibid.* p. 111.
(3) *Ibid.* p. 73.
(4) *Ibid.* p. 10.
Ibid. p. 23, 45.

Cette différence essentielle entre le collibert et le serf n'a pas été assez remarquée, croyons-nous, et cependant elle méritait de l'être, car mieux que toute autre elle permet de caractériser ces deux états de la servitude au moyen âge.

Il est probable du reste qu'après un certain nombre de générations, la condition devint personnelle et que le collibert put être détaché de la terre, tout en conservant son état. Ainsi, Giraud, chevalier, de Dol, vient à Marmoutier et donne à l'abbaye deux colliberts qu'il avait en Touraine, et qui étaient nés tous deux dans le pays de Dol, sur le domaine de Funals, que leur père habitait pendant sa vie (1).

Ces diverses sources du servage ne sont pas les seules; il en est une autre encore qui au premier abord semble fort extraordinaire. Nous voulons parler des donations personnelles par lesquelles un homme libre se réduisait en servitude lui et toute sa postérité. Notre cartulaire contient peut-être plus d'actes de de cette nature qu'aucun autre recueil du même genre. Dans nos idées modernes un tel fait parait presque monstrueux, et pour le comprendre il faut bien se rendre compte de l'état de la société et du courant des idées au xe et au xie siècle. En ces temps malheureux, justement nommés siècles de fer, la justice et le droit sont sans pouvoir, la force et la violence règnent seules; partout les faibles sont la proie des puissants et la petite propriété libre disparait presque entièrement du sol de notre France. De là une misère presque générale que viennent accroître d'affreuses famines, qui alors semblent avoir été plus nombreuses que jamais. En effet on n'en compte pas moins de dix au xe siècle et de quinze au xie, et la plupart durèrent plusieurs années. Au milieu de toutes ces calamités, à une époque où le commerce et l'industrie étaient nuls, où le louage des services n'existait pas encore, que pouvait faire le petit propriétaire libre mais dépossédé, que de se donner entièrement à un maitre qui en échange de sa liberté lui accordait le vivre et le couvert? Et comme les idées de dévotion avaient alors un immense empire sur tous les esprits, comme les serfs des

---

(1) *De Servis*, p. 60.

églises étaient mieux traités que ceux des seigneurs et qu'ils avaient même certains priviléges légaux, c'était tout naturellement à l'église, ou à l'abbaye voisine, que s'adressait le deshérité de la société. Voilà pourquoi presque tous les actes de donation personnelle, qui sont venus jusqu'à nous, sont faits en faveur des églises. Et plus le patron de l'église était en haute vénération, plus nombreux étaient ceux qui venaient chercher un refuge à l'abri de son nom. Ainsi s'explique la multitude de donations de ce genre faites à Marmoutier et à saint Martin, son glorieux patron.

Il est curieux de lire dans les chartes elles-mêmes l'énonciation des motifs de ces actes, qu'aujourd'hui nous qualifierions d'insensés; mais en les lisant, il faut songer que les moines, en rédigeant ces chartes, se gardent bien d'alléguer la terrible nécessité qui, sans doute, poussait la plupart des malheureux oblats, et se contentent de faire connaître les motifs de pure dévotion.

Les uns se font serfs de Marmoutier, *pour l'amour de Dieu* (1), les autres *afin que Dieu leur donne la liberté éternelle* (2).

Guitbert, surnommé Granet, se donne comme serf à Marmoutier, pour l'amour de Dieu à qui il ne peut rien offrir qui lui soit plus cher que soi-même (3).

Otgier se fait serf, afin de s'attirer la bienveillance de Dieu qui regarde aux œuvres et non aux personnes (4). Cette formule, qui proclame l'égalité des libres et des serfs devant Dieu, revient fréquemment et semble destinée à adoucir, aux yeux des serfs, l'amertume de leur condition.

Rainaud et sa femme, touchés de la crainte de Dieu, se font serfs de Marmoutier, croyant, par cette servitude volontaire, échapper à celle qu'ils avaient méritée par leurs péchés (5). Ici apparaît une idée de pénitence.

---

(1) *De Servis*, p. 62, 65, 28.
(2) *Ibid.* p. 40, 64, 99, 104.
(3) *Ibid.* p. 19.
(4) *Ibid.* p. 20, 30, 32, 33, 34, 35, 36, 37, 38 *et passim*.
(5) *Ibid.* p. 103

Un Breton nommé Chrétien vient à Marmoutier et après y avoir séjourné quelque temps, voyant la piété des moines et la conversation de leur famille, demande à faire partie des serfs de l'abbaye et nous fournit une preuve évidente de la douceur au moins relative du régime auquel étaient soumis les serfs ecclésiastiques. Une preuve encore plus forte ressort du fait suivant : Durand et sa femme, s'étant rachetés eux et leurs enfants des maîtres laïques qu'ils servaient comme serfs ou colons, se donnent à Marmoutier, avec la clause expresse qu'on ne pourra les retirer de cette condition, pour les faire passer eux et leur postérité sous n'importe quelle personne laïque ou même ecclésiastique (1).

Dans la même charte Herbaud et Evrard, cousins, sont dits serfs de Marmoutier, à des conditions semblables.

Ces donations comprennent en général les enfants nés et à naître du donateur; cependant nous voyons Vivien, chevrier, et Richilde, sa femme, se faisant serfs de l'abbaye, ne vouloir point forcer les enfants qu'ils avaient déjà à suivre leur sort et laisser à leur volonté de l'embrasser plus tard (2).

Mais une telle réserve était fort rare, et Raimbert, d'extraction libre, en se donnant à Marmoutier, va jusqu'à comprendre dans la donation sa postérité peut-être déjà née (jam forte nata) (3). Sa femme ne comparait point, et sans doute il n'était pas marié, mais il pouvait avoir des enfants naturels.

Ces offrandes sont presque toujours purement gratuites; parfois cependant, les moines accordent aux nouveaux serfs la participation aux prières de l'abbaye, et promettent même de les enterrer après leur mort, si l'on amène leur corps au monastère; mais ils devront, pour ce cas, laisser en mourant une partie de leurs biens à l'abbaye.

Nous voyons même un certain Benoît, déjà famulus de Marmoutier, se faire serf et recevoir pour cela, de l'abbé Bernard, un

---

(1) *De Servis*, p. 11.
(2) *Ibid.* p. 104.
(3) *Ibid.* p. 93.

arpent de vigne à la condition que, si par infirmité ou par pauvreté, il était obligé de le vendre, les moines pourraient le racheter vingt sous moins cher que tout autre acquéreur. Si les moines ne veulent pas de la vigne, Benoit pourra la vendre le plus cher qu'il pourra à un homme de l'abbaye, mais point à un étranger. L'abbé lui concède en outre, pour toute sa vie, un autre arpent de vigne qu'il tenait déjà auparavant de la même façon (1).

Quelques-uns des oblats sont propriétaires et leurs biens se trouvent compris dans la donation, mais ils en conservent en général la jouissance pendant leur vie. Il arrive même parfois que les droits des enfants sont réservés, ainsi que nous le montre la donation de Landric qui sera analysée plus loin (2).

De tels actes, qui nous paraissent si singuliers en eux-mêmes, étaient accompagnés d'un cérémonial non moins curieux.

Baldonet, issu de parents libres, se fait serf de Marmoutier et afin, dit la charte, que cette offrande de lui-même soit plus évidente, il entoure son cou des cordes des cloches de l'église, et en reconnaissance de son servage, dépose sur l'autel de Saint-Martin quatre deniers qu'il portait sur sa tête (3). C'est là un exemple du cérémonial le plus complet que nous offre le *de Servis.*

Le plus souvent il n'est question que des cordes ou des quatre deniers; ainsi le Breton, nommé Chrétien, vient dans le chapitre des moines et place quatre deniers sur sa tête en disant : « Par « ces quatre deniers je me livre au service de St-Martin et de « ses moines » (4). Presque toujours, du reste, le libre se contente de placer les deniers sur sa tête et de les déposer sur l'autel de St-Martin, sans que la charte lui fasse rien dire. Cette forme symbolique était regardée comme suffisante. A la condition servile était attachée en effet une redevance de quatre deniers

---

(1) *De Servis*, p. 112.
(2) *Ibid.* p. 143.
(3) *Ibid.* p. 4.
(4) *Ibid.* p. 115.

envers le maître. On l'appelait *capitation, de caput*, soit parce qu'elle était due par tête ou pas personne, soit parce qu'on la présentait ainsi sur la tête.

Quand plusieurs hommes s'offrent ensemble, chaque individu fait ordinairement cette cérémonie, qui a lieu, en général, en présence de l'abbé ou d'un prieur; un famulus de Marmoutier vient se faire serf des moines dans la chambre de l'abbé Bernard, alors malade (1).

Mais si un libre se donne, avec sa femme et ses enfants nés ou à naître, seul il entoure son cou des cordes et seul il place les quatre deniers sur sa tête. On peut induire de là que la condition du mari et du père entraînait forcément celle de la femme et des enfants. Cependant nous voyons quelquefois (2) l'homme et la femme avoir chacun leurs deniers.

La cérémonie se passait en présence de témoins plus ou moins nombreux, toujours mentionnés dans les chartes. Ces témoins sont en général ou des moines ou des membres de la famille de l'abbaye, mais tous évidemment libres, et les serfs ne sont que bien rarement pris pour témoins de l'offrande d'un libre (3). Les exemples que nous en rencontrons sont une preuve des progrès survenus dans la condition servile; progrès sur lesquels nous aurons à revenir plus tard.

A ces sources du recrutement de la famille servile, sans cesse minée, comme nous l'avons dit, par les affranchissements et surtout par l'épouvantable mortalité, fruit des pestes et des famines qui devaient exercer parmi les serfs leurs plus affreux ravages, il faut encore joindre les dons faits à Marmoutier par des propriétaires de serfs. Ces dons étaient fréquents; ils sont tous faits pour des motifs religieux : soit en reconnaissance de prières que les moines promettent pour le donateur (4), ou pour ses parents, soit simplement pour l'amour

---

(1) *De Servis*, p. 112.
(2) *Ibid.* p. 117.
(3) *Ibid.* p. 41, 93.
(4) *Ibid.* p. 107.

de Dieu (1), ou pour acquérir auprès de Dieu l'intercession de saint Martin (2).

Les fils de Robert de Lavardin, pour que leur père soit enterré à Marmoutier, donnent à l'abbaye un collibert (3).

Geoffroy Grisegonelle, comte d'Anjou, et Bouchard le vieux, comte de Vendôme, touchés de la miséricorde de Dieu, qui nous permet d'acheter le ciel par les aumônes de biens temporels; considérant l'instabilité des choses terrestres, attendant avec crainte le jour où Dieu les jugera suivant leurs œuvres, et afin d'avoir le grand saint Martin pour intercesseur, confirment la donation faite d'une colliberte à Marmoutier, par le vicomte Fulcrade, leur fidèle (4).

La crainte des peines de l'enfer entrait assurément pour beaucoup dans toutes ces générosités et quelques-unes sont faites par testament; nous voyons même (5) un bouvier de l'abbaye, de condition libre, mais trop pauvre sans doute pour posséder des serfs, donner à Marmoutier, au moment de sa mort, le plus jeune de ses fils, nommé Vital, et cela du consentement de l'enfant et de ses frères.

Ces dons sont en général purement gratuits ou payés par des prières et par l'association aux bonnes œuvres des moines, ainsi que nous le montre la charte dans laquelle Étienne de Meun, ami des religieux de Marmoutier, se rend, le jour de la Pentecôte de l'année 1102, dans le chapitre de l'abbaye et demande humblement à l'abbé d'être associé aux bonnes œuvres du monastère. Les religieux le lui accordent, pour lui et pour son vassal nommé Normand et pour son serf Herbert qui l'avaient accompagné, et l'en investissent par un livre. Étienne, plein de reconnaissance, donne alors à l'abbaye son serf Herbert avec tous ses enfants (6).

Parfois, cependant, le donateur reçoit une récompense en argent.

(1) *De Servis*, p. 88.
(2) *Ibid.* p. 60.
(3) *Ibid.* p. 31.
(4) *Ibid.* p. 2.
(5) *Ibid.* p. 92.

Agnès, dame de Montigny, donne pour le salut de son âme et de celles de ses parents, entre les mains de Gausbert, panetier et maire de l'abbaye, sa serve Hildiarde et reçoit du moine Gausbert quinze sous danois (1).

Robert Bourguignon et Lisiard d'Amboise possédaient en commun un collibert nommé Gauscelin, ainsi que ses deux sœurs. Ils en font don à Marmoutier du consentement de leurs fils et reçoivent des moines : Robert Bourguignon, dix sous ; Robert, son fils, cinq sous ; Lisiard d'Amboise, cinq sous, et Jacques, fils de Lisiard, douze deniers (2).

Ce consentement des parents les plus proches était surtout nécessaire lorsque les serfs provenaient d'héritage ; s'ils étaient tenus en fief il fallait y joindre celui du suzerain.

Étienne donne à Marmoutier deux serfs qui lui étaient venus d'héritage paternel avec le consentement de Geoffroy et d'Ivelon, ses frères, et celui d'Hildebon, comte de Limoges, de qui il tenait ces serfs en fief (3).

Odon de la Fontaine, chevalier, avait concédé en 1064 à Marmoutier un serf nommé Raymond ; quelque temps après, Simon, frère d'Odon, réclama ce serf dont il n'avait pas autorisé la donation ; puis il accorda son consentement, avec Foucher son neveu, moyennant cinq sous et l'association aux bonnes œuvres de l'abbaye (4).

Gauscelin, chevalier, de Vendôme, donne à Marmoutier un collibert nommé Guismard avec son fils encore jeune et tous ceux qui naîtront de lui, et cela du consentement : 1° de sa femme, de son fils et de sa fille ; 2° de Roger à qui il avait précédemment donné ce collibert ; 3° du comte Geoffroy de qui il le tenait en fief (5).

Nous pourrions encore citer nombre d'exemples de consentements accordés par les suzerains ; cette formalité était basée sur ce principe en vigueur dès l'origine de la féodalité, que nul ne

---

(1) *De Servis*, p. 172.
(2) *Ibid.* p. 156.
(3) *Ibid.* p. 71.
(4) *Ibid.* p. 145.
(5) *Ibid.* p. 83.

peut de son chef abréger (c'est-à-dire diminuer) le fief qu'il tient d'un autre.

Quant au consentement des parents, nous trouvons, dans la déclaration que fait Ainard de Sainte-Maure au sujet de dix serfs donnés par lui à l'abbaye, une preuve qu'il n'était nécessaire que pour les serfs venus par héritage. « Quoiqu'il n'eût point reçu ces serfs par héritage, dit le texte, et qu'aucun de ses parents ne pût réclamer de droits sur eux, » il promit cependant de leur faire ratifier sa donation (1).

La plupart de ces serfs sont donnés seuls, soit qu'ils fussent de purs serfs domestiques, soit que le maître les détachât de la terre qu'ils cultivaient ; cependant il arrive assez fréquemment que la terre est comprise dans la donation.

Hugues, chevalier, donne au prieuré de Saint-Mars, près Vendôme, un demi-arpent de vigne avec un collibert cultivateur et ses enfants (2).

Guanelon, trésorier de St-Martin de Tours, donne à Marmoutier l'église de St-Hilaire-sur-Hières avec ses dépendances et le serf Guarin qui habitait cette terre, et qu'il fait passer de sa domination sous celle des moines (3).

Rainaldus Didonius donne à Marmoutier un collibert, nommé Frotmond, avec l'héritage et l'habitation de ce collibert. Ce sont surtout des coliberts qui sont ainsi concédés avec des terres. Les effets de ces dons sont clairement exprimés dans la charte par laquelle Foulques donne un serf et ses enfants. « C'est pourquoi, dit le texte, ce serf ne devra plus désormais ni à Foulques ni à ses successeurs aucun service pour sa condition, mais il rendra, lui et ses enfants, tous les jours de la vie, son devoir à Marmoutier (4). »

La pièce suivante est encore plus explicite (5); Gualeran, chevalier, seigneur du château de Breteuil, donne à Marmoutier,

---

(1) *De Servis*, p. 7.
(2) *Ibid.* p. 121.
(3) *Ibid.* p. 127.
(4) *Ibid.* p. 15.
(5) *Ibid.* p. 155.

pour l'amour de Dieu et de son frère Ébrard, naguère reçu moine, tous les serfs et serves qu'il possède dans son domaine de Nanteuil; de telle manière qu'il ne retient ni aucun de ces serfs ni rien de ce qui leur appartient, mais transmet tous ses droits sur eux aux moines de Marmoutier. Et tous les hommes ou femmes sortis de la race de ces serfs, qu'ils habitent d'autres lieux proches ou éloignés, un village, un bourg, un château ou une ville, resteront toujours serfs des moines. Cette donation se fit à Marmoutier dans le chapitre présidé par l'abbé Barthélemy. Gualeran déposa d'abord son acte entre les mains de l'abbé, puis sur l'autel de saint Martin.

Ce dépôt de la charte sur l'autel de saint Martin est le cérémonial qui accompagne le plus généralement ces sortes de donations, mais il est loin d'être unique.

Lorsque Étienne donne deux serfs à Marmoutier, afin que sa donation soit plus stable à jamais, il les mène dans le chapitre et les remet par la main au prieur Foulques, l'abbé étant absent (1); lorsque Letard donne Vital, le plus jeune de ses fils, il le remet également par la main à Ernaud, moine de Marmoutier (2). Ce sont là de véritables investitures. Quelquefois elles ont lieu sous la forme symbolique si commune dans les premiers siècles du moyen âge.

C'est par un morceau de bois (un bâton peut-être) que Vivien Brochard investit les moines des deux colliberts qu'il tenait en fief de Bouchard.

Une simple déclaration du donataire, faite devant témoins, suffisait du reste, et c'est ainsi qu'Ulgerius, qui accompagnait l'abbé Barthélemy dans un voyage, donne à Marmoutier la part à lui appartenante dans deux serfs, et reçoit une livre de poivre et une paire de bottes de cuir de Cordoue. La donation est faite sur la route même, dans une clairière, à l'entrée de la forêt de Gâtines, et en présence des compagnons de voyage de l'abbé (3).

(1) *De Servis*, p. 71.
(2) *Ibid.* p. 92.
(3) *Ibid.* p. 10.

OBLIGATIONS ET DROITS DES SERFS. — Tels étaient les différents modes dont se recrutait la classe servile. Quant à faire connaître d'une façon un peu précise la condition des serfs, leurs obligations, leurs droits, c'est là une tâche fort délicate. Nous n'avons point, en effet, pour les premiers temps de la féodalité, de textes législatifs analogues à ceux que nous possédons sur l'esclavage ancien ou même aux capitulaires des deux premières races. Il faut glaner dans les chartes des faits particuliers et essayer d'en déduire les lois générales, ou plutôt les coutumes qui régissaient la matière. Nous allons le faire, non sans une grande réserve cependant, car la condition des serfs n'avait rien d'absolu; elle était essentiellement relative et subordonnée aux diverses charges de la propriété; et l'on peut dire avec M. Laboulaye, « qu'il y eut autant de degrés dans le ser« vage qu'il y eut de conditions diverses pour les tenures » (1).

Parmi les obligations des serfs, les unes étaient fixes et déterminées, les autres laissées à l'arbitraire des maîtres. Les premières avaient leur source dans l'esclavage germanique ou dans l'ancien colonat, les secondes dans l'esclavage romain. L'état de servitude qui se forma dans la Gaule sous la domination des Francs eut ce caractère mixte, avec cette distinction que la règle fut pour les tributs et les redevances, et l'arbitraire pour les services personnels. Mais la simplicité des mœurs germaniques avait presque entièrement supprimé les esclaves domestiques et beaucoup développé la classe des esclaves ruraux, dans le sein de laquelle les événements contemporains ne pouvaient manquer d'opérer de profondes et heureuses modifications.

En effet, après les désordres et les dévastations sans nombre qui accompagnèrent la dissolution de l'empire carlovingien, après les invasions des Normands, qui détruisaient tout sur leur passage, le premier souci des seigneurs dut être de repeupler et de remettre en culture les terres demeurées désertes.

De là de nombreuses concessions de terrains pour bâtir et défricher, moyennant certains services fixes et certaines rede-

---

(1) Hist. du droit de propriété foncière en Occident, par Edouard Laboulaye, p. 432.

vances annuelles. De là un nouvel état social dont nous pouvions voir récemment encore un exemple chez les populations slaves, où chaque seigneurie se composait de deux parts (1) : la terre du seigneur mise en rapport au moyen de corvées embrassant la moitié de la semaine, et celle qu'il avait partagée entre un grand nombre de familles de paysans et que chacune de ces familles cultivait pendant les trois jours laissés à sa disposition.

Ce mode d'exploitation remonte chez nous à une époque fort ancienne et pourrait bien avoir une origine germanique, puisque le titre 22 de l'ancienne loi des Allemands décide que l'esclave de l'église travaillera dans la semaine trois jours pour lui et trois jours pour l'église. Cette disposition est répétée au ch. 14, titre I de la loi des Bavarois et dans diverses chartes citées par Potgiesser. On la trouve toujours appliquée aux terres dépendant des églises dont l'administration offrait un ordre et une régularité qui manquaient trop souvent sur les domaines des seigneurs. Cet ordre était un bienfait pour le travailleur, livré ordinairement à l'arbitraire du maître et il explique la tendance des serfs à venir se placer sous la domination ecclésiastique.

Dans cette nouvelle organisation, le serf est attaché à la terre; il ne peut quitter le domicile de son maître ou le manse sur lequel il a été établi par lui, et une des formules ordinaires de l'affranchissement porte que les chemins du monde seront ouverts à l'affranchi sans que personne puisse aller à l'encontre. Dans les ventes, il est considéré comme faisant partie du cheptel vivant employé sur le domaine. La qualité d'homme lui est enfin déniée à tel point qu'il n'est pas admis à déposer en justice. Les capitulaires contiennent à cet égard les prohibitions les plus formelles. Cependant, là encore, la rigueur de l'ancien droit a été peu à peu mitigée; un capitulaire de Charlemagne, de 805, admet au serment les serfs du fisc, mais ce n'est que bien plus tard, en 1108, que ceux de l'église sont appelés par Louis VI à jouir d'un droit si essentiel. Dans cette circonstance comme dans beaucoup d'autres, la décision de Louis VI n'a fait qu'inscrire dans la loi

---

(1) Sismondi : *Études sur l'économie politique*, t. I, p. 186.

une situation déjà manifestée par des faits nombreux. Nos chartes nous fournissent des exemples de serfs témoins un demi-siècle avant 1108. Ainsi des serfs sont témoins de l'accord passé entre Gelduin et Marmoutier, de 1032 à 1064 (1), et l'un d'eux avait même été sur le point de soutenir son témoignage par l'épreuve du fer chaud. Le frère d'un serf, serf lui-même, apparaît comme témoin dans une charte de 1064 à 1084 (2), et nous en voyons d'autres encore dans des pièces de 1032 à 1100 (3), et de 1050 à 1060.

Ces faits indiquent un réel progrès dans l'échelle de la servitude; mais un progrès plus important encore est la reconnaissance au serf d'un certain droit de propriété.

L'esclave romain ne pouvait rien posséder que son pécule, qui même à sa mort revenait au maître.

Mais cette condition si dure s'était peu à peu améliorée. Pendant que les seigneurs s'appropriaient les bénéfices qu'ils avaient reçus du prince, les serfs convertissaient leurs tenures en biens propres et héréditaires; l'usurpation territoriale avait lieu aussi bien dans le bas que dans le haut de la société.

D'ailleurs, lorsque des hommes libres, poussés par la dévotion ou par tout autre motif, se firent serfs des églises, on comprend qu'ils purent retenir la jouissance au moins d'une partie des terres dont ils étaient possesseurs. Ainsi, un homme libre se donnant à Marmoutier lui et tous ceux qui naîtront de lui, joint à cette donation celle de tous ses biens, sauf la moitié qu'il se réserve pour ses besoins, à condition que cette moitié et tout ce qu'il aura de plus au jour de sa mort, reviendra aux moines (4).

Un Famulus, d'extraction libre, se fait serf de Marmoutier avec toute sa postérité et donne au monastère, mais seulement après sa mort, tout ce qu'il possède maintenant et tout ce qu'il pourra encore acquérir (5).

(1) *De Servis*, p. 51.
(2)   *Ibid.* p. 59.
(3)   *Ibid.* p. 67.
(4)   *Ibid.* p. 101.
(5)   *Ibid.* p. 87.

Un homme et une femme libres se donnent à Marmoutier eux et leurs enfants à naître, ainsi que tout ce qu'ils possèdent, mais seulement après la mort des deux conjoints; l'abbé leur concède en retour l'usufruit de deux arpents de pré, situés à Ussé. L'avoir des deux serfs se trouve momentanément augmenté, mais leurs enfants sont deshérités (1).

C'est ainsi que les choses se passent en général, conformément à l'ancien droit qui voulait que le serf ne pût acquérir qu'au profit de son seigneur.

Cependant on voit peu à peu s'introduire des conditions moins rigoureuses qui, en devenant de plus en plus fréquentes, finirent par passer dans la coutume et par la modifier profondément.

Landric se fait à perpétuité serf des moines de Marmoutier et leur lègue tout ce qu'il laissera après sa mort, mais avec cette restriction, que s'il a des enfants venus d'une femme épousée au gré des moines, ces enfants recevront leur part d'héritage et les moines celle qui leur revient également (2). Ici, pour que les enfants héritent, il faut laisser une portion des biens au maître : c'est le droit de mainmorte.

Mais cette transmission de l'héritage du serf n'a lieu qu'en ligne directe et point en ligne collatérale; à défaut d'enfants, c'est le maître qui hérite de son serf, comme nous le montre la pièce suivante.

Un serf de Marmoutier, nommé Geoffroi, demeurant à Chamars, laissa après lui deux enfants et une maison. Ces enfants vinrent à mourir encore jeunes sans doute : alors, Guillaume, serf de l'abbaye, qui avait nourri les enfants, et qui était parent de Geoffroi, vendit la maison comme sienne; sur quoi Odon, moine de Marmoutier et prévot de Chamars, éleva sa réclamation. Les parties vinrent au plaid et le jugement décida que Guillaume devait restituer aux moines leur maison. Mais comme Guillaume ne put la recouvrer de son acheteur, il dut

---

(1) *De Servis*, p. 38.
(2) *Ibid.* p. 143.

la remplacer par la sienne propre dont on lui laissa la jouissance pendant sa vie et celle de sa femme (1).

Les pièces VII, XVII, XXVII et XXVIII de l'*appendix* nous offrent de précieux renseignements, touchant les droits des maîtres sur l'héritage de leurs serfs; elles concernent toutes une même affaire qui semble avoir causé beaucoup d'embarras aux moines de Marmoutier.

Le comte Eudes et la reine Berthe, avaient donné à l'abbaye leur serf Ohelme, mari d'Hilducie, originairement serve de Robert, vicomte de Blois, mais concédée par celui-ci à Herbaud, son chevalier. Ohelme, prévoyant que les moines, ses maîtres, auraient quelques démêlés au sujet de sa femme, donna une somme d'argent à Herbaud, pour qu'il l'affranchît; ce qui eut lieu lors du départ d'Herbaud pour Rome. La charte d'affranchissement fut remise à Hilducie elle-même, et confirmée par le vicomte Robert et sa femme Milesinde. Après la mort d'Herbaud, du vicomte Robert, d'Ohelme, de sa femme Hilducie et de leur fils Ascelin, lorsque la mémoire de toutes ces choses était à peu près perdue, Robert, fils du vicomte, et Guillaume, clerc, fils d'Herbaud, intentèrent un procès aux moines, réclamant d'eux la part qu'ils avaient reçue des biens d'Hilducie et niant qu'elle eût été affranchie par leurs pères.

En vain les moines opposèrent le témoignage de Milesinde, veuve du vicomte Robert, laquelle vint déclarer qu'elle avait confirmé la charte d'affranchissement d'Hilducie ; en vain ils produisirent cette charte elle-même, émanée des pères de Robert et de Guillaume, ceux-ci n'en persistèrent pas moins dans leurs injustes prétentions. Guillaume, qui était clerc, n'osant pas sans doute pousser à outrance un procès contre la puissante abbaye de Marmoutier, céda ses droits au chevalier Landric, surnommé le Bègue, son beau-frère, qui, n'ayant pas les mêmes considérations à garder, poursuivit l'affaire avec la plus grande ardeur. Un plaid fut assigné à la Ferté-Norbert; les moines y produisirent la charte d'affranchissement d'Hilducie et comme la loi ni la coutume n'exigeaient le duel, auquel on

---

(1) *De Servis*, p. 145.

n'avait recours qu'en l'absence de toute preuve écrite, les moines proposèrent un homme pour prouver par l'épreuve du fer chaud la vérité de la charte.

Alors seulement Robert et Guillaume renoncèrent à toute prétention sur l'héritage d'Hilduele et confirmèrent la charte d'affranchissement en la touchant de leurs mains. Les fiers chevaliers avaient espéré sans doute que la question serait tranchée par l'épée ; mais voyant qu'il fallait s'en rapporter à l'épreuve du fer chaud, mode de procédure aussi aveugle que l'autre, mais moins brutal et qui, dans les idées du temps, passait pour le véritable jugement de Dieu, ils cédèrent enfin. Comme ils reçurent des moines quinze livres de deniers, peut-être n'avaient-ils pas d'autre but que d'arriver à un arrangement qui ne laissait pas que de leur être avantageux.

Ces exemples de sommes données ainsi par les moines à des laïques, pour les faire renoncer à d'injustes prétentions, ne sont pas rares et devaient être un appât pour la duplicité et la mauvaise foi.

Mais les moines n'étaient pas à bout de leurs tribulations ; quelques années après cet accord, Girard, fils d'Herbert de Beaugency, éleva aussi des prétentions sur les biens d'Ohelme et de son fils Ascelin, et cela, du chef de sa femme Adélaïde, fille de Landric-le-Bègue et petite-fille d'Herbaud. Le jour et le lieu du duel étaient déjà fixés lorsque Girard se détermina à composer à prix d'argent.

Il reçut des moines cent sous, sa femme Adélaïde quinze sous, et chacun de ses cinq enfants un sou.

L'abbaye devait dès lors se croire paisible maîtresse de ces biens dont nous ne connaissons point l'importance, mais qui, d'après l'acharnement avec lequel on les lui disputait semblent avoir eu une certaine valeur. Il n'en était rien cependant, et, en 1069, Robert de Vineuil, gendre de Lancelin, et petit-fils de Robert, vicomte de Blois, intenta un nouveau procès à l'abbaye au sujet de l'héritage de ce même Ohelme. Les moines lui représentèrent que son père, son aïeul et son bisaïeul leur avaient concédé et confirmé ces biens et qu'ils avaient même deux témoins de la confirmation de son père ; mais il répondait qu'il n'avait point lui-même accordé son consentement, quoiqu'à l'époque de la rédaction de la charte, son père lui eût déjà fait don de sa seigneurie. Cette fois encore, il fallut avoir recours au trésor de l'abbaye pour éloigner ce nouveau prétendant. Afin donc d'obtenir le consentement de Robert de Vineuil et de posséder librement à tout jamais les domaines en litige, les religieux lui donnèrent quatre livres de deniers; et Robert fit souscrire à cet accord, sa femme Agnès, son frère Guillaume, qui reçut douze deniers, sa sœur Adierne qui eut dix sous, et trois autres sœurs qui obtinrent chacune douze deniers.

Je ne sais si je me trompe, mais il me semble que de tels faits simplement exposés en apprennent plus que de longues dissertations, sur l'état des mœurs, sur l'instabilité de la propriété et le peu de garanties de tous les droits au xi° siècle.

La propriété du serf si imparfaite déjà, était encore plus imparfaitement garantie; car, entre le maître et son serf, il n'y avait pas de juges à l'origine et le premier décidait à son gré sans être tenu à répondre, *fors à Dieu*, comme dit Beaumanoir (1).

Cette juridiction toute arbitraire s'étendait trop souvent à la plus grave des contestations susceptibles de naître entre un serf et son maître, à celle qui était relative à l'état même de servitude.

Gandelbert avait été fait serf de Marmoutier, et s'était marié à une femme, elle-même serve de cette abbaye; il était donc doublement serf; cependant il élevait des prétentions à la liberté. Sur quoi, le prieur Eudes le fait saisir et conduire dans les prisons de l'abbaye, où il est détenu jusqu'à ce qu'il s'avoue serf; ce qu'il finit par faire, avec sa femme, par le cérémonial des des quatre deniers (2).

Les choses devaient fréquemment se passer de cette façon sommaire; cependant, quelques-unes de nos chartes nous révèlent un autre mode de procéder dans les questions de cette nature.

(1) Tome II, p. 233 de l'édit. Beugnot.
(2) *De Serris*, p. 100.

Troublé, serf de Marmoutier, prétend être libre ; l'affaire est portée devant un tribunal neutre, devant Thibaut, seigneur des Roches; là, les moines produisent un champion pour prouver par le duel que Troublé est leur serf et celui-ci se désiste de ses prétentions (1).

Voici d'autres exemples du droit qu'avait le serf de faire discuter judiciairement la question de sa liberté.

Vital était fils de d'Otbert, berger, et de Plectrude qui devinrent serfs de Marmoutier pour avoir incendié une grange des moines. Plectrude voulut d'abord prouver par l'épreuve du fer chaud que Vital était né avant que ses parents fussent engagés dans les liens de la servitude; mais lorsque le fer était déjà rouge, elle avoua que la naissance de son fils ne remontait point au-delà de cette époque, et que par conséquent il n'avait aucun droit à la liberté (2).

Étienne Gambacans, veuf d'une serve de Marmoutier, épouse une femme libre, et prétendant échapper à la servitude il offre de faire, contre les moines, la preuve du duel. Mais au jour indiqué pour le combat, Étienne Gambacans reconnaît ses torts, en donne en plein chapitre une reconnaissance publique et s'avoue serf de l'abbaye par les quatre deniers (3).

Ces formes de décider par le duel ou par le fer chaud nous paraissent aujourd'hui bien défectueuses et bien grossières; mais elles étaient celles du temps et constituaient une garantie pour les gens indûment retenus dans les liens de la servitude.

MARIAGES DES SERFS. — CONDITION DES ENFANTS. — Les alliances des serfs soit entre eux soit avec des personnes d'une condition supérieure étaient soumises à des coutumes spéciales que nous ne trouvons édictées nulle part, mais dont nos chartes nous montrent de fréquentes et curieuses applications. Pour bien faire comprendre la situation des serfs sous ce rapport, nous croyons utile d'exposer d'abord la législation qui réglait

---

(1) *De Servis*, p. 12.
(2) *Ibid.* p. 117.
(3) *Ibid.* p. 125.

la matière dans les temps antérieurs, chez les Francs et chez les autres barbares établis sur le sol de la Gaule.

On ne toléra d'abord que les unions entre esclaves, et même entre esclaves du même maître. La loi salique, la plus ancienne des lois barbares, condamne à une amende de trois sous ou à recevoir cent vingt coups, l'esclave qui, sans le consentement de son maître, se sera marié à l'esclave d'un autre maître (1). En un temps où les bras étaient rares, ces mariages, dans lesquels la cohabitation ne pouvait exister qu'avec la perte d'un des travailleurs pour son maître, entrainaient avec eux de graves inconvénients pour les propriétaires. On y remédiait par un arrangement d'après lequel il arrivait le plus souvent que la femme passait au maître du mâle; et ces unions, d'abord défendues, furent peu à peu tolérées moyennant une indemnité. Les enfants qui en provenaient étaient, selon la loi des Visigoths (2) et un capitulaire de Charlemagne de l'an 803 (3), partagés également entre les maîtres, conformément à ce qu'avait établi le code de Justinien *de prole partienda inter rusticos.* Mais le mode de partage variait beaucoup suivant les usages locaux, et suivant la volonté et les convenances des seigneurs.

Quant aux mariages entre libres et non libres, les conquérants, sous doute pour ne pas avilir le sang du peuple vainqueur, les interdirent rigoureusement. La loi salique et la loi ripuaire sont formelles à cet égard, et condamnent à l'esclavage l'homme ou la femme libre qui épouse une personne esclave (4).

Un capitulaire de Charlemagne, de l'an 805, nous montre cette interdiction levée, en ce qui concerne les esclaves du fisc, et il devait en être de même pour ceux de l'église, qui jouissaient de priviléges analogues.

Les enfants nés de ces mariages inégaux, étaient d'abord de

---

(1) Loi Salique, tit. 27, § 6.
(2) Lois des visigoths, liv. 1, tit. 2, § 5.
(3) Capit. de 803. Baluze, tom. 1, p. 401.
(4) Loi Saliq. tit. 14, § 11. Loi Rip. tit. 58, § 15.

la condition pire ; mais peu à peu des transactions particulières avec les seigneurs permirent de racheter, à prix d'argent, ces enfants de la servitude, de même que l'esclave avait acheté déjà le droit de s'unir à l'esclave d'un autre maître.

Voici maintenant, d'après le *De Servis*, quelques exemples des transactions qui intervenaient dans ces circonstances, et dont plusieurs donnèrent sans aucun doute naissance au droit de formariage.

Adelard, serf de Marmoutier, se marie avec une serve appartenant à un nommé Gualoie, celui-ci veut s'opposer au mariage, mais, moyennant quatorze sous que lui donne Adelard, il se désiste et abandonne à l'abbaye la serve et les enfants qui naîtront d'elle (1).

Achard, également serf de Marmoutier, épouse Hildearde, fille d'Araldo. Or, cette Hildearde était serve d'Archambault Bodin, qui la tenait en bénéfice d'Hugues, son seigneur. Ces derniers s'opposent d'abord au mariage, mais ayant reçu trente sous à partager entre eux, et de plus douze deniers pour la femme d'Hugues et cinq pour son fils, ils affranchissent, en faveur de Marmoutier, cette femme et ses enfants nés ou à naître, de toute servitude à leur égard, et la font passer ainsi de leur domination sous celle des moines (2).

Gausbert de Preuilly donne à Marmoutier, pour vingt sous, une de ses collibertes mariée à un serf des moines, afin que ceux-ci, possédant le mari et la femme, aient aussi les enfants nés et à naître (3).

Cette façon d'agir levait toute difficulté pour le présent et pour l'avenir ; les deux conjoints, et toute leur postérité, devenaient la propriété d'un même maître. Mais, lorsqu'un arrangement de cette nature n'était pas intervenu, les enfants devaient être partagés entre les différents maîtres, ainsi que nous le montre une charte par laquelle les moines de Marmoutier font un accord avec Gelduin Escherpel, au sujet de la propriété de certains serfs

---

(1) *De Servis*, p. 59.
(2) *Ibid.* p. 56.
(3) *Ibid.* p. 23.

demeurant à Fontenay. Ces serfs étaient au nombre de sept ; Gelduin en a trois, l'abbaye trois, et le septième, nommé Hermand, reste indivis et commun entre les deux parties jusqu'à ce Gelduin abandonne sa moitié aux moines (1).

Une pièce de l'appendix nous fournit un exemple analogue.

Les moines et Gaultier Rimand possédaient en commun plusieurs serfs et serves ; le 6 juin 1087 se fait le partage des enfants mâles et femelles provenus des unions de ces serfs. Une petite fille, encore au berceau, est laissée indivise en attendant que son sort soit réglé par un nouvel accord (2).

Assurément, c'est un triste spectacle que de voir partager des créatures humaines comme un vil bétail ; et cependant ces partages, dans lesquels chacun des parents conservait du moins auprès de lui une portion de ses enfants, ne semblent autorisés que dans les cas de mariage entre gens de la même condition. S'il y a inégalité, si, par exemple, le père est serf et la mère colliberte, ou réciproquement, les enfants ne sont pas partageables, et suivent la condition pire.

Voici une preuve de ce fait qui nous semble péremptoire.

Hildrade, serf de Marmoutier, avait épousé une colliberte d'Hugues, et en avait eu quatre enfants. Après la mort d'Hugues, son fils Guillaume réclama des moines la moitié des enfants du chef de la colliberte de son père. Un plaid fut assigné à Montoire pour décider la question ; les juges prononcèrent que les enfants nés d'un serf et d'une colliberte ne devaient point être partagés, mais suivre la condition de leur père. Alors, Guillaume prétendit qu'Hildrade était collibert et non pas serf de l'abbaye ; mais le prévôt des moines prouva, par témoins, qu'Hildrade était bien véritablement serf de Marmoutier, et Guillaume fut débouté de ses prétentions (3).

Cette charte est très-précieuse en ce que la question y est nettement posée et nettement résolue. Il en ressort, en effet, avec la dernière évidence, que si Hildrade eût été collibert,

---

(1) *De Servis*, p. 23.
(2) *Ibid.* p. 159.
(3) *Ibid.* p. 151.

les enfants nés de lui et de la colliberte d'Hugues eussent été partageables, parce que les deux conjoints se fussent trouvés de même condition. Mais, comme il y avait inégalité entre le père et la mère, les juges de Montoire décidèrent que les enfants seraient serfs, c'est-à-dire de la condition pire, et appartiendraient au maître de celui des parents qui était serf.

Et ce n'est point là une transaction dans laquelle la volonté ou les convenances des parties font l'unique loi, mais bien une décision juridique et conforme, sans aucun doute, à la coutume du pays.

Il ne faut pas oublier d'ailleurs que, si en droit, les choses devaient se passer ainsi, et avec une certaine régularité, il en était tout différemment dans les faits, et que notamment les alliances entre serfs de différents maîtres étaient souvent violemment rompues par la volonté ou le caprice de ces mêmes maîtres. En ce qui concerne ces unions, on peut dire que la famille servile manqua de toute garantie sérieuse jusqu'à l'année 1155, dans laquelle l'Église, continuant sa mission civilisatrice et effaçant les derniers vestiges des concessions qu'elle avait été forcée de faire aux lois d'origine payenne, vint, par une bulle du pape Adrien IV, déclarer valables et indissolubles les mariages contractés entre personnes serves, même sans le consentement des maîtres, et légitimes les enfants issus de ces mariages.

AFFRANCHISSEMENT DES SERFS. — Nos chartes offrent plusieurs exemples des différents modes d'affranchissement usités dans l'empire des Francs, si savamment énumérés par Potgiesser, et après lui par Grimm. Nous y trouvons même un affranchissement par le denier *(per denarium)*, qui est une forme mentionnée dans les deux plus anciennes lois, la loi salique et la loi ripuaire.

Henri, roi de France, à la prière de Gausbert, clerc de Sainte-Maure, et pour le repos de l'âme de Guillaume, frère de ce même Gausbert, donne la liberté à un des hommes de ce dernier, nommé Ainard. Il l'affranchit à la manière royale, en faisant tomber un denier de la main d'Ainard, auquel les chemins du monde carré sont ouverts comme à un libre, et si quelqu'un ose attenter à sa liberté, il devra payer cent livres d'or (1).

Le serf devient dès lors de tout point semblable à un homme libre, il s'appelle *denarialis*, l'homme du denier, et est sous la protection du roi, qui en hérite, s'il meurt sans enfants, et reçoit sa composition, s'il est tué. Notre charte est de 1056, et prouve que ce mode a été en usage fort au-delà du commencement du xe siècle qui est le terme que lui assigne M. Édouard Biot (2).

La forme d'affranchissement la plus générale et celle qui s'est prolongée le plus longtemps, était l'affranchissement par une charte spéciale, qui, sans accompagnement d'aucune cérémonie extérieure, conférait, au gré du maître, une liberté pleine et entière ou seulement une liberté restreinte et conditionnelle.

Ces chartes, assez nombreuses dans notre recueil, émanent soit des seigneurs laïques soit des moines. Examinons d'abord les premières, et parce qu'elles sont plus fréquentes, et parce que la liberté qui en résulte est en général plus complète et entourée de moins de restrictions.

Le motif de ces affranchissements est presque toujours tiré d'un sentiment religieux, et ici, du moins, la bienfaisante influence des idées chrétiennes ne saurait être mise en doute. Elle éclate à chaque ligne, pour ainsi dire, et partout l'on croit entendre comme un écho prolongé de la grande et féconde parole que saint Paul, dès les premiers temps du christianisme, jetait au monde païen étonné et ravi : « Et vous, maîtres, « sachez que leur maître et le vôtre est au ciel et que devant « Dieu, il n'y a point d'acception de personnes (3). »

Mais laissons parler les textes mêmes du *De Servis*.

Si quelqu'un, pour l'amour de Dieu et la rémission de ses péchés, affranchit un de ses serfs, qu'il sache que Dieu l'en récompensera au dernier jour. Par ces motifs, et pour le repos

---

(1) *De Servis*, p. 139.
(2) *De l'abolition de l'esclavage ancien en Occident*, par Édouard Biot, p. 290.
(3) Saint Paul, ad Ephes., c. 6.

des âmes de son père et de sa mère, Teudon, du consentement de ses sœurs, de sa femme, de son fils aîné et de ses autres enfants, accorde la liberté à l'un de ses serfs. Il en fait dresser une charte qu'il confirme par une croix tracée de sa propre main et qu'il fait approuver par ses fidèles. Il fixe, en outre, l'amende d'une livre d'or contre quiconque voudra enfreindre cette charte. Nous voyons ici comparaître les membres de la famille de Teudon, lesquels donnent un consentement jugé nécessaire pour prévenir toute réclamation future de la part des héritiers du maître de l'affranchi (1).

A ce consentement des parents vient encore se joindre celui du seigneur suzerain, qui était non moins utile, car, dans les idées féodales, nul ne peut abréger, c'est-à-dire diminuer, le fief qu'il tient d'un autre. Or en ces temps, où le travail libre n'existait pas encore, la terre empruntait surtout sa valeur du nombre de bras qui y étaient attachés pour la cultiver, et tout affranchissement diminuait cette valeur. Ce consentement du seigneur était encore bien plus indispensable, lorsque le serf affranchi avait été, par son maître, reçu en bénéfice, ainsi que nous le voyons dans la pièce suivante :

« Comme nous croyons que Dieu exige de nous une satisfaction pour nos péchés, nous devons faire des œuvres de charité; c'est pourquoi, pour l'amour de Dieu et la rédemption des âmes de ses parents et de son fils mort (probablement en le faisant enterrer), Gelduin, vicomte de Chartres, affranchit un de ses serfs, avec le consentement de Thibaud, comte de Chartres, son seigneur, de qui il tenait ce serf en bénéfice; il le décharge du joug de la servitude et de tout pouvoir qu'il avait sur lui. Le serf devient libre, d'aujourd'hui à tout jamais, il ne sera plus forcé de servir Gelduin, ni les siens ni quelque autre que ce soit; il aura sans conteste quel avocat il voudra. » Gelduin confirme la charte par une croix tracée de sa propre main et la présente pour être ratifiée, à son seigneur, à sa femme, à son fils et à ses fidèles (2).

(1) *De Servis*, p. 57.
(2) *Ibid.* p. 59.

Ici encore, l'affranchissement est complet et sans restrictions, mais il est purement personnel. Quelquefois, il s'étendait jusqu'aux enfants que le serf pouvait avoir au moment de la rédaction de la charte. Ainsi, Foulques III, comte d'Anjou, à la prière d'Hildegarde, sa féale, pour l'amour de Dieu et le salut de l'âme de Fouchier, fils d'Hildegarde, affranchit un serf né de parents qui étaient *famuli* de Marmoutier, et avec lui ses fils déjà nés, Richard et Guitbert. Le comte et la rogatrice confirment la charte de liberté, *cartula libertatis*, en la touchant de leurs propres mains. Les serfs affranchis jouiront de tous les droits des libres, comme s'ils étaient nés de parents libres; les chemins du monde carré leur seront ouverts, sans que personne puisse aller à l'encontre, et ils pourront choisir quel avocat ils voudront (1).

Les citations précédentes ne parlent que des serfs; pour les colliberts, les choses ne se passaient point différemment.

Airaud et sa femme Hersende, fille d'Auger, du chef duquel ils possédaient un collibert, affranchirent ce collibert avec le consentement du comte Geoffroi et de sa femme Adèle, d'Auger, frère d'Hersende, de Guarin, gendre, et de Marceline, fille d'Airaud. Le motif de l'affranchissement est purement tiré des idées chrétiennes, et semble même une application directe de l'une des plus belles paroles du *Pater*.

« Quiconque, dit le texte, remet pour l'amour de Jésus-Christ les services qui lui sont dus est certain qu'il en sera récompensé par Dieu dans la vie éternelle; car il est remis à ceux qui remettent de plein gré à leurs débiteurs (2). » Le collibert affranchi peut dès lors aller partout où il veut, et il ne rend de devoirs et de services à personne, que de son plein gré.

Tous ces affranchissements, concédés par des laïques, donnent la liberté complète et sans restriction, et paraissent même entièrement gratuits.

On est obligé de convenir qu'il n'en est pas de même de ceux qui émanent des moines.

(1) *De Servis*, p. 50.
(2) *Ibid.* p. 70.

Presque toujours ils sont accompagnés de conditions et de restrictions plus ou moins onéreuses pour l'affranchi, qui doit tout au moins rendre la terre qu'il tient de l'abbaye.

Le chapitre de Marmoutier, à la prière d'Henri et de Burchard, affranchit Amelina, femme de Corrian, serf de l'abbaye, mais en retour elle abandonne tout ce qu'elle possédait du chef de son mari (1).

Otbert, Marie, sa femme, et leurs enfants, un fils et une fille, étaient serfs de Marmoutier, à cause d'une terre qu'ils tenaient de l'abbaye. Après la mort d'Otbert, Marie demande l'affranchissement de sa fille pour pouvoir la marier à un homme libre. L'abbé y consent aux conditions suivantes :

1° On rendra au monastère la terre pour laquelle Marie et ses deux enfants étaient serfs ;

2° Le frère de la jeune fille restera dans le servage ;

3° Si on la marie à un serf ou à un collibert, elle redeviendra serve (2).

Ainsi, toute la famille devait renoncer aux avantages qu'elle retirait de la terre de l'abbaye, et cependant la jeune fille seule recevait la liberté, tandis que son frère restait sans compensation dans la servitude. Je me trompe peut-être, mais, sous les froides paroles de la charte, j'entrevois tout un roman. La jeune fille était sans doute aimée d'un homme libre dont la passion n'allait pas cependant jusqu'à le précipiter dans le servage par un mariage inégal ; pour lever cette grande difficulté, la mère et le frère sacrifient le bien de la famille à la liberté et au bonheur de leur fille et de leur sœur. La jeune fille en sortant du servage reçoit un nom nouveau ; elle s'appellera désormais Cécile, elle devient en effet une autre personne.

Les moines n'élèvent guère leurs serfs à la liberté que dans le but bien déterminé de les faire entrer dans les ordres, et, sans doute, de recruter ainsi le pauvre clergé des campagnes.

Bernard, abbé de Marmoutier, affranchit au milieu du chapitre, Robert, fils d'Odon Scot, et le fait clerc à condition qu'il vivra

---

(1) *De Servis*, p. 184.
(2) *Ibid.* p. 73.

chastement, c'est-à-dire sans se marier, et que toujours il honorera les moines et les servira comme ses maîtres. Tant qu'il observera ces conditions, l'abbé lui concède de posséder son héritage (le bien que ses parents tenaient de l'abbaye), mais il ne pourra ni le vendre ni le donner, parce qu'il appartient au couvent et doit y faire retour après sa mort. S'il vient à les enfreindre, les moines lui retireront sa terre, et lui-même retombera en servitude (1).

Ces clauses assez dures se rencontrent dans presque toutes les chartes d'affranchissement concédées par les moines. Elles sont parfois si rigoureuses que l'affranchi semble ne recevoir qu'une liberté purement nominale, et permettant de l'élever à la cléricature sans enfreindre les canons, qui défendaient expressément de donner la prêtrise aux serfs.

L'abbé Albert et les moines de Marmoutier affranchissent un de leurs serfs et le font clerc, avec cette clause qu'il ne passera jamais du service de Marmoutier à un autre, mais servira l'abbaye comme auparavant. S'il s'enfuit, il sera poursuivi comme fugitif et réclamé comme serf partout où il sera. En outre, il doit se conduire chastement et observer la pureté; et s'il est élevé aux ordres ecclésiastiques (majeurs), qu'il ne se marie jamais entraîné par un désir honteux, comme quelques-uns qui se marient publiquement contre le droit et la loi à des épouses sacrilèges, et bien plus à d'infâmes adultères. Si, restant dans les ordres mineurs, il prend une femme, ses enfants et leur postérité seront serfs de saint Martin, comme l'était leur père. Raoul donne trois cautions de sa fidélité à observer ces conditions (1).

On voit que l'affranchi qui restait dans les ordres mineurs pouvait se marier, mais alors la servitude, qui n'avait été que suspendue pour lui ouvrir la carrière ecclésiastique, le ressaisissait avec toute sa race dès qu'il voulait reculer en arrière.

ABOLITION DU SERVAGE. — Pour achever le cercle des études que nous nous sommes proposées dans cet essai, il nous reste à

---

(1) *De Servis*, p. 107.
(2) *Ibid.* p. 47.

traiter un point fort intéressant, celui de savoir à quelle époque le servage a disparu en Touraine, pour faire place au vilainage.

Aucun texte ne nous permet d'assigner à cette révolution une date précise, mais nous pensons que de l'ensemble et de la physionomie générale des pièces que nous avons réunies sur la matière, on peut induire une réponse satisfaisante à cette curieuse et délicate question. Les documents du XIe siècle nous montrent la personnalité, la famille et la propriété du serf définitivement constituée. Il est admis à témoigner en justice, il peut, en acquittant certains droits, se marier même en dehors de la seigneurie où il est né ; il peut acquérir et posséder des biens et les transmettre à ses enfants. Assurément il y a loin du servage ainsi appliqué à l'esclavage antique, et le régime s'est singulièrement adouci. Cependant un abîme le sépare encore de la liberté. Le serf n'a pas acquis la libre disposition de sa personne et de son temps ; il ne peut aller où bon lui semble, et il est soumis à des services arbitraires dont la nature et l'étendue ne sont point réglées par les coutumes. Les chartes d'affranchissement ne semblent pas avoir eu d'autre but que de faire disparaître ces deux genres d'oppression ; elles doivent, en effet, généralement se résumer ainsi :

1° L'affranchi a le droit d'aller partout où il veut ; les chemins du monde carré lui sont ouverts, disent les textes ; 2° il ne rend de devoir et de service à personne que de son plein gré.

Ces deux points nous semblent marquer, au XIe et au XIIe siècle, la limite qui séparait le servage de la liberté. Il ne faut pas oublier, d'ailleurs, que cette liberté est encore bien imparfaite ; l'affranchi, comme le vilain, dans la classe duquel il entre dès lors, reste soumis à la taille, à la corvée, au formariage, à la main-morte ; mais à cet égard, l'autorité du seigneur, au lieu d'être absolue et arbitraire, comme par le passé, est désormais restreinte et réglée par les coutumes.

A partir du XIe siècle, nous voyons diminuer et se tarir peu à peu les différentes sources qui alimentaient la famille servile dans nos grands monastères.

La dernière charte d'oblation personnelle, bien caractérisée, qu'offre notre recueil est de 1113 à 1114 ; Léger, d'origine libre, se fait, de sa propre volonté, serf de Marmoutier, par les quatre deniers placés sur sa tête et il se voue au service perpétuel des moines, lui et toute sa postérité (1). C'est bien là l'ancien mode, c'est là l'oblation complète dans laquelle se trouve comprise non-seulement la personne de l'oblat, mais encore toute sa descendance. Nous y voyons le dernier acte de ce genre qu'il nous ait été donné de rencontrer en Touraine, car nous ne saurions considérer comme entachée de servitude la charte de 1195, dans laquelle Paganus, déjà clerc et admis au bénéfice des prières des moines, se donne avec tous ses biens à l'abbaye de Marmoutier, qui en retour lui concède, sa vie durant, la jouissance d'une maison et de ses dépendances (2). Il n'y a plus là, croyons nous, qu'une formule de pieuse humilité, et nous pourrions en citer des exemples d'une époque de beaucoup postérieure à l'abolition complète et certaine du servage en Touraine (3).

Quant aux dons de personnes, faits par des particuliers aux établissements religieux, ils sont devenus fort rares au XIII° siècle; et encore, le dernier, qui est de 1223, nous offre-t-il un tout autre caractère que les actes du même genre des deux siècles précédents. Dreux de Mello, en effet, semble donner à la Chartreuse de Liget, moins la personne même de Geoffroy Rayer, que les droits qu'il pouvait avoir sur lui, « *quantum ad me pertinet* » dit le texte (4). La postérité de Rayer n'est point, d'ailleurs, explicitement comprise dans la donation, comme cela ne manque presque jamais dans les chartes de l'époque antérieure (5).

---

(1) *De Servis*, p. 177.
(2) *Ibid.* p. 181.
(3) Dans les archives de l'hospice d'Amboise on trouve une charte française de 1394, par laquelle la nommée Colette, veuve de Jean Breilleau, femme impotente, donne en aumône à l'Hôtel-Dieu d'Amboise, elle et tous ses biens meubles et immeubles.
(4) *De Servis*, p. 187.
(5) Le manuscrit 678 de Gaignières, conservé à la bibliothèque impériale, renferme, p. 37, une donation de serfs à l'abbaye de Villeloin, de l'année 1220; on y trouve même, p. 42, un acte d'oblation personnelle de 1211, et, p. 52, un échange de serfs fait en 1270 entre un seigneur voisin et l'abbé. Mais il faut remarquer que l'abbaye de Villeloin était située dans la portion de la Touraine qui touche au Berry et que le voisinage de cette dernière province, où le servage subsista fort longtemps, dut avoir sur la condition de la

Les dernières pièces que nous ayons pu découvrir sur la matière sont tirées des archives de la collégiale de Saint-Martin; et il ne faut pas oublier que c'est dans les grands établissements religieux que le servage, de plus en plus adouci, il est vrai, a été maintenu le plus longtemps. Ces pièces sont relatives à l'affranchissement de serfs destinés à la cléricature, mais elles portent toutes la condition expresse que si les affranchis viennent à quitter les ordres, ils retomberont dans la servitude. La plus récente est de l'année 1294 (1).

Après cette date, les mots *servus* et *servitus* ne se rencontrent plus dans les chartes tourangelles qui me sont passées sous les yeux. L'énorme quantité de pièces que contenaient nos chartriers et dont les originaux et les copies sont aujourd'hui dispersés, ne me permet pas d'affirmer qu'on ne découvrira pas

classe rurale de ces contrées une fâcheuse influence. Cette influence est manifeste dans la plus ancienne rédaction de la coutume de Touraine, qui porte la date de 1400. Il n'est point, en effet, question de serfs ni d'état de servitude dans le corps même de la coutume applicable à la Touraine en général; à la fin, sous le titre de coutumes locales, on rencontre il est vrai, des traces positives et non équivoques de servitude, mais seulement en ce qui concerne Châtillon-sur-Indre, Azay-le-Féron, Mézières et quelques autres localités qui étaient bien de la province de Touraine, mais du diocèse de Bourges, et qui très-probablement avaient autrefois fait partie du Berry.

(1) Dans l'histoire manuscrite de la collégiale de saint Martin, conservée à la bibliothèque de Tours, où elle porte le numéro 707, nous avons trouvé, pages 290, 291 et 292, quelques chartes postérieures à l'année 1269 qui est la date de la dernière pièce imprimée par nous dans l'appendix du *De Servis* de Marmoutier. Deux de ces chartes sont de 1280, une de 1291, une de 1293 et la dernière de 1294. Comme toutes ces pièces sont formulées de la même façon, nous nous contenterons de reproduire celle de 1291.

Universis præsentes litteras inspecturis et audituris, Ægidius decanus, Simon thesaurarius, totumque capitulum ecclesiæ beati Martini Turonensis salutem in Domino... Noveritis quod nos, Stephano filio quondam defuncti Guillelmi Rogerii, dicti de Rampilleone, senonensis diocesis, (homini) nostro de corpore, pietatis intuitu, tonsuram concessimus clericalem, ita tamen, quod si ipsi contigerit uxorem ducere, vel illicitum seu inhonestum matrimonium contrahere, quod honestati clericali repugnet, in pristinam servitutem reducatur. In cujus rei testimonium, nos eidem Stephano præsentes litteras dedimus, sigillo nostro, quo unico communiter utimur, sigillatas.

Datum die martis, ante festum beatæ Mariæ Magdalene, anno Domini 1291.

Remarquons ici, que les serfs mentionnés dans ces chartes ne sont point originaires de Touraine, mais sont nés sur des possessions de Marmoutier situées dans d'autres provinces; on pourrait donc à la rigueur les considérer comme étrangères à la question qui nous occupe et ne pas dépasser la date de 1269.

quelque exemple de l'emploi de ces deux termes postérieurement à 1294. Mais je suis à peu près certain que ces exemples seront très-rares, et qu'ils ne viendront point infirmer cette conclusion qu'à la fin du XIIIe siècle le servage avait disparu en Touraine. Et cette conclusion, je ne me contente pas de l'établir sur l'absence, dans les chartes, de toute expression impliquant l'idée de servitude, bien que ce soit là après tout un argument d'une certaine valeur, et qu'un changement dans les mots réponde d'ordinaire à un changement dans la situation des choses, mais je la tire surtout de la physionomie générale des actes du XIIIe siècle qui sont venus jusqu'à nous.

Dans les donations, les ventes, les échanges et les transactions de toute sorte, non-seulement les termes d'hommes, de vassaux, de sujets, ont remplacé celui de serf, mais encore, et surtout, il est de toute évidence que ce qu'on donne, vend ou échange ce sont les services et non les personnes elles-mêmes. Une preuve, à notre sens très-digne de considération, de l'extrême rareté des serfs en Touraine au XIIIe siècle, c'est qu'on n'y trouve plus de chartes d'affranchissement par des particuliers; et cependant, on est à l'époque même où les chaleureuses prédications des moines mendiants poussent en cent autres lieux, à l'affranchissement des serfs, les mourants et ceux qui veulent racheter les âmes des morts. La foi est aussi vive que jamais, les généreux préceptes du christianisme semblent rajeunir et retrouver une verdeur nouvelle; les donations pieuses abondent encore, mais ce qu'on donne, ce sont des terres, des cens, des rentes; l'on ne donne pas de serfs, parce que les particuliers n'en possédaient plus en Touraine.

Assurément, c'est là une preuve que l'heureuse influence des idées chrétiennes, celle des croisades, l'accroissement du pouvoir royal, le progrès général de la société, et les autres causes qui, dans toute la France, tendaient à l'émancipation des classes serviles, avaient eu dans nos contrées une action plus prompte et plus énergique que dans beaucoup d'autres. Ces causes générales furent sans doute aidées en Touraine par des circonstances particulières et locales qu'il nous est assez difficile de bien distinguer aujourd'hui, mais au premier rang desquelles nous pensons qu'on doit placer les agitations et les luttes continuelles dont notre province fut le théâtre durant plus de deux siècles, et qui nécessitèrent pendant un si long espace de temps, non-seulement l'emploi et le développement, mais, jusqu'à un certain point, l'union de toutes les forces des différentes classes de la population.

Au Xe siècle, le comté de Tours était dans la maison de Blois, mais les comtes d'Anjou tenaient en leurs mains près de la moitié de la province, et les possessions des deux rivaux, loin d'être séparées par une ligne de frontière, étaient enchevêtrées les unes dans les autres et formaient comme un réseau inextricable. La lutte commença vers 988 et ne se termina qu'en 1044, au profit des Angevins, qui longtemps encore eurent à se défendre contre les soulèvements des seigneurs tourangeaux. Puis éclatèrent entre les rois de France et les comtes d'Anjou, devenus rois de la Grande-Bretagne, des guerres continuelles qui durèrent jusqu'à la réunion de la Touraine à la couronne de France, en 1204.

Toutes ces luttes armées, auxquelles il faut joindre les mille guerres privées qui étaient comme le régime habituel de ce temps-là, ne pouvaient manquer de peser d'un poids énorme sur les habitants des campagnes, et d'accroître encore leurs misères. Mais ces souffrances ne furent point éprouvées en pure perte. Comme ce n'étaient dans toute l'étendue de la province que petits combats et siéges de châteaux ou de petites places, chaque seigneur se voyait sans cesse contraint de faire appel au courage de tous ses sujets, y compris les serfs, qui passaient souvent de longs mois dans le château assiégé, mêlés avec les hommes d'armes, combattant et versant leur sang avec eux, et qui sortaient de là singulièrement grandis et relevés à leurs propres yeux et à ceux de leurs maîtres. Nous pensons donc que ces agitations incessantes ont contribué au mélange des différentes classes et au développement de leur activité et de leur énergie.

On pourrait voir une marque de cette activité précoce dans ce fait que nulle part, en France, il n'y eut, au début du XIe siècle, un mouvement architectural aussi prononcé qu'en Touraine, et que les monuments de cette époque reculée sont aussi complets et aussi parfaits que ceux élevés un demi-siècle et même un siècle plus tard dans les autres provinces.

Quoi qu'il en puisse être des causes qui ont amené un pareil résultat, une chose du moins paraît certaine, c'est que, vers 1300, le mouvement d'affranchissement qui avait créé dans les villes le tiers-état s'était propagé dans nos campagnes à un tel point que la liberté y était la règle commune, et la servitude l'exception, et que même nous voyons les habitants du bourg de Ferrière, près Beaulieu, représentés aux états-généraux tenus à Tours en 1308 (1). Il est donc permis de dire que les fameuses ordonnances de 1315 et de 1318, par lesquelles les rois Louis X et Philippe V appelèrent à la liberté civile les serfs des pays directement soumis à la couronne, ne furent applicables qu'à un bien petit nombre d'individus de notre province. La Touraine avait devancé la pensée royale dans la voie du progrès et de la civilisation.

Ch.-L. Grandmaison.

Archiviste d'Indre-et-Loire,

Vice-Président de la Société archéologique de Touraine.

---

(1) Les premiers états généraux, 1302 — 1314 par Ed. Boutaric. Bib. de l'École de Chartres, Vme série, tom. I, P. 32.

ERRATA ET NOTES.

Page 4 ligne 23, *au lieu de*: subtus, *lisez*: subter.
— 5, — 9, — denariis, *lisez*: denarios.
— 13, — 23, — ervis, *lisez*: servis.
— 23, — 6, — Adelonis, *lisez*: Adelois.
— 25, — 15, — ujus, *lisez*: hujus.
— 26, — 15, — *après* Ansegisus cellararius, *ajoutez*: Rainaldus pistor.

Page 26, ligne 27, — Dei, *lisez*: ejus.

— 47, au titre, le rubriqueur a mis : De Radulfo libero, servo effecto, qu'on a copié, au lieu de : De Radulfo servo, libero effecto.

Page 55, ligne 10, *au lieu de*: concedere, *lisez*: concederet.
— 55, — 13, — aderet et acceptit, *lisez*: aderat et accepit.

Page 55, — 14, — denarii, *lisez*: denariis.
Page 67, ligne 1, undocino, *lisez*: Vindocino.
— 69, — 26, repetitionis, *lisez*: repetitio ejus.
— 84, — 2, libertate, *lisez*: liberalitate.
— 90, — 9, Blouis, *lisez*: Bloius.
— 92, Note, ligne dernière, *au lieu de*: 1063, *lisez*: 1064.
— 108, ligne 8, *au lieu de*: obtelerunt, *lisez*: obtulerunt.
— 109, — 7, — facerunt, *lisez*: fecerunt.
— 110, — 17, — Betnosa, *lisez*: Batnosa.
— 121, — 15, — Rudolfo, *lisez*: Rodulfo.
— 126, — 21, — ego, *lisez*: ergo.
— 142, — 7, — Gausfredo, *lisez*: Gausfredo.
— 145, — 9, — Odionis, *lisez*: Odonis.
— 166, — 3, — *après* patris sui, *ajoutez*: Hugonis.
— 174, Note, *au lieu de*: Louis VI, 1108 à 1131, *lisez*: Louis VI, 1108 à 1137.

Page, 178, ligne 29. Sans doute il faut lire ici *Ludovico* et non *Philippo*, car la date de 1136, que nous avons donnée à cette charte, concorde avec l'époque du départ de Geoffroy pour la terre Sainte et avec celle de la mort de Salomon ; or en 1136, Louis VI était roi.

Page 182, ligne 22, *au lieu de*: domnis, *lisez*: domui.

Nota. — Les pièces de *l'Apppendix* ont été, comme celle du *De Servis*, datées d'après les personnages qui y sont cités ; mais nous avons cru que notre table des noms, à laquelle il est si facile de recourir, pouvait nous dispenser d'énumérer en note tous ces personnages, ainsi que l'a fait André Salmon.

LIBER DE SERVIS

MAJORIS MONASTERII

I

[CARTA[1] FULCRADI VICE]COMITIS QUAM SANCTO MARTINO
DEDIT DE QUADAM FEMINA NOMINE ERMENGARDE.

1 et 20 Augusti. 985.

Multipliciter[2] multiplex compuncti misericordia Dei, per plurimum voluimus honorare genus cunctorum, dum cuique mortali largiri dignatur, ut ex temporalibus rebus cælestia regna mercari valeat et ex transitoriis sempiterna percipere, dicente ipso Domino per angelicam vocem : *Fiducia[3] magna erit coram summo Deo elemosina omnibus facientibus eam;* et in Evangelio : *Quicunque[4] dederit calicem aquæ frigidæ tantum in nomine meo non perdet mercedem suam.* Quo-

---

(1) La rubrique formant le titre de cette charte était à moitié effacée, j'ai restitué les mots placés entre crochets.

(2) Le copiste du cartulaire avait figuré en tête de la charte une invocation monogrammatique; je n'ai pu déchiffrer complétement les notes tironiennes dont elle se compose.

(3) Tobie, chap. IV, vers. 12.

(4) Saint Mathieu, chap. X, vers. 42.

circa, in nomine summi salvatoris Dei, nos quidem Gaufredus¹ atque Burchardus² comites, tantam misericordiam Dei ornati, mentibus devotis considerantes modum fragilitatis, venturum adtendentes judicii diem, tribuimus Deo et Sancto Martino, ut ipsum eximium confessorem mereamur habere suffragatorem in nostris necessitatibus, donamus donatamque esse volumus eidem Sancto Martino, per deprecationem fidelis nostri Fulchradi vicecomitis, ex cujus beneficio pertinere videtur, collibertam nostram nomine Ermengardam, a presente die concedimus et transfundimus prelibato Sancto ac confessore Martino suisque famulis in eorum peculiare usu, et de nostra potestate in jus et potestatem eorum transfundimus; ita ut, quicquid ab hodierna die et deinceps ex ipsa facere voluerint, liberam et firmissimam in omnibus habeant potestatem. Si quis autem nostram devotissimam ac pronam oblationem, aliquis ex heredibus nostris ac aliunde aliqua intromissa persona, refringere aut resultare temptaverit, in primis Sanctum confessorem Christi domnum Martinum offensum senciat, nisi citissime a sua malivola voluntate reversus fuerit; insuper partibus ipsius ecclesiæ auri libras xxx^{ta} coactus exsolvat et sua repetitio nullum effectum habeat, sed hæc donatio, nostris aliorumque bonorum hominum manibus roborata, firma et stabilis omni tempore valeat permanere. Signum sanctæ crucis Gaufredi comitis†. S. Fulconis³ filii ejus. Signum sancte crucis Burchardi comitis†. S. Fulcradi vicecomitis auctor⁴ hujus operis. S. Adalgerii. S. Salomonis clerici nepotis ejus. S. Madalrici. S. Guareci.

---

(1) Geoffroi I Grisegonelle, comte d'Anjou (958-987), fils aîné de Foulques II, le Bo : aussi comte d'Anjou.

(2) Bouchard, dit le Vieux, comte de Vendôme (958-1012), de Corbeil et de Paris, deuxième fils du comte Foulques II.

(3) Foulques, fils aîné et successeur de Geoffroi Grisegonelle.

(4) *Sic* pour *auctoris*.

S. Gausolini. S. Israhelis. S. Azelini. S. Gemmonis. S. Odulgorii. S. Harduini. S. Fulcoii. S. Sulionis. S. Gausonis clerici. S. Goslini. S. Frotmundi. S. Burchardi. S. Erneisi. Data¹ est autem hæc auctoritas Andecavensis xiii° kalendas Septembris, et data est in Nugis Castro kalendas Augusti, anno xxx° regnante Lothario rege. *Guitbertus gregis² Beati Martini diaconus et schole magister, rogatus scripsit et subscripsit.*

II

DE BALDONETO SERVO EFFECTO SANCTI MARTINI[3].

1032—1064.

Sicut omnis pictura vetustate obsolescit et, nisi novis subinde coloribus reparetur, penitus obliteratur, sic omnis

(1) Cette charte a deux dates, parce que, donnée le 1ᵉʳ août à Nouatre, elle ne fut signée à Angers que dix-neuf jours après.

(2) Les notes tironiennes, placées à la suite du nom de Guitbert, qui écrivit la charte originale, ont été très altérées par le copiste du cartulaire. En effet, la pratique et l'étude de cette écriture avaient entièrement cessé avec les dernières années du dixième siècle (*Palæographia critica*, auctore Kopp; Mannhemii, 1817, 4 vol. in-4°; t. I, § 53, 54, 434 et seqq.). Je suis parvenu à restituer cette souscription, et je donne, en regard de cette page, le *fac simile* des notes du cartulaire et de celles que je propose. Voici l'analyse des principes qui constituent chaque mot, suivant la méthode de M. Kopp, que j'ai constamment suivie.

Premier groupe. G x is = Gregis. Le x est ici rappelé pour indiquer le radical *grex*.

2°. B ti = Beati.
3°. MR ni = Martini.
4°. D(i)Co = Diaconus.
5°. (e)T = Et.
6°. Sce = Schole.
7°. MG = Magister.
8°. Rtus = Rogatus.
9°. Sit = Scripsit.
10°. (e)T = Et.
11°. SVit = Subscripsit.

(3) J'ai daté cette charte d'après les synchronismes que m'ont donnés les témoins suivants :

Richardus major : chartes XII, XV, XXXIX (1032-1064).
Rotbertus major : XXIX (1032-1064).
Rainaldus major : XII, XXIX (1032-1064).
Guarinus clericus : CV (1062).
Gausmarus clericus : XXIV, XLI, XLV, XCIV (1032-1064).

rei gestæ noticia, nisi litterarum liniamentis quibusdam depingatur, evanescit; quoniam, sicut omne terrenum corruptioni proximum et omne corporeum temporalitati obnoxium, sic et omnis memoria mortalium, dumtaxat oblivioni proxima et opus fine deficiens. Proinde ne posteros nostros actuum nostrorum notione fraudemus, quod nesciri sit damnum durabilitati tradamus litterarum. Notum sit igitur universis successoribus nostris quod famulus quidam, ex parentibus liberis ortus, nomine Baldonetus, amore divino compunctus, ut sibi benignitas Dei, apud quem personæ nullius acceptio, sed uniuscujusque respicitur meritum, propiciari dignaretur, semetipsum pro illius amore tradidit in servum Sancto Martino Majoris Monasterii; ea videlicet ratione, ut, non solum ipse, verum etiam omnis ex eo nascitura progenies, jure perpetuo[1] Majoris Monasterii atque fratribus ejusdem loci conditione servili famuletur. Ut autem hæc sui traditio certior et evidentior appareret, ipse, signorum etiam cordas collo suo circumferens et pro recognitione servi iii^{or} de capite proprio denarios super altare Sancti Martini ponens, semetipsum omnipotenti Domino sic obtulit. Nomina vero testium qui traditionem hanc videntes et audientes affuerunt, subtus inserta sunt. Richardus major. Rotbertus major. Rainaldus major. Guarinus clericus. Gausmarus clericus. Otbertus cellararius. Hubertus presbiter Guastinæ. Gauscelmus clericus. Hildebertus coquus. Hildegarius mariscalcus. Arnulfus coquus. Boselinus pistor.

Otbertus cellararius: XII (1032-1064).
Hubertus presbiter Guastinæ: LXXVII (1032-1064).
Hildebertus coquus: LXXVIII et C (1032-1064).
Boselinus pistor: LXXVII (1032-1064); CV (1062); CIV (1063).
Cette date (1032-1064) est celle du gouvernement de l'abbaye de Marmoutier par l'abbé Albert.

(1) Il faut suppléer *abbati*, ou *Sancto Martino*.

III

DE BERTRANNO AGNELLO SERVO EFFECTO [1].

1032—1084.

Notum sit quod Bertrannus Agnellus devenit servus Sancti Martini, pro eo quod ei concessimus emere quandam domum in burgo nostro, quam emit a quodam servo nostro nomine Hademaro. Ipse et uxor ejus Ermentrudis et filius Rigaldus venerunt in parlatorium nostrum, et ibi positis, ex more, IIII^{or} denariis super capitibus suis, tradiderunt se toti tres ad servos priori nostro domno Odoni, et omnem posteritatem suam. Hujus rei testes : Odo coquus, Giraldus coquus, Herveus coquus, Ingelbertus major, Guido major, Gauterius de Chinsi, Esgaredus filius Gaulterii portarii.

IV

DE RAHERIO ET FULCONE COLIBERTIS [2].

1032—1064.

Nosse vos volumus, nostri successores, Bernardum Tironem de Rupibus colibertos duos Raherium et Fulconem

---

(1) Nous retrouvons plusieurs des personnages mentionnés dans cette charte, dans d'autres pièces de notre cartulaire, données, les unes sous l'abbé Albert (1032-1064), les autres, et c'est le plus grand nombre, sous l'abbé Barthélemi (1064-1084).

Herveus coquus : chartes XVII, XXVI (1032-1064).

Giraldus coquus : XX (1061) ; XXII (1062); CIII, CIV (1063); VIII (1064-1084); CX (1065); LXXVI (1069).

Odo prior : CXVI, dans la partie de la charte dont les événements se passent sous l'abbé Barthélemi, c'est-à-dire 1064-1084.

Odo coquus : LXXVI (1069).

(2) Les témoins, souscripteurs de cette charte, comparaissent la plupart dans des pièces du temps de l'abbé Albert.

Constantius Chainno : XVII, XXVI, LXXVII (1032-1064).

Ebrulfus cellararius : XVII, XXV, XXXIX, XC (1032-1064).

fratrem ejus Sancto Martino pro anima sua dedisse; qui, ut qui sint noscantur, Gualterii et Garentrudis de Chesellis, quæ est villa prope Tavennum, filii fuisse feruntur. Quapropter, solidos ei dedimus xx^{ti}, et filio ejus Gaufredo equum xv solidorum, pro eo quod patris donum libenter auctorizavit. Loonio quoque militi, consanguineo thesaurizarii, de quo eos tenuerat in fœvum, xx^{ti} alios dedimus solidos, ut et ipse in hoc favorem acomodaret suum. Herbertum autem generum Bernardi, qui eosdem colibertos ab eo sibi in dotem filiæ ipsius datos fuisse asserebat, idem socer ejus Bernardus et Loonius Herberti dominus injusticiæ convicerunt, et calumniam quam colibertis injecerat, falsam esse approbaverunt. Unde subscripti testes sunt in testimonium, qui placito interfuerunt, qui et hoc quoque testificantur, quod eos cum omni eorum fructu ditionis Sancti Martini hujusque Majoris Monasterii fore Bernardus et Gaufredus filius ejus atque Loonius, donum ex eis facientes, perpetuo auctorizaverunt. Guillelmus filius Archengerii. David major. Rainaldus de Subtus Scala. Herveus de Moneaco. Ebrulfus cellararius. Gunterius frater Bernerii Polzeti. Gualcherius presbiter. Gaiarinus clericus. Rainaldus filius Beliardis. Rainaldus Junctus. Gualterius pistor. Rainaldus coquus. Constantius Chainno. Gualterius coquus. Rotbertus de elemosina. Umbertus hospitalis. Isembardus filius Hervei. Belinus homo Bernardi Tironis. Johannes de Verno. Gaufredus coquus.

Gaufredus coquus: XCIII (1032-1064).
Gualterius pistor: XVII, XXXIX, LXXVII, XCIX, C (1032-1064).
Rainaldus coquus: CVII (1032-1064).
Rotbertus de elemosina: C (1032-1064).
Isembardus filius Hervei: LVII (1032-1064).
Herveus de Moneaco: XLIII (1053-1064).
Gualcherius presbiter: LXXV (1053-1068).
Guillelmus filius Archengerii: CXVI, dans la partie de la charte qui se passe sous l'abbé Barthélemi, c'est-à-dire 1064-1084.

V

DE DECEM SERVIS, QUOS DEDIT SEU VENDIDIT NOBIS AINARDUS DE SANCTA MAURA, HABITANTES APUD LORATORIUM [1].

1064—1084.

Notum sit fratribus nostris scilicet monachis Majoris Monasterii quod Ainardus de Sancta Maura venit in capitulum nostrum, et dedit Sancto Martino et nobis x servos, inter viros et feminas habitantes apud Loratorium, quos tenebat de Haimerico de Fagia. Quos quamvis non haberet ex hereditate, nec quisquam parentum suorum jus in eis posset reclamare, promisit tamen quod faceret hoc concedere quoscunque oporteret, et quod acquietaret eos nobis contra omnes calumnias. Ibi autem habebat quendam nepotem, qui sicut ipse dicebatur Ainardus, qui hoc ibidem concessit. Cumque accepisset beneficium cum illo, tradidit domno abbati Bartholomeo per manum unum de predictis servis, nomine Bernardum, qui solus tunc presens erat, et per illum reliquos. Hujus rei testes: Guarinus filius Raimbaldi, Archembaldus cellararius, Gualterius filius Gualcherii, Gaufredus corvesarius, Otgerius carpentarius, Josbertus coquus, Hilduinus filius Durandi.

(1) Deux copies modernes de cette charte existent à la Bibliothèque royale; la première est à la page 165 du manuscrit latin n° 5441 [1]; la seconde est inscrite au n° 705, t. II, de la collection D. Housseau

VI

DE ARNULFO GAZELLO[1].

1064—1084.

Servus quidam de familia nostra, nomine Arnulfus, Gazellus cognomine, fec quoddam forisfactum Teduino de Rupibus : propter quod, idem servus cum non haberet unde illud posset emendare, traditus est ei loco emendationis, ita ut nichil ad nos ultra pertineret, quicquid de eo faceret Teduinus. Postea cum jam aliquot annis egisset in servicio ejus, interpellavit Teduinum domnus Odo prior, qui fuit prepositus de Chamartio, de servo illo, et precatus est eum, ut redderet Sancto Martino hominem suum. Cujus precibus adquiescens Teduinus, promisit se facere quod petebatur, ita tamen ut servus daret ei non tam pro redemptione quam pro bona voluntate xv solidos. Quibus datis, guerpivit eum Teduinus Sancto Martino solutum et quietum, sicut fuerat ante unum diem quam ei traderetur. Audientibus et videntibus istis : Alcherio de Rupibus, Odone homine ejus, Bernardo majore, Odone coquo, Johanne converso, Ermenfredo de Columbariis.

---

(1) Plusieurs des témoins de cette pièce paraissent dans des chartes datées du gouvernement de l'abbé Barthélemi.

Johannes conversus : VIII (1064-1084); LXXVI (1069).

Odo coquus (1069) et *Odo prior* (1064-1084), comme je l'ai fait voir, note 1 de la charte II.

VII

DE ARCHENBALDO VACHERIO [1].

1032—1064.

Notum sit omnibus christicolis et maxime successoribus nostris quod Gaufredus de Trevis donavit Sancto Martino quendam collibertum nomine Archenbaldum vacherium. Hunc Heinricus, presbiter de Vindocino, graviter calumniabatur, quia cum de jam dicto Gaufredo in fevo tenebat, sed quia centum solidos pro quodam forisfacto Sancto Martino debebat, ad talem concordiam venit, ut ei domnus abba c solidos dimitteret, et ipse collibertum Sancto Martino perenniter auctorizaret, cum alia coliberta, nomine [2].... uxore Alargii famuli, acceptis insuper tribus libris denariorum. Odo etiam decanus frater ejus hæc auctorizavit, et filii ejus Guarinus et Ulricus clericus. Testes qui hæc viderunt vel audierunt, hi sunt : Hubertus presbiter, Otbertus senior, Ansegisus, Herveus, Otbertus juvenior, Archembaldus pistor, Giraldus gener Liggerii.

(1) La plupart des personnages nommés dans cette charte existaient sous l'abbé Albert. *Gaufredus de Trevis* paraît dans une charte du cartulaire de Saint-Maur-sur-Loire, de l'année 1036. (*Recherches sur les archives d'Anjou*, par P. Marchegay. Angers, 1843, p. 378.)

Odo decanus, le même peut-être que le Gall. Christ. (t. VIII, col. 1198), placé de 1034 à 1038, parmi les doyens de Chartres.

Otbertus senior : XXIV, XLI, XLV, XCIV (1032-1064).

Otbertus junior : ibid. (1032-1064).

Archembaldus pistor : XLII (1062); CXI (1064).

Hubertus presbiter : II (1032-1064).

(2) Le copiste du cartulaire a laissé un intervalle en blanc pour mettre le nom de la coliberte.

VIII.

DE RAINALDO SERVO ET SORORE EJUS.

1064—1084.

Notum sit omnibus quod Ulgerius de Carcere et frater ejus habebant duos servos in commune, Rainaldum et sororem ejus. Ulgerii frater, quando venit ad finem suum, dedit Sancto Martino suam partem de illis duobus servis. Postea contigit ut domnus abbas Bartholomeus rediret Carnoto, et transiret per Lavarzinum. Unde cum exiret, comitatus est ei Ulgerius, habitoque sermone de predictis servis, dixit se libenter concedere donum fratris, et insuper suam partem dare. Convocatis ergo his qui cum domno abbate erant in quadam plateola, in ipso introitu Wastinæ silvæ, omnibus audientibus auctorizavit Sancto Martino utrosque servos, id est et partem fratris et suam, unam libram piperis pro hoc expetens et unas botas de cordoanno. Hujus rei testes : Petrus coquus, Giraldus coquus, Durandus mariscalcus, Archembaldus, Lealdus famulus, Johannes conversus, Ebo clericus, Richardus novitius.

IX

DE ULGERIO ET OTBERTO SERVIS, QUOS CALUMNIABATUR GAUFREDUS CORVESINUS[1].

1032—1060.

Nosse debebitis, si qui eritis posteri nostri Majoris scilicet hujus habitatores Monasterii Sancti Martini, Gau-

---

(1) La formule initiale de cette pièce: *Nosse debebitis, si qui...* est une des plus usitées des chartes de Marmoutier, de l'an 1032 à 1100. Du reste, ce Gaufredus Corvesinus est cité dans la charte XLVIII du cartulaire des possessions de Marmoutier dans le Vendômois (B. R., mss. latins, n° 5442), comme vivant du temps *des guerres des comtes*, c'est-à-dire vers le milieu du onzième siècle, où eurent lieu les sanglants démêlés des comtes de Blois et d'Anjou.

fredum militem quendam Blesiacensem, cognomento Corvesinum, duos servos Sancti Martini, Ulgerium scilicet et fratrem ejus Otbertum diu calumniasse. Post diuturnas autem calumnias, ita inter nos convenit, ut ille v^{tum} solidos acciperet, servi vero supradicti in Sancti Martini dominium devenirent, quod et filii ejus concesserunt Gaufredus, Herveus et Teduinus. Verum, ne amplius in hujusmodi calumniam prorumpere potuisset, hec eorum nomina qui huic conventioni interfuerunt, subnotavimus : Hugonem filium Guarnerii, Sentarium Loripedem, Hilgodum Securim, Odonem Landanum, Gausbertum majorem.

X

DE DURANDO ET LETUISA UXORE EJUS, NECNON HERBALDO ET EBRARDO CONSANGUINEIS EJUS.

1007—1010.

Notum sit omnibus sanctæ Dei ecclesiæ fidelibus tam presentibus quam futuris quod Durandus Guarinus uxorque ejus Letuisa, a suis secularibus dominis quibus sub colonili vel servili conditione erant obnoxii, se suumque fructum suis gazis redemerint, et Sancto Martino monachisque Majoris Monasterii mancipaverint; ea scilicet lege, ut nullus prælatorum vel subjectorum ejusdem loci, illos vel fructum eorum audeat ulterius a Sancti Martini abalienare mancipatione, nec alicujus secularis persone sive ecclesiasticæ servituti, nisi sibi et Sancto Martino, concedere, nec in illos sibi servientes, ullam preter quam decet servitutem exerceant, sed ut æquum est prevideant. Quod si quis infringere voluerit, et non ab incepta voluntate cessaverit, hoc scripto victus rubeat, et se mendacem publica censura cognoscat. Simili autem lege teneantur cum fructibus suis Herbaldus et Ebrardus consanguinei ejus partibus Sancti Martini, ut nullus eos donare ulli homini possit. S.[1] domni abbatis Sicbardi[2]. S. Guarini. S. Gadilonis. S. Johannis. S. Alcherii. S. Hervisi. S. Fulcradi. S. Gozbaldi. S. Hainrici. S. Rainardi. S. Wicherii. S. Ebrardi. S. Durandi. S. Stephani. S. Letaldi. S. Anastasii. S. Dodonis decani. S. Gualterii. S. Arnulfi. S. Mironis. S. Adalardi. S. Vitalis. S. Gertranni. S. Airardi. S. Fredaldi. S. Ingelberti. S. Alfredi. S. Hildemari. S. Lantberti. S. Andraldi. S. Dodonis. S. David. S. Otberti. S. Madalberti. S. Hainrici. S. Fredeberti. S. Adæ. S. Fulcradi. S. Berengerii.

XI

DE EO QUOD TURBATUS RECOGNOVIT SE SERVUM ET DE CONCORDIA CUM EO[3].

1053—1088.

Notum sit fratribus nostris scilicet monachis Majoris Monasterii quod quidam servus noster, quem appellant Turbatum, habebat querelas adversum nos, et nos adversus eum. De quibus cum vellet placitari nobiscum, negavit se esse servum nostrum, ut posset habere quoscunque vellet adjutores contra nos ad placitandum. Et pro hac re ipsa

(1) Les signes que je rends ici par *S*, de *signum*, sont absolument figurés, dans le manuscrit que je publie, comme la note tironienne, qui signifie *subscripsit* (voir la dernière note tironienne du *fac simile* que je donne en regard de la p. 3 de ce cartulaire). Les chartes XIV et CXXII du *Liber de Servis*, et une autre, datée de l'an 1020, que je possède en original, offrent la même singularité de la note tironienne, de *subscripsit* mise pour *signum*. Cela tient à ce que l'étude de cette écriture ayant été abandonnée, les scribes continuèrent de la copier, et l'imitèrent, sans la comprendre, d'après les chartes plus anciennes.

(2) Sicbard fut abbé de Marmoutier, de 1007 à 1010.

(3) Thibaud I, seigneur des Roches, mourut en 1088 (charte CXVII de ce cartulaire), et plusieurs des témoins paraissent dès l'année 1053.

Arnulfus Plented : XLIII (1053-1064).
Arembertus vicarius : ib. (ib.).
Gaufredus campio : CIII (1063).
Arnulfus Gazel : VI (1064-1084).

venimus ad placitum apud Rupes, ante domnum Tetbaldum, et ibi habuimus unum ex parentibus ejus, Joscelinum de Rupeculis, qui cum affirmans esse servum nostrum, arramivit de hac re bellum contra eum. Sed ille, statim in eodem placito et in eodem loco, recognovit et confessus est quod prius negabat, hoc est servum se esse nostrum. Propter quod, judicatum est ibidem, quod si vellet placitari nobiscum, necesse erat ei illuc venire, ubi nos vellemus. Hujus rei testes : Tetbaldus de Rupibus, Bernardus Bloius, Gaufredus frater ejus, Godefridus, Galoius, Archenfredus, Rainaldus de Ciconiis; de nostris : Gaufredus campio, Arnulfus Gazel, Durandus Calvellus. Postea venit, et habuimus simul placitum, in quo talem cum eo fecimus concordiam, ut, et nos dimiserimus ei omnes retro querelas, et ille similiter nobis omnes quas habebat contra nos et contra familiam nostram. De aliis autem hominibus si fecerit clamorem, faciet ei justitiam vel prior noster ad quem pertinebit. Hujus concordiae testes : Gaufredus senescalcus, Arembertus vicarius, Galoius, Arnulfus Plented frater ejus.

XII

CONCORDIA ALBERTI ABBATIS CUM ABBATE INGELBALDO, DE DUOBUS SERVIS, BOSELINO ET FRATRE EJUS OTTRANDO.

1032-1064.

Notum fiat omnibus sanctae Dei ecclesiae fidelibus immo et nostris successoribus quod hanc convenientiam domnus abba Ingelbaldus[1] Resbatiacensis monasterii fecit cum domno Alberto abbate Majoris Monasterii aliisque ejus-

(1) Les bénédictins, dans leur notice sur l'abbaye de Saint-Pierre-de-Rebais (*Gall. Christ.*, t. VIII), n'ont donné que le jour de la mort de l'abbé Ingelbaud, au 17 avril, sans date d'année ni de siècle; cette charte pourra servir à lui assigner sa place au moins approximative.

dem loci fratribus, in capitulo Sancti Martini. Si quidem tradidit Sancto Martino duos adhuc juvenilis ætatis servos Othtrandum videlicet et Boselinum, pro commutatione cujusdam servi Sancti Martini, in omni re multum idonei, nomine Frederici, qui in eorum servitio, casu accidente, occisus fuit. Hoc autem tali actum est ratione, ut ipsi, omnisque ex eis nascitura progenies, Sancto Martino Majoris Monasterii ejusdemque loci fratribus, jure perpetuo serviant conditione servili. Hujus vero convenientiæ donum, ut firmiorem haberet auctoritatem, postea firmatum ac corrobatum est in capitulo Sancti Petri Resbatiacensis monasterii, cunctis ejusdem loci fratribus annuentibus. Nomina vero hæc videntium et audientium inferius subnotata sunt; ex nostra parte : Richardus major, Rainaldus major, Otbertus cellararius, Girardus sartor.

XIII

DE HERIBERTO SERVO LIBERO EFFECTO [1].

1007 vel 1008 vel 1009.

Quisquis, in nomine sanctæ et individuæ Trinitatis, karitate compunctus, aliquem ex servili familia, a jugo servitutis ad honorem libertatis accedere permiserit, pro certo confidat, se in die novissima, perpetua et cælesti libertate donari. Quod ego quidem Odo [2] gracia Dei comes, mente

---

(1) On trouve une copie moderne de cette charte dans la collection D. Housseau, carton II, n° 370, sans indication de source. D. Housseau donne encore l'analyse de cette pièce, carton XIII, n° 6795. L'original de cette pièce existait avant la révolution aux archives de Marmoutier, et on en fit, dans le dix-huitième siècle, une copie où l'on a rendu les abréviations suivant le système de la *Record's commission*. Cette copie est conservée à la Bibl. royale, section des manuscrits, collection des copies de chartes, carton XV. Les seules variantes que nous y ayons observées sont : *caritate* pour *karitate*, et *Gaufridi* pour *Gaufredi*.

(2) Eudes II le Champenois, comte de Blois, de Tours, de Chartres (1004-1037) et de Champagne (1019-1037).

pertractans, favente ac deprecante fideli meo Gerardo, quendam famulum, nomine Heribertum, ex familia Sancti Aniani[1] ortum, ad sacros ordines promovendum, propter amorem Dei facio liberum. Sitque ab hodie liber ac si ab ingenuis parentibus fuisset genitus; habeat vias quadrati orbis apertas nullo contradicente. Et ut hæc libertatis carta firma sit, manu propria subter eam firmavi. S.[2] signum Odonis comitis qui hanc firmavit cartulam. S. Gerardi. S. Gilduini. S. Ragenardi. S. Gaufredi. S. Gualterii. S. Alberici. S. Gualcherii. S. Gaufredi. S. Rogerii. S. Adelonis. S. Huberti. Actum Vindocino castro, anno XX° regnante rege Rotberto[3]. Vivianus[4] signator scripsit.

XIV

DE GUITBERTO SERVO, QUEM DEDIT AIRARDUS PREPOSITUS SANCTO MARTINO.

1032—1060.

Notum sit vobis, successores nostri, quod Airardus præpositus dedit Sancto Martino et nobis servis suis, pro redemptione animæ suæ, quendam servum suum Guitbertum nomine, nepotem Engelardi cognomento Mesplenerii; ea scilicet ratione illum suæ subtrahens ditioni et nostræ subiciens servituti, ut non solum ipse, verum etiam omnis si qua nata ex eo vel nascitura est progenies, omnibus quos vixerit diebus, abbati qui huic Majori pro tempore præerit Monasterio, et fratribus loci istius, servili condi-

---

(1) Le chapitre de Saint-Aignan, en Berry, fondé par le comte Eudes II.

(2) Le mot *signum* est précédé de la note tironienne de *subscripsit*, et ce même signe précède les autres noms des autres souscripteurs de la charte, comme on l'a déjà vu, charte X.

(3) J'ai dû, pour suivre une manière uniforme de dater du règne de Robert, adopter le système chronologique indiqué note 5 de la charte L.

(4) Vivien n'est indiqué ni parmi les chanceliers, ni parmi les notaires du roi Robert.

tione famuletur. Factum autem hoc esse constat, assensu et voluntate Hersendis uxoris ejusdem Airardi; Stephano filio ejus pari devotione suum prebente favorem, pro eo quod in elemosinæ fructum a patre meruit recipi. Gaufredus[1] quoque comes, ex cujus beneficio in jus hujus nostri datoris cesserat servus iste, a domno abbate Alberto deprecatus, hoc idem sua confirmavit auctoritate. Unde sunt testes : Hilduinus prepositus; Durandus Corsonus; Gaufredus Reundinus, qui tunc cum multis aliis eidem comiti assistebant. Testes vero alii qui huic dono interfuerunt, sunt hii : Engelardus Mesplenerius, Girardus filius Frotmundi, Girardus de Salice, Fulco prior, Aimericus monachus, Gaulterius monachus.

XV

DE COMMUTATIONE DUORUM SERVORUM FACTA CUM CANONICIS SANCTI MAURICII[2].

1032—1052.

Rerum gestarum noticiam edax solet oblivio consumere, et temporibus futuris preteritorum obducere facta;

---

(1) Geoffroi II Martel, comte d'Anjou et de Vendôme, mourut le 14 novembre 1060. (*Art de vérifier les dates*, 1783, t. II, p. 842.)

(2) L'original de cette pièce existait aux archives de Marmoutier avant 1780; car ce fut vers ce temps qu'on en fit une copie avec toutes les abréviations figurées suivant le système de la *Record's commission*. Cette copie est conservée à la Bibl. royale, section des mss., collection des copies de chartes, carton XIX. La charte originale était sur une feuille de parchemin de seize pouces de haut sur neuf de large; les devises, coupées à l'effet de former le cyrographe, étaient placées l'une en haut, l'autre en bas de la charte, et formaient ces deux vers, qui expliquent l'utilité des chartes parties :

Nulla potest hoc cyrographum deludere tegna;
Hec individuum servat divisio pactum.

La réunion des deux devises sur la même charte prouve qu'on fit en même temps trois exemplaires de cet acte, dont le premier, celui dont la copie nous est parvenue, fut conservé à l'abbaye de Marmoutier, et les deux autres aux archives proinde, ne apud posteros priorum pænitus acta depereant, fugax rerum memoria litterarum vinculis est religanda, et ne vetustate notio obsolescat, quod tempore elabitur scripto retinendum. Nota sit igitur universis veri Dei cultoribus, convenientia quæ facta est inter canonicos Sancti Mauricii[1] et monachos Sancti Martini Majoris Monasterii, de commutatione duorum servorum quos sibi invicem alterum pro altero commutarunt. Traditus est itaque Hubertus filius Rotberti de Berge qui erat servus Sancti Mauricii, in jus et dominium perpetuum Sancti Martini Majoris Monasterii et monachorum ejusdem loci, a parte canonicorum; et itidem collatus est Letardus filius Alfredi, qui erat servus Sancti Martini, in jus et dominium perpetuum Sancti Mauricii canonicorumque ipsius loci, a parte monachorum. Hæc autem ut convenientia rata et stabilis firmaque permaneat, assensu et auctoramento facta est domni archipræsulis Arnulfi[2] Turonorum et domni abbatis Alberti, qui Majori præerat Monasterio. Et quamvis tam publice res acta sit ut testium astipulatione non egeat, ne sua tamen cartula lege privetur, et testium nuditate perdat apud posteros auctoritatem, aliqui eorum qui interfuerunt, firmitatis gratia subsignentur. Herveus decanus. Albericus præcentor. Gualterius filius Johannis. Radulfus. Fredericus. Richardus archipresbiter. Lambertus. Cleopas. Gualo prior Sancti Martini. Agilo monachus. Richardus major Sancti Martini. Gualterius Quacetus.

de la cathédrale de Tours et de l'archevêché. Les seules variantes que nous ayons remarquées avec notre cartulaire sont : *præteritorum* pour *preteritorum; penitus* pour *pænitus; Dei viri* pour *veri Dei;* et *commutaverunt* pour *commutarunt*.

(1) L'église métropolitaine de Tours fut dédiée à Saint Maurice par Saint Martin, qui y déposa les reliques de ce martyr. Vers la fin du treizième siècle, en 1291, on l'appelait également Saint-Maurice ou Saint-Gatien, comme nous l'apprend l'auteur de la vie de Guillaume le Maire, évêque d'Angers (*Spicilegium*, Dacheri, édit. in-f°, t. II, p. 175); plus tard enfin, on ne la désigna plus que sous le nom de Saint-Gatien.

(2) Arnoul fut archevêque de Tours, de 1023 à 1052.

XVI

DE JOHANNE PISCATORE DE FONTE CARO[1].

1061.

Nosse debebitis, si qui eritis posteri nostri Majoris scilicet hujus habitatores Monasterii Sancti Martini, Gaufredum[2] comitem, Fulconis Andecavensis quondam comitis ex filia, et Gaufredi filii ejus ex sorore, nepotem, cum post eundem Gaufredum Andecavensem ac Turonensem obtineret pariter comitatum, donasse Sancto Martino et nobis, sub regimine nunc agentibus domni abbatis Alberti, anno ab incarnatione Domini M° LX° I°, colibertum quendam nomine Johannem, arte piscatorem, apud Fontem Carum commanentem, cum uxore scilicet ipsius et filius ac filiorum filiis,

(1) Cette charte existe en original aux archives départementales d'Indre-et-Loire. La seule variante que j'y aie remarquée est *Gausfredus*, constamment écrit au lieu de *Gaufredus*. On trouve, en outre, trois copies modernes faites d'après la charte originale : la première existe dans la collection D. Houss., carton II, n° 630 ; les deuxième et troisième, dans le manuscrit latin (B. R.), n° 5441⁴, p. 103 et 104.

(2) Geoffroi III, dit le Barbu, comte de Touraine, célèbre par ses malheurs, était fils de Geoffroi Féréol, comte du Gatinais, et d'Ermengarde d'Anjou. Par sa mère, il était donc petit-fils (*nepos*) de Foulques III, dit Nerra, et neveu (*nepos*) de Geoffroi II, dit Martel. Geoffroi III fut donc comte d'Anjou, d'après cette pièce, et suivant la charte XXXVII du Livre noir de Saint-Florent de Saumur (*Archives d'Anjou*, p. 248, et D. Houss., carton II, n° 631), qui s'exprime ainsi : « *Gosfredus Fulconis filius, Andegavensium comes... condonavit Gosfrido nepoti suo comitatum suum, Fulconi vero fratri hujus inter cætera Vierensium castrum, præcipiens tamen ut omnia a fratre suo teneret.* » Dans un autre acte du même cartulaire (*Archives d'Anjou*, p. 259, et D. Houss., carton II, n° 635), et dans trois pièces inédites concernant Marmoutier (D. Houss., carton II, n° 804, 592 et 667), ce même Geoffroi-le-Barbu prend la même qualification. Ainsi donc, contrairement à l'*Art de vérifier les dates* (t. II, p. 813), qui suivait en cela l'auteur des *Gesta consulum Andegavensium*, il n'y eut point de partage de la succession de Geoffroi II Martel ; Geoffroi III le Barbu hérita seul des comtés de son oncle, à l'exclusion de Foulques, son frère cadet, qui n'eut en partage que quelques seigneuries qui relevaient de son frère, son seigneur suzerain.

quotacunque deinceps generationum successione futuris.. Testibus istis : Gaufredo de Pruiliaco thesaurario Sancti Martini, Rotberto Burgundione, Lisoio de Calvo Monte, Gauslino de Cainone, Johanne de Cainone, Alberto preposito. Post hæc compertum est uxorem illam Johannis, colibertam esse Ermentrudis cujusdam, uxoris quondam Rainaldi de Rupibus ; egimus ergo cum ista et cum ejus filio nomine item Rainaldo, atque ab ambobus obtinuimus, ut feminam illam nomine Ansbergam, cum toto in perpetuum fructu illius, Sancto Martino nobisque donarent. Testibus item istis ; de hominibus ipsius Rainaldi filii Ermentrudis : Frotgerio de Ambaziaco, Ingelrico de Monte Trichardi, Girardo de Berniciaco. Signum Gaufredi comitis †. De hominibus Rodulfi vicecomitis Cenomannensis, nam et hii presentes aderant : Guarino Francisco, Guarino vicario, Tetbaldo Rege, Rotberto Francisco, Girardo homine vicecomitis, Giraldo manante. De hominibus Sancti Martini : Rainaldo Turonensi et coquo, Gaufredo carpentario, Fulberto campione, Durando coquo, Nihardo coquo, Ursione, Otgerio de elemosina, Guidone filio Aremberti carpentarii.

XVII

NOTITIA DE GRANETO SERVO EFFECTO.

1032—1064.

Notum sit universis successoribus nostris quod famulus quidam Guitbertus, Granetus cognomine, libero genere ortus, cum nichil carius haberet quod omnipotenti Deo potuisset offerre, semetipsum pro ejus amore Sancto Martino Majoris Monasterii, in domni Alberti abbatis presentia, tradidit in servum ; ea videlicet ratione, ut non solum ipse, verum etiam omnis ex eo nascitura progenies, omnibus[1] vitæ suæ, abbati Majoris Monasterii et fratribus ejus-

---

(1) Le copiste a omis *diebus*.

dem loci, servili conditione serviat. Et ut hæc traditio certior et evidentior appareret, pro recognitione servi IIII^{or} denarios super capud proprium ponens, semetipsum omnipotenti Deo taliter obtulit. Nomina vero testium qui hæc videntes affuerunt, subter inserta sunt. Ebrulfus cellararius. Michael Rufus. Constantius Chainno. Constantius Tailla Fer. Nihardus coquus. Gualterius pistor. Herveus coquus. Fulcodius prior, qui eum recepit in servum. Berengerius cellararius. Tetbaldus cellararius. Gausbertus cartularius.

XVIII

DE OTGERIO NEPOTE MARTINI [1].

1032—1064.

Notum sit universis successoribus nostris quod famulus quidam, ex parentibus liberis ortus, nomine Otgerius, nepos Martini, amore divino compunctus, ut sibi benignitas Dei, apud quem personæ nullius acceptio, sed uniuscujusque respicitur meritum, propiciari dignaretur, semetipsum pro amore illius tradidit in servum Sancto Martino Majoris Monasterii; ea videlicet ratione, ut non solum ipse, verum etiam omnis ex eo nascitura progenies, jure perpetuo abbatis[2] Majoris Monasterii atque fratribus ejusdem

---

(1) J'ai déjà indiqué, à la note 1 de la charte II de ce cartulaire, les synchronismes qui établissent, sous le gouvernement d'Albert, *Richardus major, Gausmarus clericus, Guarinus clericus, Hildebertus coquus, Hildegarius mariscalcus;* je trouve également, sous le même abbé, d'après les preuves données à la note 1 de la charte VII de ce cartulaire, *Otbertus senior* et *Otbertus junior.* Enfin, les noms suivants confirment encore la date que nous assignons à cette pièce :

Ansegisus cellararius: XXIV, XLI, XLV, XLVI, XCIV (1032-1064).
Bernardus : XXIV, XCIV (1032-1064).
Giraldus :   id.,   id.
Herveus : XXIV, XLI, XLV, XCIV (1032-1064).
Frotgerius mariscalcus : CIV (1063).

(2) *Sic* pour *abbati.*

loci, conditione servili famuletur. Ut autem hæc sui traditio certior et evidentior appareret, ipse signorum etiam cordas collo suo circumferens, et pro recognitione servi iiii^{or} de capite proprio denarios super altare Sancti Martini ponens, semetipsum omnipotenti Domino sic optulit. Nomina vero testium qui traditionem hanc videntes et audientes affuerunt, subter inserta sunt. Richardus major. Guarnerius major. Otbertus senior. Otbertus junior. Guarinus clericus. Gausmarus clericus. Ansegisus cellararius. Hildebertus coquus. Hildegarius mariscalcus. Frotgerius mariscalcus. Bernardus. Giraldus. Herveus. Constantius.

XIX

DE ODILONE SERVO EFFECTO [1].

1032—1064.

Notum sit universis successoribus nostris quod famulus quidam, ex parentibus liberis ortus, Odilo nomine, compunctus amore divino, ut sibi benignitas Dei, apud quem personæ nullius acceptio, sed uniuscujusque respicitur meritum, propiciari dignaretur, semetipsum pro illius amore tradidit Sancto Martino Majoris Monasterii; ea videlicet ratione, ut non solum ipse, verum etiam omnis ex eo nascitura progenies, jure perpetuo abbati Majoris Monasterii atque fratribus ejusdem loci, conditione servili famuletur. Ut autem hæc sui traditio certior et evidentior appareret, ipse signorum etiam cordas collo suo circumferens, et pro recognitione servi iiii^{or} de capite proprio denarios super altare Sancti Martini ponens, semetipsum omnipotenti Domino taliter optulit. Nomina vero testium qui traditionem hanc videntes et audientes affuerunt,

---

(1) J'ai déjà prouvé, note 1 de la charte II, que les témoins nommés dans cette pièce vivaient sous l'abbé Albert.

subter inserta sunt. Ricardus major. Rotbertus major. Rainaldus major. Otbertus cellararius. Otbertus camerarius. Boselinus pistor.

XX

DE RAINALDO SERVO EFFECTO.

1061.

Nosse debebitis, si qui eritis posteri nostri Majoris scilicet hujus habitatores Monasterii Sancti Martini, hominem quendam de Sancto Ylario de Gravella, nomine Rainaldum, suæ actenus potestatis et liberum sponte propria servum devenisse Sancti Martini et nostrum, agentibus nunc nobis sub regimine domni abbatis Alberti, anno ab incarnatione Domini millesimo LX° I°; ita scilicet ut, et vivens nobis ubicunque jusserimus serviat, et moriens quicquid habuerit derelinquat. Itaque capitalicum suum, hoc est denarios IIII^{or}, ex more sibi supra caput posuit, quos inde domnus Fulco noster hoc tempore prior accepit. Testibus istis : Bruningo monacho, Rotberto cellarario, Nihardo coquo, Giraldo coquo, Bernardo coquo, Haimone coquo.

XXI

DE QUADAM COLIBERTA ROTBERGI NOMINE, QUAM [1] VENDIDIT GAUSBERTUS SANCTO MARTINO.

1032-1064.

Notum fieri volumus omnibus diffusæ per orbem terrarum ecclesiæ Christi fidelibus, tam his qui vivunt, quam illis qui post nos futuri sunt, maxime loci nostri successo-

---

(1) La rubrique porte *quem*; mais le titre de la pièce qui, écrit à l'encre noire à la marge du manuscrit, servait d'indication pour le copiste des rubriques, est bien *quam*, comme l'indique la charte.

ribus, ad quorum quam plurimum noticiam pervenire satagimus, quod quidam homo Gausbertus nomine de Prulliaco, quandam colibertam suam cui nomen Rotbergis, quam sibi Vitalis homo Sancti Martini acceperat in uxorem, pro redemptione animæ suæ, et pro remedio animarum patris sui et matris suæ, scilicet Johannis et Adilonis, de dominio suo in dominium Sancti Martini traduxit, ut habeat et mulierem, sicut prius habebat virum, fructumque qui ex eis prodiit vel processurus est, possideat jure perpetuo. Fuit autem ipsa mulier nata de alodo ipsius Gausberti, qui vocatur Geiacus. Accepit vero pro hac re ipse Gausbertus xx^{ti} solidos. Et ut hæc carta firma et inconvulsa permaneat, ipse eam subter firmavit, et dominis suis atque bonis hominibus firmare rogavit. Si quis autem fuerit qui hanc cartam inquietare vel infringere voluerit, in primis iram omnipotentis Dei et Beati Martini et omnium Sanctorum incurrat, et quod petit non vindicet, sed cui litem intulerit, auri libras LX^{ta} coactus exsolvat. Hoc autem factum est sub domno Alberto abbate Majoris Monasterii qui etiam procuravit de pecunia Sancti Martini precium quod datum est pro femina illa. Nomina testium qui viderunt hoc et audierunt, hæc sunt. Signum Gausberti qui hanc cartam fieri jussit. S. Adilois matris ejus. S. Gausfridi senioris de Prulliaco. S. Almodis uxoris ejus. S. Guidonis. S. Guaninci. S. Fulcradi. S. Uncberti Infunduti. S. Agne uxoris ejus, sororis scilicet ipsius Gausberti. S. Archembaldi. S. Samuhelis. S. Godefredi. S. domni Rainaldi [1] abbatis. S. Johii monachi qui hanc scripsit cartulam. S. Ulgerii monachi. S. Rainardi monachi et cæterorum fratrum de Prulliaco.

(1) Rainauld, abbé de Preuilly, omis dans le Gall. Christ, édit. de 1656, t. IV.

XXII

DE LAMBERTO FURNERIO ET ROTBERTO BLAINETO SERVIS EFFECTIS.

1062.

Nosse debebitis, si qui eritis posteri nostri Majoris scilicet hujus habitatores Monasterii Sancti Martini, Lambertum furnerium, cum sua uxore nomine Hildegarde et Berengerio filio, ut a Deo libertate donentur æterna, in servitutem sese tradidisse Sancti Martini et nostram, agentibus nunc nobis sub regimine domni abbatis Alberti, anno ab incarnatione Domini m° lx° ii°; ita scilicet ut, tam ipsi, quam tota deinceps ex eis eorumque filiis ac nepotibus per secula futura posteritas, sub eadem servitute pari jure permaneant. Et ipsa die, ipsaque hora, ac loco quo hoc isti fecerunt, fecit hoc idem et de se ipso totaque sua si qua unquam posteritate futura, alius quidam adolescentulus, nomine Rotbertus, cognomine Blainetus. Utrique igitur super sua capita iiii°" singuli denarios ex more posuerunt, quos inde accepit domnus Fulco noster hoc tempore prior. Testibus istis : Ilduino sartore, Rainaldo pistore, Giraldo coquo, Nihardo coquo, Ursione coquo, Ebrardo ostiario, Viventio lavendario.

XXIII

DE QUADAM COLIBERTA NOMINE RAINILDE, QUAM VENDIDIT LETBERTUS DE BLESIS[1].

1032—1064.

Nosse debebitis, si qui eritis posteri nostri Majoris scilicet hujus habitatores Monasterii Sancti Martini, Letbertum de

---

(1) Une copie de cette pièce, faite au dix-huitième siècle, d'après l'original, est conservée à la Bibl. royale, section des manss., collect. des copies de chartes,

Blesis vendidisse nobis, sub regimine nunc agentibus domni abbatis Alberti, quandam sui juris colibertam, Rainildem nomine, cum liberis suis, uxorem videlicet Benedicti de Campelonio nostri hominis, emisse vero eam nobis xx^{ii} solidos Hildegarius[1] elemosynarium nostrum monachum, Placentia uxore ejusdem Letberti, et filiis eorum Guicherio et Rainaldo, nec non et Gausfredo de Monciaco, de quo illam idem Letbertus tenebat, Herbaldo quoque homine ejus qui et ipse medietatem ex ea in sævum de eodem domino suo Letberto habuerat, favorabilem huic emptioni nostræ præbentibus assensum. Quam colibertam, ea conditione a Letberto et Herbaldo qui denominati precii medietatem habuit, cum omni fructu ejus emisse nos constat, ut non solum ipsa, verum etiam omnis ex ea jam nata vel nascitura progenies, abbati ujus loci et fratribus, colibertorum lege serviant. Cui emptioni testificantur isti : Hugo et Gaufredus frater ejus, filiastri Letberti; Gualterius, Hilduinus et Ulgerius homines ejus; Archembaldus filius Amalgisi; Otbertus decanus, quem dedit fidejussorem de faventia Gaufredus de Monciaco; Tetbertus Brahana; Girardus presbiter; Girardus monachus.

XXIV

DE SERVIS ARCHENBALDO, CONSTANTIO ET ARRALDO.

1032—1064.

Notum sit omnibus sanctæ ecclesiæ fidelibus quod tres quidam fratres Archembaldus, Constantius et Arraldus, ex

---

carton XXI. La notice était sur une feuille de parchemin de six pouces sur six pouces. Elle nous offre deux variantes avec la copie du *Liber de Servis*. Le copiste du cartulaire a fait une faute en écrivant *Hildegarius*, au lieu d'*Hildegarium* qui était dans l'original; mais il en a corrigé une de la charte originale en écrivant : *Otbertus decanus quem dedit fidejussorem de faventia Gaufredus de Monciaco*, au lieu de *Gausfredi* de l'original.

(1) *Sic* pour *Hildegarium*.

libero genere orti, timore divino compuncti, cum nichil karius haberent quod omnipotenti Deo potuissent offerre, semetipsos pro ejus amore Sancto Martino, in domni Albertis abbatis presentia, tradiderunt in servos. Qui videlicet tres supradicti fratres, ut ipsa sui traditio clarior appareret, cordis quoque signorum colla sua circundederunt, et pro recognitione, super altare singuli IIII^{or} de capitibus propriis denarios imposuerunt. Quod itaque conditione tali gestum est, ut non illi tantum modo, verum etiam tota ex ipsis nascitura progenies, omnibus diebus vitæ suæ, abbati Majoris Monasterii et senioribus loci, serviant jure servili. Hæc autem ut firmior haberetur noticia, nominibus testium qui ad hoc audiendum producti fuerunt, subnotatur istorum. Gausmarus clericus. Otbertus senior. Otbertus junior. Ansegisus cellararius. Arnulfus sartor. Herveus. Hildegarius. Frodelinus. Bernardus. Hilduinus. Giraldus.

XXV

DE TRIBUS FAMULIS ANDRALDO, RAINALDO, HERVEO, SERVIS EFFECTIS.

1032—1064.

Notum sit universis successoribus nostris, quod famuli quidam ex libero genere orti, Andraldus scilicet filius Nainfredi de Sancto Petro Villecivilei, et Rainaldus Bigotus, atque Herveus Francus Salidus, timore divino compuncti, cum nihil carius haberent quod omnipotenti Deo potuissent offerre, semetipsos pro Dei amore Sancto Martino Majoris Monasterii, in domni Alberti abbatis presentia, tradiderunt in servos; ea videlicet ratione, ut non solum ipsi, verum etiam omnis ex eis nascitura progenies, omnibus diebus vitæ suæ abbati Majoris Monasterii et fratribus ejusdem loci, servili conditione serviant. Et ut hæc eorum traditio certior et evidentior appareret, singuli pro recognitione servi iiii°" denarios super capita propria ponentes, semetipsos omnipotenti Deo taliter obtulerunt. Nomina vero testium qui traditionem hanc videntes et audientes affuerunt, subter inserta sunt. Fulco prior. Berengerius cellararius. Arraldus cellararius. Ildebertus coquus. Rotbertus sartor. Ebrulfus cellararius. Michael coquus. Arnulfus sartor. Albertus Pes Anseris. Letardus carpentarius. Stephanus de Loratorio, homo Lamberti Surdi.

XXVI

DE ROBERTO COGNOMENTO ANIMALIA.

1032—1064.

Notum sit universis successoribus nostris quod famulus quidam Rotbertus, cognomine Animalia, libero genere ortus, cum nichil carius haberet quod omnipotenti Deo potuisset offerre, semetipsum pro ejus amore Sancto Martino Majoris Monasterii, in domni Alberti abbatis presentia, tradidit in servum; ea videlicet ratione, ut non solum ipse, verum etiam omnis ex eo nascitura progenies, omnibus diebus vitæ suæ abbati Majoris Monasterii et fratribus ejusdem loci, servili conditione serviat. Et ut hæc traditio certior et evidentior appareret, pro recognitione servi iiii°" denarios super caput proprium ponens, semetipsum omnipotenti Deo taliter obtulit. Nomina vero testium qui hæc videntes affuerunt, subter inserta sunt. Odo Cornuellus. Benedictus sartor. Constantius Chainno. Constantius Tailla Fer. Herveus coquus.

XXVII

DE TETBALDO BARONE SERVO AFFECTO.

1032—1064.

Notum sit vobis, posteri nostri, quod quidam Tetbaldus, cognomento Baro, apud Vetus Mansum habitans, et uxor ejus Guitburgis, cum liberis suis Rainaldo et Hermemaro[1]....., sponte pro amore Dei Sancto Martino, in domni Alberti abbatis præsentia, se ipsos hac ratione tradiderunt in servos, ut non solum ipsi, verum etiam omnis ex eis nata vel nascitura progenies cunctis diebus vitæ suæ, abbati hujus loci et fratribus, servili conditione famulentur. Et ut hæc eorum traditio certior et evidentior appareret, pro recognitione servi, iii^{or} denarios super caput proprium unusquisque ponens, Deo Sanctoque Martino se taliter, sub his testibus, obtulerunt, hæc nomina habentibus: Guarnerio et Burchardo monachis; Otgerio famulo de elemosina; Arnulfo monacho; Hildegario elemosinario monacho, tunc Veteris Mansi preposito, quo mediatore id gestum est.

XXVIII

DE GERLENDA COLIBERTA A GODEFREDO NOBIS VENDITA [2].

1032—1064.

Nosse debebitis, si qui eritis posteri nostri Majoris scilicet hujus habitatores Monasterii Sancti Martini, Godefre-

---

(1) Le copiste du cartulaire a laissé ici un espace en blanc, qui devait être rempli par les noms des autres enfants de Thibauld Baron et de Guitburge.

(2) La date approximative de cette charte est donnée par les synchronismes suivants. Gilduin, vicomte de Chartres, vivait de 1032 à 1080 (cartulaire de saint Père de Chartres, par M. Guérard, p. 123, 161, 172 et 180); et LI (1046-1060), et CII (1032-1064) de ce cartulaire.

dum quendam de Blesis, hominem Gilduini vicecomitis, filium Fulberti Rufi, vendidisse nobis xii^{tm} solidis, per manum domni Hildegarii elemosinarii fratris nostri, quandam colibertam Gerlendam nomine, filiam quorumdam in nostra quondam terra apud Gilliacum habitantium hominum, Gumbaldi videlicet forestarii atque Guitburgis; quam sub hac conditione nos emisse constat, ut non solum ipsa, verum etiam omnis ex ea nascitura progenies, pauperibus elemosinæ serviat, vel alicubi ubi jussa fuerit. Unde ut sub hac servitute perpetuo manere possit, fidejussorem nobis pro ea prædictum vicecomitem Gilduinum dominum suum Godefredus dedit, ut ab omni eam adversum nos de ea insurgente calumnia acquietet. Hujus rei simulque venditionis testibus istis hujusmodi nomina habentibus : Rainardo cognato ejusdem Godefredi; Archembaldo de Fraxino; Rainerio famulo Sancti Martini; Teoderico filio Hugonis de Avazai; Gilduino Bocello; Arraldo clerico; Otberto decano; Gervasio filio Lancelini.

XXIX

DE ROGERIO.

1032—1064.

Notum sit omnibus sanctæ Dei ecclesiæ fidelibus quod famulus quidam, ex libero genere ortus, Rogerius nomine, timore divino compunctus, cum nichil carius haberet quod omnipotenti Deo potuisset offerre, semetipsum pro ejus amore Sancto Martino, in domni Alberti abbatis presentia, tradidit in servum. Qui videlicet Rogerius, ut ipsa sui traditio clarior appareret, cordis quoque signorum collum

---

Hildegarius elemosinarius monachus: XXIII, XXVII (1032-1064); XLIII (1053-1064).
Rainerius coquus : XCIII (1032-1064).
Otbertus decanus : XXIII (1032-1064).

suum circundedit, et pro recognitione, super altare iiii⁰ʳ de capite proprio denarios imposuit. Quod itaque conditione tali gestum est, ut non ille tantummodo, verum etiam tota ex ipso nascitura progenies, omnibus diebus vitæ suæ abbati Majoris Monasterii et senioribus loci, serviat jure servili. Hæc autem ut firmior haberetur noticia, nominibus testium qui ad hoc audiendum producti fuerunt, subnotatur istorum : Hamelini videlicet majoris, Rainaldi majoris, Rotberti majoris, Harduini, Adalgisi, Alberti Britonis, Gauzcelini, Otberti.

XXX

DE GUILLELMO FRATRE RAINALDI [1].

1032—1064.

Notum sit universis successoribus nostris quod famulus quidam, ex parentibus liberis ortus, nomine Willelmus, frater Rainaldi, amore divino compunctus, ut sibi benignitas Dei, apud quem personæ nullius acceptio, sed uniuscujusque respicitur meritum, propiciari dignaretur, semetipsum pro amore illius tradidit in servum Sancto Martino Majoris Monasterii; ea videlicet ratione, ut non solum ipse, verum etiam omnia ex eo nascitura progenies, jure perpetuo abbati Majoris Monasterii atque fratribus ejusdem loci conditione servili famuletur. Ut autem hæc sui traditio certior et evidentior appareret, ipse signorum etiam cordas collo suo circunferens, et pro recognitione servi iiii⁰ʳ de capite proprio denarios super altare Sancti Martini ponens, semetipsum omnipotenti Domino sic optulit. Nomina vero testium qui traditionem hanc videntes et audientes affuerunt, subter inserta sunt. Richardus major. Guarnerius major. Otbertus senior. Otbertus junior. Gua-

---

(1) Tous les témoins nommés ici se retrouvent dans la charte XVIII de ce cartulaire, où j'ai prouvé leur existence sous l'abbé Albert.

rinus clericus. Gausmarus clericus. Ansegisus cellararius. Hildebertus coquus. Hildegarius mariscalcus. Frotgerius mariscalcus. Bernardus. Giraldus. Herveus. Constantius.

XXXI

DE FULBERTO COLIBERTO [1].

1032—1064.

Notum fiat fidelibus universis et maxime successoribus nostris quod miles quidam de castro Lavarzino, Rotbertus nomine, cum defunctus fuisset, a filiis suis Huberto et Hugone Majus Monasterium sepeliendus apportatus est. Quem cum monachi Sancti Martini, gratia magis familiaritatis antiquæ quam dono alicujus terrenæ substantiæ, sepelissent, tamen ne penitus gratis concessa videretur eadem sepultura, supradicti defuncti filii quendam Sancto Martino colibertum dederunt nomine Fulbertum, et de suo dominio in monachorum transfuderunt servitium. Quod cæteri quoque Rotberti filii, fratres supradictorum Huberti et Hugonis, videlicet Fulcherius et Rotbertus, libenter annuerunt, et in perpetuum ratum fore sanxerunt. Data est etiam illis omnibus societas beneficii Majoris Monasterii in retributionem coliberti donati. Cujus donationem Bernardus de Sancto Aniano, de quo eam fratres supradicti tenebant, auctorizavit, et uxor ejus nomine Alburgis, nec non et filii eorum Gualterius et Bernardus. Horum omnium testes subscripti sunt. Richardus major. Guarnerius major. Bernardus hospitalarius. Rainerius homo supradictorum fratrum. Guillelmus frater ipsius Fulberti.

† † †

---

(1) Une copie de cette charte se trouve dans les preuves de l'histoire manuscrite de Marmoutier, par D. Martenne. Les témoins paraissent dans des chartes données sous l'abbé Albert.

Bernardus hospitalarius : LXXVIII, C (1032-1064).

Richardus major et Guarnerius major : II (1032-1064).

XXXII

DE RAINALDO [1].

1032—1064.

Notum sit universis successoribus nostris quod famulus quidam ex parentibus liberis ortus, nomine Rainaldus, amore divino compunctus, ut sibi benignitas Dei, apud quem personæ nullius acceptio, sed uniuscujusque respicitur meritum, propiciari dignaretur, semetipsum pro amore illius tradidit in servum Sancto Martino Majoris Monasterii; ea videlicet ratione, ut non solum ipse, verum etiam omnis ex eo nascitura progenies, jure perpetuo abbati Majoris Monasterii atque fratribus ejusdem loci conditione servili famuletur. Ut autem hæc sui traditio certior et evidentior appareret, ipse signorum etiam cordas collo suo circumferens, et pro recognitione servi IIII^{or} de capite proprio denarios super altare Sancti Martini ponens, semetipsum omnipotenti Domino sic obtulit. Nomina vero testium qui traditionem hanc videntes et audientes affuerunt, subter inserta sunt. Richardus major. Guarnerius major. Otbertus senior. Otbertus junior. Ansegisus cellararius. Hildebertus coquus. Guarinus clericus. Gausmarus clericus. Hildegarius mariscalcus. Frotgerius mariscalcus. Bernardus. Giraldus. Herveus. Constantius.

(1) Mêmes témoins qu'à la charte XVIII.

XXXIII

DE GIRARDO FABRO [1].

1032—1064.

Notum sit universis successoribus nostris quod famulus quidam, ex parentibus liberis ortus, nomine Giroardus, faber, cum uxore sua nomine Adeladi et filiis eorum Durando et Rainaldo et filia nomine Letgardi, amore divino compuncti, ut sibi benignitas Dei, apud quem personæ nullius acceptio, sed uniuscujusque respicitur meritum, propiciari dignaretur, semetipsos pro amore illius tradiderunt in servos Sancto Martino Majoris Monasterii ; ea videlicet ratione, ut non solum ipsi, verum etiam omnis ex eis nascitura progenies, jure perpetuo abbati Majoris Monasterii atque fratribus ejusdem loci conditione servili famulentur. Ut autem hæc sui traditio certior et evidentior appareret, ipsi signorum etiam cordas collis suis circumferentes, et pro recognitione servorum IIII^{or} de capitibus propriis denarios super altare Sancti Martini ponentes, semetipsos omnipotenti Domino sic optulerunt. Nomina vero testium qui traditionem hanc videntes et audientes affuerunt, subter inserta sunt. Richardus major. Guarnerius major. Otbertus senior. Otbertus junior. Guarinus clericus. Gausmarus clericus. Ansegisus cellararius. Hildebertus coquus. Hildegarius mariscalcus. Frotgerius mariscalcus. Bernardus. Giraldus. Herveus. Constantius.

(1) Mêmes souscriptions qu'à la charte XVIII.

XXXIV

DE HILDUINO FURNARIO [1].

1032—1064.

Notum sit universis successoribus nostris quod famulus quidam, ex parentibus liberis ortus, nomine Hilduinus, furnarius, amore divino compunctus, ut sibi benignitas Dei, apud quem personæ nullius acceptio, sed uniuscujusque respicitur meritum, propiciari dignaretur, semetipsum pro amore illius tradidit in servum Sancto Martino Majoris Monasterii; ea videlicet racione, ut non solum ipse, verum etiam omnis ex eo nascitura progenies, jure perpetuo abbati Majoris Monasterii atque fratribus ejusdem loci condicione servili famuletur. Ut autem hæc sui traditio certior et evidentior appareret, ipse signorum etiam cordas collo suo circumferens, et pro recognitione servi IIII^{or} de capite proprio denarios super altare Sancti Martini ponens, semetipsum omnipotenti Domino sic optulit. Nomina vero testium qui traditionem hanc videntes et audientes affuerunt, subter inserta sunt. Richardus major. Guarnerius major. Otbertus senior. Otbertus junior. Ansegisus cellararius. Hildebertus coquus. Guarinus clericus. Gausmarus clericus. Hildegarius mariscalcus. Frotgerius mariscalcus. Bernardus. Giraldus. Herveus. Constantius.

XXXV

DE LAMBERTO BRUNELLO [2].

1032—1064.

Notum sit universis successoribus nostris quod famulus quidam, ex parentibus liberis ortus, nomine Lambertus

---

(1) Les mêmes témoins qu'à la charte XVIII.

(2) J'ai prouvé, à la charte XVIII, l'existence des témoins nommés dans cette pièce sous Albert, abbé de Marmoutier.

Brunellus, amore divino compunctus, ut sibi benignitas Dei, apud quem personæ nullius acceptio, sed uniuscujusque respicitur meritum, propiciari dignaretur, semetipsum pro amore illius tradidit in servum Sancto Martino Majoris Monasterii; ea videlicet ratione, ut non solum ipse, verum etiam omnis ex eo nascitura progenies, jure perpetuo abbati Majoris Monasterii atque fratribus ejusdem loci conditione servili famuletur. Ut autem hæc sui traditio certior et evidentior appareret, ipse signorum etiam cordas collo suo circumferens, et pro recognitione servi III^{or} de capite proprio denarios super altare Sancti Martini ponens, semetipsum omnipotenti Domino sic optulit. Nomina vero testium qui traditionem hanc videntes et audientes affuerunt, subter inserta sunt. Richardus major. Guarnerius major. Otbertus senior. Otbertus junior. Guarinus clericus. Gausmarus clericus. Ansegisus cellararius. Hildebertus coquus. Hildegarius mariscalcus. Frotgerius mariscalcus. Bernardus. Giraldus. Herveus. Constantius.

XXXVI

DE INGELBERTO SERVO [1].

1032—1064.

Notum sit universis successoribus nostris quod famulus quidam, ex parentibus liberis ortus, nomine Ingelbertus, amore divino compunctus, ut sibi benignitas Dei, apud quem personæ nullius acceptio, sed uniuscujusque respicitur meritum, propiciari dignaretur, semetipsum pro illius amore tradidit in servum Sancto Martino Majoris Monasterii; ea videlicet ratione, ut non solum ipse, verum etiam omnis ex eo nascitura progenies, jure perpetuo ab-

---

(1) Nous avons déjà trouvé les mêmes témoins aux chartes XVIII et XIX, sauf *Hilduinus*: XXIV, XLI, XLV, XCIV (1032-1064); et *Guarinus coquus*, que nous ne trouvons comme témoin dans aucune pièce ayant une date certaine.

bati Majoris Monasterii atque fratribus ejusdem loci conditione servili famuletur. Ut autem hæc sui traditio certior et evidentior appareret, ipse signorum etiam cordas collo suo circumferens, et pro recognitione servi iiii^{or} de capite proprio denarios super altare Sancti Martini ponens, semetipsum omnipotenti Domino sic optulit. Nomina vero testium qui traditionem hanc videntes et audientes affuerunt, subter inserta sunt. Richardus major. Rotbertus major. Rainaldus major. Otbertus cellararius. Otbertus camerarius. Roselinus pistor. Guarinus clericus. Gausmarus clericus. Hildebertus coquus. Guarinus coquus. Hilduinus.

XXXVII

NOTITIA GUALFREDI SERVI EFFECTI [1].

1032—1064.

Notum sit universis successoribus nostris quod famulus quidam, ex parentibus liberis ortus, nomine Gaufredus de Bines, amore divino compunctus, ut sibi benignitas Dei apud quem personæ nullius acceptio, sed uniuscujusque respicitur meritum, propiciari dignaretur, semetipsum pro illius amore tradidit in servum Sancto Martino Majoris Monasterii; ea videlicet ratione, ut non solum ipse, verum etiam omnis ex eo nascitura progenies, jure perpetuo abbati Majoris Monasterii atque fratribus ejusdem loci conditione servili famuletur. Ut autem hæc sui traditio certior et evidentior appareret, ipse signorum etiam cordas collo suo circumferens, et pro recognitione servi iiii^{or} de capite proprio denarios super altare Sancti Martini ponens, semetipsum omnipotenti Domino sic optulit. Nomina vero testium qui traditionem hanc videntes et audientes affuerunt, subter inserta sunt. Richardus major. Rotbertus

---

[1] Mêmes remarques et même date, par conséquent, qu'à la charte précédente.

major. Rainaldus major. Otbertus cellararius. Otbertus camerarius. Boselinus pistor. Guarinus clericus. Gausmarus clericus. Hildebertus coquus. Guarinus coquus. Hilduinus.

XXXVIII

NOTITIA FULBERTI SERVI EFFECTI[1].

1032—1064.

Notum sit universis successoribus nostris quod famulus quidam, ex parentibus liberis ortus, nomine Fulbertus, amore divino compunctus, ut sibi benignitas Dei, apud quem personæ nullius acceptio, sed uniuscujusque respicitur meritum, propiciari dignaretur, semetipsum pro illius amore tradidit in servum Sancto Martino Majoris Monasterii; ea videlicet ratione, ut non solum ipse, verum etiam omnis ex eo nascitura progenies, jure perpetuo abbati Majoris Monasterii atque fratribus ejusdem loci conditione servili famuletur. Ut autem hæc sui traditio certior et evidentior appareret, ipse signorum etiam cordas collo suo circumferens, et pro recognitione servi iii^{or} de capite proprio denarios super altare Sancti Martini ponens, semetipsum omnipotenti Domino taliter vel sic optulit. Nomina vero testium ipsorum qui traditionem istam videntes et audientes affuerunt, ordine certo subter inserere curavimus. Rotbertus major. Rainaldus major. Otbertus cellararius. Otbertus camerarius. Hildebertus coquus. Gaufredus coquus.

(1) Nous retrouvons encore ici les témoins de la charte précédente, sauf *Gaufredus coquus*, qui appartient à la même époque, d'après la charte XCIII.

XXXIX

DE GUINEFREDO PORCARIO ET TETLENDE UXORE EJUS.

1032—1064.

Notum sit universis successoribus nostris quod Winefredus porcarius et Tetlendis uxor ejus, ex libero genere orti, divino compuncti timore, cum nichil carius haberunt quod omnipotenti Deo potuissent offerre, semetipsos pro ejus amore Sancto Martino Majoris Monasterii, in domni Alberti abbatis præsentia, tradiderunt in servos; ea videlicet ratione, ut non solum ipsi, verum etiam omnis ex eis nascitura progenies, omnibus diebus vitæ suæ, abbati Majoris Monasterii et fratribus ejusdem loci servili conditione serviant. Et ut hæc eorum traditio certior et evidentior appareret, unusquisque pro recognitione servi IIII^{or} denarios super caput proprium ponens, semetipsos omnipotenti Deo taliter optulerunt. Nomina vero testium qui traditionem hanc videntes et audientes affuerunt, subter inserta sunt. Richardus major. Ansegisus major. Ebrulfus cellararius. Arnulfus sartor. Gualterius pistor. Rotbertus sartor.

XL

DE GUALTERIO ET LEDEARDE UXORE EJUS SERVIS EFFECTIS[1].

1032—1064.

Notum sit universis successoribus nostris quod famulus quidam de castello quod Ambazia dicitur, ex parentibus

---

(1) La date de cette charte est fixée par la présence de plusieurs de ses témoins dans des actes passés sous l'abbé Albert.

Gauslinus foristarius : LVII (1032-1064).

Rainaldus pistor : XXII, XXIV, XLI, XLV, LXVIII, XCIV, XCIX, CVIII (1032-1064).

Ebrulfus cellararius, mentionné à la charte IV.

liberis ortus, nomine Walterius, et uxor ejus nomine Ledeardis, amore divino compuncti, ut sibi benignitas Dei, apud quem personæ nullius acceptio, sed uniuscujusque respicitur meritum, propiciari dignaretur, semetipsos pro amore illius tradiderunt in servos Sancto Martino Majoris Monasterii; ea videlicet ratione, ut non solum ipsi, verum etiam omnis ex eis nascitura progenies, jure perpetuo abbati Majoris Monasterii atque fratribus ejusdem loci conditione servili famularentur. Ut autem hæc sui traditio certior et evidentior appareret, pro recognitione servorum III^{or} quisque de capite proprio denarios super altare Sancti Martini ponentes, semetipsos omnipotenti Domino obtulerunt; partis quoque omnis substantiæ suæ, nullo pænitus excepto, unusquisque post obitum suum donationem fecerunt. Quorum voluntatem et devotionem, quamvis domnus abbas pluris esse remunerationem Dei non ignoraret, aliquantulum in presenti remunerari debere adjudicavit, et eis II° arpenos prati apud Ussellum tribuit, plura promittens si in eadem voluntate permanerent. Nomina vero testium qui traditionem hanc videntes et audientes affuerunt, subter inserta sunt. Ebrulfus cellararius. Bernardus mariscalcus. Gauslinus foristarius. Rainaldus pistor. Durandus Risellus. Rainaldus frater Guarnerii. Bernardus Burellus.

XLI

DE IIILGODO SERVO.

1032—1064.

Notum sit omnibus sanctæ Dei ecclesiæ fidelibus quod famulus quidam, ex libero genere ortus, Ililgodus nomine, timore divino compunctus, cum nichil carius haberet quod omnipotenti Deo potuisset offerre, semetipsum pro ejus amore Sancto Martino, in domni Alberti abbatis presentia, tradidit in servam. Qui videlicet Hilgodus, ut ipsa sui traditio clarior appareret, cordis quoque signorum collum suum circundedit, et pro recognitione, super altare IIII°' de capite proprio denarios imposuit. Quod itaque conditione tali gestum est, ut non ille tantummodo, verum etiam tota ex ipso nascitura progenies, omnibus diebus vitæ suæ abbati Majoris Monasterii et senioribus loci serviat jure servili. Hæc autem ut firmior haberetur noticia, nominibus testium qui ad hoc audiendum producti fuerunt, subnotatur istorum. Gausmarus clericus. Otbertus senior. Otbertus junior. Ansegisus cellararius. Herveus. Rainaldus pistor. Arnulfus sartor. Hildegarius. Frodelinus. Bernardus. Hilduinus.

XLII

DE HILGODO SERVO EFFECTO.

1062.

Nosse debebitis, si qui eritis posteri nostri Monasterii scilicet hujus Majoris Sancti Martini, Hilgodum quendam, ut a Deo libertate donetur æterna, tradidisse se servum Sancti Martini et nostrum, agentibus nunc nobis sub regimine domni abbatis Alberti, anno ab incarnatione Domini M°LX°II°; ita videlicet ut tam ipse, quam tota deinceps ex ipso ipsiusque, si qui erunt filiis et nepotibus per secula futura posteritas, sub eadem servitute pari jure permaneat. Quattuor itaque denarios, ex more, sibi super caput posuit, quos inde domnus Fulco noster hoc tempore prior accepit. Actum testibus istis : Fulcone priore monacho, Widone vinitore monacho, Archembaldo pistore, Lamberto piscatore, Raherio piscatore, Odone nauta.

XLIII

DE PETRO HANARD SERVO EFFECTO.

1053—1064.

Nosse debebitis, si qui eritis posteri nostri Majoris scilicet hujus habitatores Monasterii Sancti Martini, Hubertum filium Avesgaudi de Vindocino, vendidisse XLV solidis, per manum Hildegarii elemosinarii monachi nostri, Sancto Martino et nobis, quendam sui juris colibertum, Petrum nomine, cognomento Bonardinum, filium Gausberti vicarii de Monte Laudiaco, et auctorizasse hoc uxorem ejusdem Huberti Tescelinam, et Gaufredum utrorumque filium; res quoque illius omnes quas tunc habebat, et fructum ex se natum vel nasciturum, jam enim Ilsindem et Mariam genuerat, matremque suam vocabulo Engrismam, ejusdem precii quantitate, cum eo pariter vendidisse, Hamelino fratre Huberti et Bartholomeo[1] Turonensi archiepiscopo de cujus casamento Hubertus eum tenebat, favorabilem ad hoc præbentibus assensum. Qui colibertus, ut a Deo vera mereretur libertate donari, semetipsum pro ejus amore Sancto Martino in servum tali pacto tradidit, ut non solum ipse, verum etiam omnis ejus posteritas, per succedentia secula, abbatibus hujus loci et cæteris fratribus servili conditione subjaceat et famuletur. Et ut hæc ejus spontanea traditio certior et ab ipso facta appareret, IIII^{or} denarios, ut est consuetudinis, super caput proprium posuit, et sic se Deo Sanctoque Martino perpetuo serviendum obtulit. Acta sunt autem hæc et firmata, sub domno Alberto abbate tunc nostro, testibus istis: Aurando fratre ejusdem coliberti; Firmato avunculo ejus; Stephano Michaele preposito Huberti; Girardo armigero ejus; Adelardo homine ejus; Godefredo de

---

(1) Barthélemi fut archevêque de Tours de 1053 à 1068.

Rupibus; Guanilone filio Hugonis Balbi; Gaufredo filio Rainaldi Jeusæ; Arnulfo Plenteit; Rainaldo Burgundione; Ainrico de Falgeriis; Hilgodo, Guarnerio et Otgerio famulis de elemosina; Durando forestario; Michaele Rufo; Thoma fratre ejus; Fulcodio tunc priore nostro, qui iiii^or denarios, quos colibertus capiti proprio pro recognitione imposuerat, tulit. Auctoramentum vero jam dictæ Tescelinæ uxoris Huberti, quæ pro hoc vi denarios accepit, cum filius ejus eadem causa iii acciperet, factum est testibus istis : Gualterio Hilgodi, Rotberto pellitario, Ainardo bucherio, Otgerio sutore, Guarino de Balnessa, Tetberto fratre ejus, Tealdo piscatore, Gausberto de Falgerolis, Stephano presbitero de Monte Laudiaco. De auctoramento Hamelini fratris Huberti pro quo accepit vii solidos : Lisoio de Rupibus, Berengerio filio ejus, Hugone filio Tedasii, Guillelmo filio Ascelini vicarii de Castello Rainaldi, Aremberto vicario, Herveo de Monedaco, Otgerio famulo de elemosina, Herveo sartore, Gualterio ejus genero.

XLIV

DE RAINERIO, LAMBERTO MULNERIO, ROTBERTO FERLO, SERVIS SANCTI MARTINI.

1023—1052.

Rerum gestarum noticiam edax solet oblivio consumere, et temporibus futuris preteritorum obducere facta vel dicta; proinde, ne apud posteros priorum acta vel dicta depereant, et vetustate notio obsolescat, fugax rerum memoria litterarum est vinculis religanda, et quod tempore elabitur scripto retinendum. Notum sit igitur omnibus veri Dei cultoribus, quod Hubertus filius Avesgaudi de Vindocino, Rainerium servum Sancto Martino Majoris Monasterii concessit, et omnem ex eo procedentem fructum in perpetuum, Lambertum quoque mulnerium et infantes ejus de quibus medietatem clamabat, necnon et Rotbertum Ferlum cum stirpe sua. Hoc autem archiepiscopus Turonensis Arnulfus[1] nomine, de cujus casamento erant ipsi servi, assensu suo corroboravit et auctoramento. Ipse quoque Hubertus xv^{cim} hujus rei gratia solidos accepit, et fratres suos Guanilonem et Hamelinum et Avesgaldum auctorizare fecit. Testes auctorizationis tam Huberti doni, quam archiepiscopi auctoramenti subscripti sunt cartulæ huic, ad ejus munimen æternum. Lodonius. Rainaldus gener archiepiscopi. Herveus decanus. Gauscelmus. Bernardus clericus de Sancto Juliano. Archembaldus major de Monte Loit.

XLV

NOTICIA DE GUALTERIO SERVO.

1032—1064.

Notum sit omnibus sanctæ Dei ecclesiæ fidelibus quod famulus quidam, ex libero genere ortus, Gualterius nomine, timore divino compunctus, cum nichil karius haberet quod omnipotenti Deo potuisset offerre, semetipsum pro ejus amore Sancto Martino, in domni Alberti abbatis presentia, tradidit in servum. Qui videlicet Gualterius, ut ipsa sui traditio clarior appareret, cordis quoque signorum collum suum circumdedit, et pro recognitione super altare iiii^{or} de capite proprio denarios imposuit. Quod itaque conditione tali gestum est, ut non ille tantummodo, verum etiam tota ex ipso nascitura progenies, omnibus diebus vitæ suæ abbati Majoris Monasterii et senioribus loci serviat jure servili. Hæc autem ut firmior haberetur noticia, nomini-

---

(1) On pourrait croire qu'Arnoul, archevêque de Tours (1023-1052), fut marié avant d'être archevêque, et qu'il eut de son mariage une fille, qui épousa Rainauld, un des témoins de cette charte; mais il faut remarquer que *gener* a quelquefois le sens de *beau-frère*.

bus testium qui ad hoc audiendum producti fuerunt, subnotatur istorum. Gausmarus clericus. Otbertus senior. Otbertus junior. Ansegisus cellararius. Herveus. Rainaldus pistor. Hildegarius. Frodelinus. Bernardus. Hilduinus. Giraldus.

XLVI

DE RAINALDO SERVO EFFECTO.

1032—1064.

Notum sit omnibus sanctæ Dei ecclesiæ fidelibus quod famulus quidam, ex libero genere ortus, nomine Rainaldus, timore divino compunctus, cum nichil karius haberet quod omnipotenti Deo potuisset offerre, semetipsum pro ejus amore Sancto Martino, in domni Alberti abbatis presentia, tradidit in servum. Qui videlicet Rainaldus, ut ipsa sui traditio clarior appareret, cordis quoque signorum collum suum circumdedit, et pro recognitione super altare iii^{or} de capite proprio denarios imposuit. Quod utique conditione tali gestum est, ut non ille tantummodo, verum etiam tota ex ipso nascitura progenies, omnibus diebus vitæ suæ abbati Majoris Monasterii et senioribus loci serviat jure servili. Hæc autem ut firmior haberetur noticia, nominibus testium qui ad hoc audiendum producti fuerunt, subnotatur istorum. Gualo prior. Radulfus. Salomon. Radulfus. Genzo. Ainsbertus. Rotbertus servus Sancti Martini. Ansegisus cellararius. Archembaldus. Rainaldus. Bernardus. Frodelinus. Hildegarius. Rotbertus.

XLVII

NOTITIA RAINALDI DODONIS [1], DE FROTMUNDO ET BERTA COLIBERTIS [2].

1032—1064.

Notitiæ omnium perveniat nostrorum successorum quod quidam Rainaldus Didonius nomine, veniens in capitulum Sancti Martini, simili dono quod alodum de Fossatico, post ejus videlicet obitum, Sancto Martino Majoris Monasterii donaverat, similiter hereditatem atque edificationes cujusdam sui colliberti, nomine Frotmundi, in eodem alodo consistentis, pro suæ remedio animæ, eidem Sancto tradidit. Similiter quoque donavit, familiaritate ac deprecatione domni Guanilonis nostri monachi, unam collibertam nomine Bertam. Hujus vero donationis factum ut firmius haberetur, donum super altare posuit. Nomina autem testium qui hæc viderunt et audierunt, inferius denotantur. S. Rainaldi qui hanc cartulam firmavit. S. Hamelini majoris. S. Rainaldi majoris. S. Richardi majoris. S. Otberti cellararii. S. Guarini coci. S. alterius Guarini.

(1) *Sic* pour *Didonii*.
(2) Nous avons déjà rencontré plusieurs des témoins nommés ici, dans des actes passés sous l'abbé Albert.
Rainaldus major, Richardus major, Otbertus cellararius : II (1032-1064).
Hamelinus major : XXIX (1032-1064).
Guarinus cocus : XXXVI, XXXVII (1032-1064).

XLVIII

DE ARCHEMBERTO ET HUBALDO COLIBERTIS [1].

1032—1064.

Noveritis nostri successores, Vivianum Brochardum de castro quod dicitur Insula, collibertos duos Archembertum et Hubaldum fratrem ejus, cum filiis suis Constantino et Alberto, Sancto Martino pro anima sua dedisse; quorum, Constantinus Archemberti bastardus filius fuit, et Albertus Hubaldi. Qui coliberti, Frotmundi et Hildeburgis de Albariis, quæ est villa prope Noiastrum, filii fuisse feruntur. Fecit autem hoc Vivianus assensu et voluntate Aremburgis uxoris suæ ac filiorum suorum Giraldi, Hugonis atque Mathiæ, nec non et filiarum suarum Osannæ et Placentiæ. Burchardus quoque filius Ernaldi de Brisaico et Rainelmus filius ejus, de quibus eos tenuerat in fœvum, id ipsum gratis pro animabus suis autorizaverunt. Ipse vero Vivianus, preter orationum communium suffragia, xxx^{ta} pro hoc Pictavenses solidos petiit, quos etiam per eosdem coliber-

---

(1) Une copie moderno de cette charte se trouve dans la colloction de D. Houss., carton II, n° 294, sans indication de source.

La présence de tous les témoins qui paraissent dans cet acte nous en donnera la date.

Gualterius pistor, Ebrulfus cellararius, Constantius Cainnonus: IV (1032-1064).
Gauslinus forestarius : XL (1032-1064).
Constantius Incide Ferrum, alias *Tailla Fer :* XVII, XXVI (1032-1064); CIV (1063).
Arembertus vicarius : XLIII (1053-1064).
Rainaldus de Subtus Scala : IV (1032-1064).
Andraldus coquus: XCIII (1032-1064) ; LXXV (1053-1068).
Arnulfus frater Janeti : LVII (1032-1064).
Rotbertus sartor: XXV, XXXIX, XCIII (1032-1064).
Berengerius monachus: LXIV, LXVIII, XCIII (1032-1064).
Fulco monachus prior: XXV, LXIX, LXXVII, XCIII (1032-1064); XIV (1032-1060); LXXV (1053-1068); XX (1061) ; XXII, LXVII, CV (1062).

tos recepit; et tam eos, quam omnem eorum natam vel nascituram progeniem, Sancto Martino auctoritate sicut dictum est suorum annuens, servitio hujus Majoris Monasterii, dono ex eis quodam cum ligno facto, perpetuo deputavit. Testes hujus rei sunt hii : Ebrulfus cellararius, Gauslinus forestarius, Gualterius pistor, Constantius Cainnonus, Constantius Incide Ferrum, Arembertus vicarius de Rupibus, Rainaldus de Subtus Scala, Petrus vicarius de Rupibus, Andraldus coquus, Rotbertus sartor, Arnulfus frater Juncti, Ursus frater Hilgualdi, Fulco monachus prior, Herbertus monachus de Tavenno, Berengerius monachus.

XLIX

DE RADULFO LIBERO SERVO EFFECTO [1].

1032—1064.

Noverit posteritas quod domnus abbas Albertus et Majoris Monasterii fratres quendam servum Sancti Martini, nomine Radulfum, liberum fecerunt et clericaverunt; tali ratione et convenientia, ut nunquam se a Sancti Martini servitio ad alienos transiens auferat, sed sicut prius omni famulatu monachis ejus subiciatur. Quod si se substraxerit, revocetur ut fugitivus, et repetatur ut servus, ubicunque fuerit. Præterea ut caste se agat, et pudiciciam tueatur; et si ad ordines ecclesiasticos promotus fuerit, nunquam ausu illicito mulieri societur, turpi cupidine illectus et nefaria temeritate, sicut nonnulli, deceptus, qui publicis fronte perdita nuptiis contra jus fasque, uxoribus sacrilegis immo scelestioribus adulteris copulantur. Sin vero clericus solum manens uxorem duxerit, fructus ejus, si scilicet infantes habuerit, cum omni eorum deinceps progenie,

---

(1) Il existe une copie moderne de cette charte à la Bibl. royale, manuscrits latins, n° 5441 [3], p. 459.

Sancti Martini sit, servituti qua pater eorum antequam clericus fieret astringebatur addictus. Horum omnium fidejussores dedit Gualterium, Geraldum, Alcherium.

I.

DE SEHERIO SERVO LIBERO FACTO.

1029 vel 1030 vel 1031.

In nomine regis æterni, ego quidem comes Odo[1], qui ex rebus Sancti Aniani per largitionem domni Rotberti regis tenere videor, noscant cuncti fideles Christi præsentes et futuri quia, favente meo fidele Raginaldo de Reimorentino, ac deprecante Girardo suo fidele, quendam famulum, nomine Seherium, ex prædicti sancti familia ortum, ad sacros ordines promovendum, propter amorem Dei facio liberum. Sitque ab hodie liber, ac si ab ingenuis parentibus fuisset genitus; habeat vias quadrati orbis apertas, nullo contradicente; eligat quemcunque vult advocatum, nemine reclamante. Et ut hæc libertatis cartula firma sit, manu propria subter firmavi. S. Raginaldi qui hanc cartulam fieri jussit, vel affirmare rogavit. S. Geraldi. S. comitis Odonis[1]†. S. Ragenardi. S. Gilduini. S. Landrici. S. Evrardi[2] abbatis. S. Salomonis. S. Arnulfi[3] archiepiscopi. S. Huberti[4] episcopi. S. Hilgaldi. S. Hugonis. Actum Vindocino castro, anno XL° II° regnante rege Rotberto[5]. Fulcherius scripsit ad vicem Viviani signatoris.

(1) Eudes II le Champenois, comte de Blois, de Chartres et de Tours (1004-1037), et de Champagne (1019-1037).

(2) Évrard, abbé de Marmoutier (1005-1032).

(3) Arnoul, archevêque de Tours (1023-1052).

(4) Hubert, évêque d'Angers (1010-1047).

(5) D'après M. N. de Wailly (Eléments de Paléographie, t. I, p 357), on compte sept commencements assignés au règne de Robert II; mais comme il mourut le 20 juillet 1031, on ne peut adopter pour cette charte qu'une des années 987, 988

LI

DE ALBERTO SERVO LIBERO FACTO [1].

1046-1064.

Quoniam retributionem a piissimo Domino pro factis reddendam nobis credimus, observare debemus ne ab jugo colla declinemus. Itaque prout facultas suppetit, debemus quæ karitatis sunt prompto animo facere. Quapropter ego Gelduinus gratia Dei vicecomes quendam juris mei servum nomine Albertum, pro divino amore ac redemptione meæ animæ, meique filii Harduini, et animabus meorum parentum a jugo debitæ servitutis absolvo potestatisque propriæ, ac si ingenuum procreatum parentibus de cætero fore censeo, annuentibus ad hoc domino meo Tetbaldo comite, de cujus eum beneficio tenere videbar, simulque filio meo Ebrardo. Sit itaque liber ab hodierna die et deinceps, ex nostra permissione, nec michi nec alicui meorum vel extraneorum invitus aut coactus cogatur servire, sed quemcunque advocatum habere voluerit, utpote libertatis decore donatus, habeat absque ullius calumniatoris contradictione. Si quis vero meæ originis, aut aliquis, quod minime fore credo, huic cartæ contraire temptaverit, Dei iram incurrat, nullumque suæ præsumptionis effectum obtineat. Quæ ut majore firmitatis vigore subnixa per suc-

---

ou 989, comme la première de son règne, les autres nous donnant une date postérieure à sa mort.

(1) Les principaux personnages nommés ici suffiront à nous donner la date de cette pièce.

Hardouin, fils aîné de Gelduin, vicomte de Chartres, vivait encore le 29 avril 1046 (cartul. de S. Père de Chartres, t. I, p. 161).

Thibauld II, comte de Blois et de Chartres (1037-1089), de Tours (1037-1044) et de Champagne (1047-1089).

Albert, abbé de Marmoutier (1032-1064).

Ermengarde, comtesse de Gatinois par son mari Geoffroi Féréol.

cedentia secula appareat, crucis signaculo manu propria eam subter firmavi, et supradicto seniori meo, meæque uxori, filio quoque meo atque fidelibus meis roborandam tradidi. S. Signum Ermengardis comitisse. S. Gerduini vicecomitis. S. Ebrardi filii ejus. S. Ebrardi filii Ebrardi. S. Hugonis fratris ejus. S. Adeladis sororis eorum. S. Guarini Tyrensis filii. S. Rotberti de Sancto Leodegario. S. Girardi filii ejus. S. Gualterii de Buslo. S. Rotrochii filii ejus. S. Airardi. S. Guitterii. S. Ansaldi vicarii. S. Ivonis fratris ejus. S. Gauscelini de Frainvilla. S. Herbranni. S. Tetbaldi prepositi. S. Gisleberti militis ejus. S. Guarini senescalis. S. Girardi Budelli. S. Fulcherii filii ejus. S. Ilberti filii Nivelonis. S. Fulcherii fratris ejus. S. Girardi fratris ejus. S. Mainerii. S. Guascelmi presbiteri. S. Hugonis vicecomitis. S. Hilgodi filii episcopi. S. Guidonis filii Gauscelini. S. Lamberti de Calvo Monte. S. Alberti abbatis. S. Genzonis monachi. S. Hildegarii presbiteri. S. Guillelmi clerici. S. Fulcradi presbiteri. S. Sigemundi presbiteri. S. Guarnerii presbiteri. S. Guidonis clerici. S. Symonis. S. Mainerii.

LII

DE RAINDINCO SERVO LIBERO FACTO.

1022, vel 1023, vel 1024.

In nomine regis æterni, ego quidem comes Fulco[1], qui ex rebus Sancti Martini Turonensis per largitionem domni Rotberti Francorum regis tenere videor, noscant cuncti fideles Christi presentes et futuri quia, favente ac deprecante fidele mea Hildeiardi, una cum suo nepote Gundacro, quendam famulum, nomine Raindincum, ex predicti Sancti familia ortum, pariter cum suis infantibus Ricardo et Guit-

---

(1) Foulques III Néra, comte d'Anjou (987-1040).

bergia, simul omni cum proprio questu, propter amorem Dei, nec non et animæ Fulcherii ejusdem genitricis memorato filii remedium salutare, facio liberum. Sintque omnes ab hodie liberi, ac si ab ingenuis parentibus fuissent geniti; habeant vias quadrifidi orbis apertas, nullo contradicente; eligant quemcunque volunt advocatum, nemine reclamante. Et ut hæc libertatis cartula firma sit, manibus propriis subter eam firmavimus. S. Hildeiardis qui hanc cartulam fieri jussit ac firmare rogavit. S. Odonis clerici. S. Gundacri. S. Rannulfi. S. Huberti episcopi. S. Otredi. S. Radulfi [1] vicecomitis †. S. Lancelini. S. Hugonis. S. Hilgaudi. S. Ernulfi. S. Radulfi. S. Gualterii. S. Hervei. S. Josberti. S. Ernulfi. S. Harduini. S. Fulcherii. S. Guitberti. S. Hildeiardis filia Fulcherii. Actum Vindocino castro, anno xxxv regnante Rotberto rege [2]. Johannes scripsit ad vicem Viviani signatoris.

LIII

DE HERMANDO SERVO FONTANETI [3].

1032-1064.

Notum volumus fieri omni venturæ generationi, concordiam quæ facta est inter Gelduinum cognomento Escherpellum, et monachos Sancti Martini Majoris Monasterii, de partitione quorundam servorum in Fontineto habitan-

(1) Raoul, vicomte du Mans.

(2) J'ai dû suivre une manière uniforme de dater du règne de Robert; j'ai donc daté toutes les pièces de ce cartulaire, données sous ce prince, suivant le système chronologique indiqué dans la note 5 de la charte L.

(3) Je retrouve dans ce cartulaire quelques-uns des personnages nommés ici; j'en ai déduit la date que je donne à cette pièce.

Jean de Chinon, qui selon la charte XVI du *Liber de Servis* vivait en 1061, était frère de Barthélemi archevêque de Tours (Gall. Christ., 1656, t. I, p. 755).

Rainaldus, XLVI (1032-1064).

Guarinus clericus, CV (1062).

tium. Devenerant autem in partem Sancti Martini tres isti fratres : Guarinus, Godevertus, Guinebertus; Hermandus vero et ipse frater eorum, facta partitione, Sancto scilicet Martino et Gelduino suam partem æqualiter habento, in communi remansit; sed cum Gelduinus Sancto Martino proprium concessit, et filius ejus Mauritius tunc quidem libenter annuit. Postea vero patre jam mortuo illum reclamavit, mentiens se non auctorizavisse deditionem quæ facta est a suo patre; ob quam rem, constituto placito factaque audientia, insurrexit Godevertus frater Hermandi ipsius, qui se testem faceret, quod Mauritius cum Sancto Martino patre dante annuisset. Cumque ille resisteret, Godevertus ad legem faciendam se preparavit judicium portaturus, quod Mauricius patris sui donationem annuisset. Et cum utrimque magna fieret concertatio, decreverunt monachi Sancti Martini pretio finem dare litigio, dederuntque x solidos ipsi Mauritio, ut vel tunc auctoramento publico et assensu firmaret in dubio quod fuerat factum a patre suo. Accepit igitur pretium et fecit auctoramentum Hubelina quoque uxor ejus; et Guinebertus Chochinus, cui fuerat a Mauritio deditus ipse Hermandus, Johannes quoque de Cainone de cujus fævo erat, gratantissime annuerunt. Sed ne iterum per quemlibet eorum repullularet calumnia, scripturæ res est mandata, et manibus ipsorum scriptura firmata, et testibus subscriptis corroborata. Lescelinus de Ambaziaco. Ulgerius frater ejus. Gaufredus Malus Finis. Herbertus prepositus. Hervisus Campaniola. Nivelo. Rainaldus. Burchardus frater Mauritii. Girardus homo Mauritii. De nostris : Guarinus clericus, Godevertus, Notbertus, Guinebertus.

LIV

CARTÆ [1] DURANDI [2].

980-1032.

Auctoritas ecclesiastica patenter admonet, quia seculi hujus finem in proximo expectamus, expedit ut unusquisque et de propria familia et de substantia agat, quomodo post obitum mereatur veniam peccatorum. Igitur ego in Dei nomine Fulco, fratresque mei Gaufredus scilicet, Guandelbertus atque Richerius, ob amorem Dei et remedio animarum nostrarum vel parentum nostrorum, hunc hominem nomine Durandum vel Guarinum, cum fructu suo dedimus Sancto Martino loco Majoris Monasterii atque monachorum ipsius loci. Idcirco, ut ab hodierna die aut deinceps, nec nobis neque successoribus nostris ullum debeat noxiæ conditionis servitium, sed suum obsequium prædicto loco diebus vitæ suæ cum suo fructu reddat. Hanc ergo donationem, ut superius dixi, pro amore Dei, et partim accepto præcio, manu propria firmo; et ut omni tempore stabilis et firma permaneat, manibus nostrorum fidelium subter firmavimus et corrobari jubemus. Si quis autem hanc donationem calumniare præsumpserit, vel abstrahere voluerit, iram omnipotentis Dei incurrat, et auri libras centum componat. S. Fulconis vicecomitis. S. Gaufredi. S. Guandelberti. S. Richerii. Rainardus. Anselmus. Josbertus. Alricus. Lisiardus. Berardus. Gaufredus. Guinandus.

---

(1) *Sic* pour *carta*.
(2) Je n'ai pu retrouver dans aucune charte les personnages mentionnés ici; sa forme générale me la fait attribuer à la fin du dixième siècle ou au premier quart du onzième.

LV

DE GUALDRICO COLIBERTO [1].

1032-1064.

Cognitioni vestræ notum fieri volumus, nostri successores, quod miles quidam, Hubertus nomine, Avesgodi de Vindocino filius, Gualdricum molendinarium et Richildem uxorem ejus cum tribus filiabus eorum, Adelade, Dominica et Alburge, Sancto Martino pro anima sua, annuentibus fratribus suis Hamelino et Avesgodo, hac ratione donaverit, ut non solum ipsi, verum etiam omnis ex eis nascitura progenies, omni quo advixerint tempore, abbati hujus Majoris Monasterii et nobis et qui post nos futuri sunt fratribus, quasi propriis dominis quibus in colibertos sunt traditi, serviant et nostræ subjaceant servituti. Unde ne id totum gratis fecisse videretur, ei xx^{ti} solidi per Ernaldum monachum, Fontis Merlanni tunc prepositum, vice nostri donantur. Testes autem prescriptæ rei, sunt hii : Aufredus frater ejusdem coliberti, Dodo piscator de Chinziaco, Guarnerius frater ejus, Ebrulfus cellararius, Gauslinus forestarius, Boselinus pistor, Johannes conversus, Frodo famulus, Fulco prior, Ernaldus monacus, Guanilo monachus, Isembertus monachus conversus.

---

(1) La date de cette pièce est fixée par les synchronismes suivants.
Hubertus filius Avesgodi de Vindocino : XLIV (1023-1052); XLIII (1053-1061).
Ebrulfus cellararius et Boselinus pistor : IV (1032-1064).
Gauslinus forestarius : LVII (1032-1064).
Guanilo monachus : LXVI (1062); CIII (1064).
Johannes conversus : VI (1064-1084).
Fulco prior : XLVIII (1032-1061).

LVI

DENOTATIO BALDUINI DE OSBERTO.

1015-1032.

Notitia rei geste, qualiter adiit præsentiam comitis Odonis[1] Blesis Castro Balduinus venerabilis clericus, postulans ut hominem quendam, quam[2] de eo in benefitio tenere videbatur, Osberto[3] nomine, qui est naturalis villæ Vilerias in Tardanensi, Deo et Sancto Martino loci Majoris Monasterii et abbati Ebrardo[4] monachisque supradicti loci, perpetualiter cum fructu ejus concedere possidendum. Quam petitionem ejus idem venerabilis comes auctorizans, suam petitionem annuit, assensiente avunculo ejus Huberto qui præsens aderet, qui et acceptit xx^{ti} solidos in denarii[5]. Fuit in hac præsentia Eblo nepos Gualterii Turonici, filiaster ejusdem Huberti, et Corbo de Roccas, et alii multi. Primoldus qui custodit monetam et Roscelinus Uvaspallus receperunt ipsos denarios supradictos.

LVII

DE DURANDO SERVO.

1032-1064.

Notum sit universis successoribus nostris quod Durandus molendinarius de Vindocino, libero genere ortus, cum nichil carius haberet quod omnipotenti Deo potuisset offerre, semetipsum pro ejus amore Sancto Martino Majoris Mo-

---

(1) Eudes, comte de Tours, de Blois et de Chartres (1004-1037), et de Champagne (1019-1037).

(2) *Sic* pour *quem*.

(3) *Sic* pour *Osbertum*.

(4) Évrard, abbé de Marmoutier (1015-1032).

(5) *Sic* pour *denariis*.

nasterii, in domni Alberti abbatis presentia, tradidit in servum; ea videlicet ratione, ut non solum ipse, verum etiam omnis ex eo nascitura progenies, omnibus diebus vitæ suæ, abbati Majoris Monasterii et fratribus ejusdem loci servili conditione serviat. Et ut hæc traditio certior et evidentior appareret, pro recognitione servi iiii^{or} denarios super caput proprium ponens, semetipsum taliter obtulit. Rerum vero suarum hoc etiam modo donationem fecit, ut in vita sua tantum possideat, et post suum obitum omnia quæ habuerit Sancto Martino dimittat. Hujus rei testes sunt hii : Gauslinus forestarius, Gualterius Esgarez, Arnulfus frater Juneti, Isembardus filius Hervei, Fulco prior, Isembertus monachus.

LVIII

DE HELDIARDE DE LORATORIO LIBERA FACTA [1].

1000-1100.

Quisquis suorum nexum delictorum remitti optat, bonum est ut subditorum sibi vincula servitutis dissolvat. Quapropter, in Dei nomine, hanc kartulam de Hildearda Arraldis filiam [2] conscribimus, quam quidam homo Sancti Martini Majoris Monasterii, nomine Achardus, nupcialiter accepit. Super hanc Hildeardam Archembaudus Bodinus et suus dominus domnus Hugo calumniam intulerunt, eo quod servum Sancti Martini capiebat. De hoc tamen calumnia habuerunt inter ambos xxx^{ta} solidos, et mulier domni Hugoni [3] xii^{im} denarios habuit, filiusque ejus Guillelmus v^{que} denarios. Deinde hanc mulierem supranomi-

---

(1) La forme générale de cette pièce, dont je n'ai pu trouver les personnages dans aucune charte, me l'a fait dater du onzième siècle. La rubrique du manuscrit porte *Heldiardiarde*, que j'ai cru pouvoir corriger.

(2) *Sic* pour *filia*.

(3) *Sic* pour *Hugonis*.

natam, Deo omnipotenti simulque monachorum Sancti Martini esse liberam omnino annuerunt ejusque sobolem procreatam vel procreandam. Hanc libertatem Archembaudus et domnus Hugo et uxor sua Petronilla, et suus filius Güillelmus, uxorque Archembaudi Bodini, filii filiæque ejus, ex ore suo affirmaverunt, ita ut nec sibi nec ulli ex eorum successibus [1] nullum debitum servitutis persolvat. Ad hanc affirmationem affuere: Tethaudus monachus et Adelelmus monachus de Lozorio, Enardus de Mali Cornu, Radulfus viator, Gislebertus, Tebertus pedigator, Bernardus de Bainolis, Tethaudus de Chinon, Goscelmus et frater ejus Rainaldus, Aimericus, Harduinus, Christianus, Gausfridus de Lacella, Mainardus major, Rainaldus Besillus, Gausbertus carnifex, Bertrannus, Rainaldus Polinus.

LIX

DE HUILDUINO SERVO LIBERO EFFECTO [2].

980—1032.

Si quis nobilium, aliquem sibi servitute obnoxium, pro Dei amore suorum que peccaminum remissione, a jugo debitæ servitutis absolverit, eumque libertate ditare studuerit, sciat se, procul dubio in ultimæ retributionis tempore, magnum a Deo adepturum premium. Quapropter ego Teudo, cum uxore mea Mahelina et filio meo Hugone, cum aliis filiis et filia et sororibus meis, libero istum Hilduinum, pro anima patris mei Hugonis vel matris meæ Haenbergis. Sit ergo liber a modo ac si ab ingenuis procreatus esset parentibus; eligat quemcunque tutorem voluerit, habeatque licentiam eundi sive inmorandi in quocunque mundi climate ei libuerit. Ut hæc igitur pagina firmior in

---

(1) *Sic* pour *successoribus*.

(2) Je ne trouve dans aucune charte les témoins de cette pièce, dont toutes les formes appartiennent à la fin du dixième siècle ou au commencement du onzième.

posterum haberetur, manu propria signo crucis inpresso firmavimus, eamque nostris fidelibus corroborandam obtulimus. Si quis autem alicujus calumniæ in evo eam fuscare temptaverit, confusus nostra auctoritate abscedat, atque pro iniqua repeticione libram auri persolvat. S. Teudonis †. S. Maheline. S. Hugonis. S. Ingelranni. S. Fulcherii. S. Rotberti. S. Hersendis. S. Rotrudis. S. Gerlendis. S. Rotberti fratris. S. Rotberti presbiteri. S. Hugonis Apuliæ. S. Odonis. S. Stephani. S. Gauberti mancipii monachorum. S. Vitalis mancipii Fulcherii. S. Frederici monetarii. S. Berlandi presbiteri qui cartam scripsit.

LX

DE LEDALDO COLIBERTO DATO [1].

1000-1100.

Sciatis hoc nostri successores quod Adiberga uxor Hervizi de Lazai, et Humbaldus filius ejus, dederint Sancto Martino, pro anima ejusdem Hervisi suarumque animarum saluto, quendam colibertum Ledaldum nomine filium Raimbaldi carpentarii de Monte Alto, annuente Arraldo de Brostulio de quo Humbaldus iste eum tenuerat in fævum, nec non et Theofania uxore ejusdem Humbaldi, filiis suis Herviso et Leterio parem prebentibus assensum. Acceperunt autem ambo Adiberga videlicet et Humbaldus pro hoc a quodam monacho nostro Guarino, qui tunc Lavarzinensi cellæ præerat societatis nostræ beneficium, cui jamdictum colibertum manu tradentes, tali memorato Sancto ratione donaverunt, ut non solum ipse, verum etiam omnis ex eo nascitura progenies, omnibus diebus quibus vixerit, abbati hujus Majoris Monasterii et fratribus debitum reddat

(1) Je ne puis dater cette charte, dont les personnages ne se trouvent nommés qu'ici, que d'après sa forme générale qui est certainement du onzième siècle.

servitium, et eorum nullatenus effugiat dominium. Hujus rei testis est idem monachus noster, qui vice fratrum omnium eundem suscepit colibertum, et tradidit beneficium, et Rainaldus famulus ejus, atque hii homines ejusdem Humbaldi quorum nomina hæc sunt : Martinus cellararius, Gualterius de Solduno.

LXI

DE UXORE ADELARDI QUÆ FUIT ANCILLA GUALOII [1].

1004-1084.

Adelardus servus Sancti Martini accepit in conjugio quandam mulierem ancillam cujusdam hominis nomine Gualoii, quam postea calumniatus est ei prædictus homo ; de qua calumnia venimus ad concordiam cum illo, et dedit ei isdem Adelardus de suo xiiii^{m} solidos, et ita guerpivit Deo et Sancto Martino mulierem illam cum fructu suo. Receptus est quoque in orationibus nostris, et promisit quod faceret hoc concedere uxorem suam et filium suum, cum venerit ad ætatem. Hanc autem auctorizationem non tam pro re terrena dixit se fecisse, quam pro salute animæ suæ et parentum suorum. Testes : Gausbertus frater ipsius Adelardi, Odo cellararius, Giraldus coquus, Gausbertus coqus, Giraldus sartor.

(1) La présence de plusieurs des témoins nommés ici, dans d'autres chartes de ce cartulaire données pendant le gouvernement de l'abbé Barthélemi, nous ont servi à fixer la date de cette pièce.

Odo cellararius : CXXV (1081).
Gausbertus coquus : LXXVI (1069).
Giraldus sartor : XII (1032-1064); CXI (1064).
Giraldus coquus : XX (1061); XXII (1062); CIII, CIV (1063); VIII (1064-1081); CX (1065); LXXVI (1069).

LXII

DE DUOBUS COLIBERTIS QUOS DEDIT GIRALLUS BATAILLA[1].

1032-1064.

Noveritis successores nostri quoniam miles quidam Dolensis, Giraldus nomine, Batailla prænominatus, hoc Majus Monasterium expeciit, animæ suæ remedium rogaturus. Qui patronum nostrum Martinum sanctissimum apud Deum intercessorem desiderans habere, nobis famulis suis duos proprios colibertos, quos in hac Turonica habebat patria, cum omni qui jam egressus est ex eis vel egredietur fructu, pro ejus contulit amore; quorum alter Constantius dicitur, alter vero Giraldus nuncupatur. Nati autem sunt ambo in pago Dolensi, in villa Funals, quæ ab eodem castro duobus fere milibus disparatur, ubi quondam pater eorum Constantius habitasse fertur. Qui, sub hac conditione memorato Sancto a prefato milite condonantur, ut omni quo advixerunt tempore, cum tota sua progeniæ[2], abbati hujus nostri Majoris Monasterii et nobis et posteris nostris debitum reddant obsequium, et nostræ subjaceant servituti. Testes autem hujus rei his nominibus sunt vocati : Ebrulfus cellararius, Otbertus major, Rainaldus coquus, Oggerius de elemosina, Landricus filius Otberti Chanterelli, Durandus forestarius, Gilbertus Leurellus, Joslenus forestarius, Herveus filius Beraldi de Villena, Letaldus filius Archembaldi Blesensis.

---

(1) La date de cette charte est donnée par la présence ici de plusieurs témoins nommés dans d'autres pièces passées sous l'abbé Albert.

Ebrulfus cellararius : II (1032-1064).

Otbertus major : LXXVI (1069).

Otgerius de elemosina : XXVII (1032-1064); XLIII (1053-1064); XVI (1061); CXI (1064).

Durandus forestarius : CVII (1032-1064); XLIII (1053-1034); CXI (1064).

Rainaldus coquus : CVII (1032-1061).

(2) *Sic* pour *progenie*.

LXIII

DE DURANDO VEL GUARINO ET UXORE EJUS SERVIS EFFECTIS SANCTI MARTINI.

1007-1010.

Notum sit omnibus sanctæ Dei ecclesiæ fidelibus tam presentibus quam futuris quod Durandus vel Guarinus, uxorque ejus Letuisa a suis secularibus dominis quibus sub colonili vel servili conditione erant obnoxii, se suumque fructum suis gazis redemerint, et Sancto Martino monachisque Majoris Monasterii mancipaverint; ea scilicet lege, ut nullus prælatorum vel subjectorum ejusdem loci, illos vel fructum eorum audeat ulterius a Sancti Martini abalienare mancipatione, nec alicujus secularis personæ sive ecclesiasticæ servituti, nisi sibi et Sancto Martino concedere, nec in illos sibi servientes ullam preter quam decet servitutem exerceant, sed ut æquum est provideant. Quod si quis infringere voluerit, et non ab incepta voluntate cessaverit, hoc scripto victus rubeat, et se mendacem publica censura cognoscat. Simili autem lege teneantur Erbaldus et Euvrardus consanguinei ejus partibus Sancti Martini, ut nullus eos donare ulli homini possit. S. domni abbatis Sicbardi[1]. S. Guarini. S. Johannis. S. Hervisi. S. Alcherii. S. Fulcradi. S. Ainrici. S. Rainardi. S. Alfredi. S. Durandi. S. Cadelonis. S. Stephani. S. Anastasii. S. David. S. Ainrici. S. Adæ. S. Guicherii. S. Dodonis decani. S. Gualterii. S. Arnulfi. S. Mironis. S. Adalardi. S. Vitalis. S. Gertranni. S. Airardi. S. Gozbaldi. S. Ingelberti. S. Fredaldi. S. Hildemari. S. Lamberti. S. Letaldi. S. Ebrardi. S. Andraldi. S. Dodonis. S. Otberti. S. Madalberti. S. Frederberti. S. Berengerii. S. Fulcradi.

---

(1) Sicbard, abbé de Marmoutier (1007-1010).

LXIV

DE BERNUINO SERVO EFFECTO.

1032-1064.

Notum sit universis successoribus nostris quod quidam molendinarius, Bernoinus nomine, apud Montem Hidulfi commorans, cum uxore sua Ermingarde ac filiis Constantio, Richilde, Fredeburge, pro amore Dei, Sancto Martino Majoris Monasterii, in domni Alberti abbatis presentia, cum liber esset, tradidit in servum; ea videlicet ratione, ut non solum ipse, verum etiam omnis ex eis nascitura progenies, omnibus diebus vitæ suæ abbati Majoris Monasterii et fratribus ejusdem loci servili conditione serviat. Et ut hæc traditio certior et evidentior appareret, pro recognitione servi iiii^{or} denarios super caput proprium ponens, semetipsum omnipotenti Deo taliter obtulit. Nomina vero testium qui hæc videntes affuerunt, subter inserta sunt. Landricus famulus. Ulgerius famulus Sancti Laurentii. Alcherius carpentarius. Martinus famulus. Giraldus famulus. Joseph faber. Fulco monachus. Berengerius monachus.

LXV

DE HAIMERICO[1] SERVO.

1032-1100.

Notum sit cunctis fidelibus catholicis sanctæ Dei ecclesiæ curam gerentibus, de coliberto quodam nomine Haimelino,

---

(1) *Sic* pour *Haimelino*.

On trouve un Guillaume *citharedus*, en 1061, dans le même pays (cartul. de S. Père de Chartres, t. I, p. 189).

La formule initiale : *Notum sit*, fut usitée surtout de 1032 à 1100, et nous en trouvons de fréquents exemples dans ce cartulaire. Les personnages nommés ici ne se trouvent dans aucune charte de Touraine ou pays environnants.

qui diu fugitivus a jugo servitutis sui domini fuerat; ad nutum cujus deinde redire ullo modo dum nollet, adhesit caulis ruris ut opilionis officio, pastoralique virga gregem ovium Sancti Martini episcopi et confessoris custodiret. Quibus obsequiis sicuti superius prefati sumus auditis. Sancti Martini monachi accepto consilio in claustro, perscrutaverunt a cujus dominio ille qui prenominatus, factus foret fugitivus. Quo percepto, ad Balgenciacum Castrum legatum quendam monachum nomine Isembertum direxerunt, ut Hildeburgis genitrix Odonis, quem Malas Erbas vulgus prænominat, predictum colibertum, Sancti Martini fratribus pro redemptione domini sui animæ, et omnis sui generis animabus concederet, tali tenore, ut deinceps in orationibus Sancti Martini fratrum persisteret. Et quia levitate cordis sui a dominio servitutis predictus colibertus se abstraxisset, dederunt xx^{ti} solidos prædictæ dominæ, ut kartula firmior esset, et unicuique filiorum suorum xii^{cim} denarios, Huberto I solidum, Landrico I solidum, Odoni I solidum, et sorori suæ Richildi I solidum, et inter famulos domus I solidum. Itaque prefata domina jam dictum colibertum fratribus Sancti Martini cessit; et filii filiæque ejus cum ea, ut quæque habebat, vel deinceps habere potuisset, in potestate Sancti Martini fratrum, nullo contradicente, sed Domino largiente, subjugarentur. Amen. Inde testes hi sunt: Godefridus de Bello Monte, Ernaldus famulus monachorum, Herveus viriderius et frater ejus Hugo. Arraldus nepos Odonis, Teodericus Bastardus, Golricus filius Andreæ, Fulcherius clericus, Georgius, Guillelmus citarista, Girbertus pistor Odonis et Alguinus qui kartulam scripsit istam.

LXVI.

DE HUGONE COLIBERTO, QUEM DONAVIT FULCHERIUS DE TURRE ET ANNES SOROR EJUS.

1062.

Nosse debebitis, si qui eritis posteri nostri Majoris scilicet hujus habitatores Monasterii Sancti Martini, Vindocinensem quendam honoratum, nomine Fulcherium de Turre, ejusque sororem vocabulo Agnen, Gilduini de Malliaco recens defuncti conjugem, donasse Sancto Martino et nobis sub regimine nunc agentibus domni abbatis Alberti, anno ab incarnatione Domini M°LX°II°, colibertum unum adolescentulum videlicet quendam, nomine Hugonem, patre Felice et Rainilde matre progenitum. Et pater quidem ipse ex libero genere descenderat, sed eadem mater supradictorum extitit coliberta. Donaverunt ergo nobis jam dictum filium ipsorum, sicut suæ ditionis eatenus fuerat, ita nostræ deinceps cum sua omni si qua unquam fuerit posteritate futurum. Testibus istis : Nihardo de Ruga Vassaloria, Supplicio filio Durandi Mille Scuta, Rainaldo nepote Gilduini, Petro de Maitriaco; de famulis : Mainardo cellarario, Guarnero de elemosina, Guanilone monacho, Hugone monacho.

LXVII

DE INGELBALDO BLANCARDO SERVO EFFECTO.

1062.

Nosse debebitis, si qui eritis posteri nostri Majoris scilicet hujus habitatores Monasterii Sancti Martini, Ingelbaldum quendam cognomento Blanchardum, ut a Deo libertate donetur æterna, tradidisse se servum Sancti Martini et nostrum, agentibus nunc nobis sub regimine domni abbatis

Alberti, anno ab incarnatione Domini M°LX°II°; ita videlicet, ut tam ipse, quam tota deinceps ex ipso ipsiusque si qui erunt filiis ac nepotibus per secula futura posteritas, sub eadem servitute pari jure permaneat. Quattuor itaque denarios, ex more, sibi supra caput posuit, quos inde domnus Fulco noster hoc tempore prior accepit. Actum testibus istis : Fulcone priore monacho; Tetbaldo Calvo monacho; David cellarario monacho; Gauscelino fratre Ademari, monacho; Rainerio de Bello Videre famulo; Arnulfo Mathone; Ingelberto filio Richardi; Petro coquo.

LXVIII

DE GERALDO NEPOTE RAIMUNDI PICTAVENSIS SERVO EFFECTO[1].

1032-1064.

Noveritis, si qui eritis posteri nostri Majoris scilicet hujus habitatores Monasterii Sancti Martini, famulum quendam, Giraldum nomine, liberiori genere ex provincia Biturigensi, loco videlicet Cloiso, patre Geraldo Malo Clavo cognomine, matre vero Adelendæ[2] ortum, sponte pro amore Dei Sancto Martino, in domni abbatis Alberti præsentia, se ipsum hac ratione tradidisse in servum, ut non solum ipse, verum etiam omnis ex eo nascitura progenies, cunctis diebus vitæ suæ, abbati hujus loci et fratribus servili conditione famulentur. Et ut hæc ejus traditio certior et evidentior appareret, pro recognitione servi quattuor denarios super caput proprium ponens, Deo Sanctoque Martino se taliter sub his testibus obtulit : Rainaldo pistore; duobus Constantiis; Hilgodo et Herveo quocis; Gauscelmo Lotharii; Raimundo avunculo ejusdem servi; Michaele Rufo;

---

(1) J'ai trouvé une copie moderne de cette pièce à la Bibl. royale, manuscrits latins, 5141³.

(2) Sic pour *Adelende*.

Arnulfo cementario; Fulcodio priore; Berengerio cellarario monacho; Tetbaldo cellarario; Gauscelino de borda cum quo inhabitat servus.

LXIX

DE ACFREDO ET UXORE ET LIBERIS EJUS SERVIS EFFECTIS.

1032-1064.

Nosse debebitis, si qui eritis posteri nostri Majoris scilicet hujus habitatores Monasterii Sancti Martini, Acfredum quendam de Luzone, apud Fontem Merlandi manentem, ut a Deo vera donari mereretur libertate, semetipsum pro ejus amore cum omni domo sua, cum uxore videlicet Guitburga ac liberis Aszone et Aremburge, Sancto Martino in servum tali pacto tradidisse, ut non solum ipsi, verum etiam omnis eorum posteritas, per succedentia secula abbatibus hujus loci et cæteris fratribus, servili conditione subjaceant et famulentur. Et ut hæc ejus spontanea traditio certior et ab ipso facta appareret, IIII^{or} denarios, ut est consuetudinis, pro recognitione servi, super caput proprium posuit, et sic se Deo Sanctoque Martino perpetuo serviendum, sub domno Alberto abbate tunc nostro, his testibus obtulit: Arnulfo Frumentino; Rainardo Capite Villani; Godefredo clausario; Giraldo nepote Raimundi, hostiario; Dacfredo Trossa Boto; Odone monacho preposito Fontis Merlandi; Fulcone monacho tunc nostro priore, qui IIII^{or} denarios desuper caput ejus accepit.

LXX

DE SERVO ADELELMO, QUEM DEDIT LANCELINUS DE VNIDOCINO SANCTO MARTINO [1].

1032-1100.

Notum fiat successoribus nostris quod Lancelinus de Vindocino, circa finem suum timore compunctus divino, dedit Sancto Martino quendam servum nomine Adelelmum, videlicet ut ubicunque sepultus esset, servus cum sua prole Sancto Martino serviret. Sed, sicut moris est, mente infideli, post mortem Lancelini, Hilgodus de quo Lancelinus servum tenuerat, eundem servum, eo quod kartam non haberet, suo voluit servitio mancipari. At servus hoc non ferens, dedit illi vii solidos denariorum, ut et Sanctum Martinum servire ei licuisset, et Hilgodus kartam de hoc facere precepisset, ut nec ipse, nec alii postea illum reclamare potuissent. Qui vero hæc fieri viderunt, isti sunt : Hilgodus qui hanc kartam fieri precepit; Gualterius filius Hamelini; Fredericus; Ascelinus filius Radulfi; David; Girardus filius Lancelini; Guandelbertus; Herluinus; Gualterius Albanus; Mainardus; Balduinus; Rainaldus prior; Radulfus monachus; Vitalis presbiter; Gislebertus, Gualterius, Rainaldus de familia monachorum Sancti Martini Majoris Monasterii.

(1) Cette charte, dont je ne trouve nulle part les personnages, appartient au onzième siècle (**1032-1100**) par sa formule initiale : *Notum fiat successoribus*, dont on fait presque exclusivement usage dans ce cartulaire.

LXXI

DE FULCHERIO SERVO LIBERO FACTO.

1048—1062.

Notum sit omnibus, domnum abbatum Albertum et Majoris Monasterii fratres sub ejus regimine degentes, ea conditione cuidam Sancti Martini servo, nomine Fulcherio, libertatem dedisse, ut si clericus factus, quandoque, quod absit, conjugem duxerit, et ipse in pristinam redeat conditionem, et ejus jugalis cum omni qui de hoc abusivo processerit conjugio fructu, ad perpetuam teneatur astricta servitutem. Hanc autem libertatem fecerunt in primis quidem propter amorem Domini nostri Jesu Christi sanctæque genitricis ejus, deinde vero propter deprecationem domni Agoberti[1] Carnotensis episcopi, et domni Arnulfi precentoris, et domni Odonis canonici et archipresbiteri, qui eum Majus Monasterium adduxit libertate donandum, cæterorumque Beatæ semper Virginis Mariæ canonicorum.

LXXII

DE SERVIS QUOS DEDIT GUALTERIUS TURONENSIS[2].

990—1000.

In nomine summi salvatoris Dei, ego Gualterius Turonensis civitate miles et provisor, et uxor mea Hersendis nomine, et filius meus Guanilo, notum immo et percogni-

(1) Agobert commença à gouverner l'église de Chartres vers la fin de l'année 1048, et mourut dans le mois de novembre 1061 ou 1062 (*Gall. Christ.*, t. VIII, col. 1119 et 1120).

(2) Une copie moderne de cette charte se trouve dans les preuves de l'histoire de Marmoutier, par D. E. Martenne (manuscrits de la Bibl. royale, résidu S. Germain).

tum esse volumus sanctæ Dei ecclesiæ fidelibus presentibus atque futuris maximeque successoribus nostris, quoniam placuit nobis atque amicabile fuit, tam pro statu honoris, quam pro remedio animarum nostrarum, quosdam vernaculos juris nostri dicione subactos, dare atque perpetualiter mancipare Sancto Martino, loco scilicet Majoris Monasterii, monachisque ibidem Deo famulantibus, ortante atque deprecante quodam venerabili abbate jam dicti loci possessore, Bernerio[1] nomine, videlicet filios Guarini, his nuncupatos nominibus, Odonem scilicet, et Guarinum, atque Dacfredum, necnon et Arraldum; ut ab hoc die et in antea, de mea in eorum potestate redacti, absque ullius filiorum sive propinquorum nostrorum inquietudine, viventes perpetualiter cum semine suo, jam dicti loci habitatoribus quiete deserviant. Eo si quidem tenore jam dicti loci habitatoribus concedimus memoratos homines, ut nullus possessor illius loci, nec præfatus abbas, nec aliquis successorum ejus, eosdem homines de dominio Sancti Martini proprio in alterius secularis transferat ditione, sed absque inquietudine ullius personæ, debitum servitium habitatoribus prefati loci exhibeant. Si autem aliquis aut filiorum, aut propinquorum nostrorum, seu aliqua intromissa persona, hanc donationem inquietare presumpserit, in primis omnipotentis Dei iram seu Beati Martini omniumque Sanctorum indignationem incurrat, ac deinde repetitionis nullum effectum obtineat. Et ut hæc auctoritas certius a nobis credatur facta, manibus propriis eam corroboravimus, fidelibusque nostris utriusque ordinis affirmare fecimus. Signum Gualterii militis qui hanc precepit kartam fieri. S. uxoris ejus Hersendis. S. Guanilonis filii ejus. S. Gualterii filii ejus. S. Humberti vicarii.

---

(1) Bernier fut abbé de Marmoutier depuis l'année 990 environ, jusqu'en l'an 1000.

S. Jonæ canonici. S. Stephani clerici. S. Guascelini capellani. S. item Utberti. S. Gausfredi nepotis episcopi. S. Sigebranni. S. Gauzberti Rufi.

LXXIII

DE AINARDO COLIBERTO LIBERO FACTO.

958—987.

Quicunque sibi debitum pro amore nostri redemptoris relaxat servitium, id sibi certus a Domino in æterna beatitudine confidat remunerandum; remittitur enim illi, ipsa testante veritate, qui sibi debentibus non invitus sed sponte remittit. Pro qua re ego Airardus et uxor mea Hersendis Algerii filia, de cujus honore mihi videtur pertinere, quendam nostrum colibertum nomine Ainardum, pro redemptione animarum nostrarum et parentum nostrorum, ab omni jugo servitutis absolvimus, ita ut post hac liber permaneat, et in quamlibet partem mundi quadrifidi securus pergat, nullique nisi spontanea voluntate servitium reddat, nisi soli Deo cui jure omnis obædit creatura, annuente Gaufredo[1] comite, atque Adala conjuge sua, consentientibus etiam Algerio meæ conjugis fratre, et Guarino privinno meo, et Marcalinia filia mea, omnibusque illius generationis quorum auctoritati hujus libertatis pertinet affirmatio. Si quis vero huic kartulæ contraire presumpserit, omnipotentis iram habeat, et suæ petitionis presumptio effectum non habeat.

(1) Deux comtes d'Anjou du nom de Geoffroi ont eu pour femme une Adèle ou Adélaïde, Geoffroi I dit Grisegonnelle (958-987) et Geofroi II Martel (1050-1060). Le style général de la pièce me semble plutôt de la fin du dixième siècle, que de la deuxième moitié du onzième, j'ai donc dû dater cette charte de 958 à 987.

LXXIV

DE VITALE COLIBERTO QUEM DONAVIT DROGO DE MONTE AUREO[1].

1032—1100.

Notum sit omnibus sanctæ Dei ecclesiæ fidelibus quod quidam miles nomine Drogo de Monte Aureo, dedit Sancto Martino Majoris Monasterii, medietatem unius coliberti nomine Vitalis, quem communem habebat cum monachis. Fecit autem hoc consensu et auctoritate suæ conjugis nomine Mahildis, ac filiorum suorum Hugonis et Rotberti, filiarumque Sciciliæ, Eusebiæ, Mahildis, Hamelinæ. Testes vero qui affuerunt, subter inscripti sunt. S. Drogonis. S. Hugonis et Rotberti filiorum ejus. S. Amalrici de Blesi. S. Guillelmi de Rilliaco. S. Gualterii filii Mathei. S. Odonis frater Fulcherii. S. Hugonis filii Hainrici. S. Hugonis Chaeberti. S. Durandi hominis Guascelini. S. Rainardi vicarii.

LXXV

DE SERVIS UNCBERTO ET HUBERTO, QUOS DEDIT STEPHANUS NEPOS ARCHIEPISCOPI.

1053—1068.

Palam sit posteritati nostræ, Stephanum Bartholomei Turonorum archiepiscopi nepotem, ac Fresendis de Sancto Flodoveo filium, duos servulos, assensu et auctoritate fratrum suorum Gaufredi atque Iszelonis, simulque Hildeberti[2] Lemovicensium comitis, de cujus fævo paterno jure

---

(1) Dreux de Montoire, frère de Mathieu de Montoire, est mentionné dans une charte de 1060 à 1067 (charte CXVII du cartulaire des possessions de Marmoutier dans le Vendomois, manuscrits latins de la Bibl. royale, n° 5441). La formule initiale : *Notum sit...*, est bien de l'époque.

(2) Les auteurs de *l'Art de vérifier les dates* (t. II, p. 390) ne font connaître que

cos tenuerat, Sancto Martino pro anima sua dedisse ; quorum alter, Uncbertus nomine, Constantini de Abris atque Ingelbergæ filius fuit, alter vero Hubertus dictus, de Emenone cognomento Blaverol et Leenolde natus extitit. Qui quidem ambo, genere propinqui, in pago Lemovicino apud castrum Lansulam, memoratis parentibus sunt procreati. Cujus castri dominus fuit quondam Guillelmus pater hujus Stephani qui servulos eosdem Sancto Martino ea ratione obtulit, ut non solum ipsi, verum etiam omnis ex eis nascitura progenies, omnibus diebus vitæ suæ abbati hujus Majoris Monasterii et fratribus servili conditione famulentur. Ut ergo hæc donatio firmior in perpetuum permaneret, utrosque in capitulo Fulconi tunc priori, vice abbatis, per manus tradidit. Testes hujus rei sunt hii : Rotbertus presbiter; Gualcherius presbiter ; Gislebertus presbiter; Dorannus homo archiepiscopi; Andraldus coquus; Gualterius

---

quatre comtes de Limoges, dont la suite ne comprend guère plus d'un siècle, de 769 à 900 environ. « Après le comte Gérard, disent-ils, on ne voit plus que des vicomtes en Limousin, sous la mouvance du comte de Poitiers. » Cependant, d'après une Vie manuscrite de Gauzlin, abbé de Fleuri, mort en 1025, citée par les Bénédictins (*Art de vérifier les dates*, t. II, p. 392), Adalric et Pierre, frères germains, étaient comtes de Limoges au commencement du onzième siècle. Les Bénédictins nous semblent avoir commis une erreur en les faisant fils de Gui I, vicomte de Limoges. En effet, Adémar, fils aîné de ce Gui, lui succède dans sa vicomté. Or, les cadets ne pouvaient posséder un titre supérieur à celui de leur aîné, ni hériter de leur père un comté que celui-ci ne possédait pas, et qui, dans tous les cas, eût échu à l'aîné. D'ailleurs, d'après le manuscrit en question, Adalric et Pierre étaient comtes avant 1025, époque de la mort de Gui. Enfin, nous trouvons, dans cette charte, au milieu du onzième siècle (1053-1068), un Hildebert qualifié comte de Limoges, inconnu aux chroniqueurs et aux historiens. Aurait-il existé une famille dans laquelle le comté de Limoges se serait maintenu depuis le dixième siècle, et dont on ne connaîtrait qu'Adalric, Pierre et notre Hildebert, qui serait alors le fils et l'héritier de l'un de ces deux comtes ? Cet Hildebert ne serait-il pas le même qu'Aldebert II, comte de la Haute-Marche (1031-1104), ou Aldebert III, comte de la Basse-Marche (1047-1088) ? Ce qui favoriserait cette dernière opinion, c'est que la Marche fit partie du Limousin jusqu'au milieu du dixième siècle, et qu'ainsi, maîtres d'une partie du Limousin, ils purent s'en dire les comtes.

miles de Laivero; Rotbertus clericus de Redonis; Frotgerius de Sancto Flodoveo; Rainaldus boverius; Hervelinus de quoquina.

LXXVI

CYROGRAPHIUM DE FILIA CONVERSÆ, LIBERA FACTA.

22 januarii 1069.

Notum sit fratribus nostris scilicet monachis Majoris Monasterii quod Otbertus qui fuit major Sancti Martini, tenuit quandam terram, apud Cedentem, de Sancto Martino, propter quam etiam ipse erat servus Sancti Martini. Post mortem autem illius, uxor ejus Maria Conversa, cum de filiis suis non superessent ei, nisi unus filius et una filia, cæteris mortuis, rogavit domnum abbatem Bartholomeum, ut ei filiam suam liberam faceret, ut eam posset nuptum dare libero homini. Quod domnus abbas promisit se facturum tali pacto, ut ipsa et frater ejus dimitterent Sancto Martino supradictam terram patris sui, propter quam etiam ipsi servi erant, ita tamen ut frater puellæ servus remaneret, et ipsa si unquam nupserit servo vel coliberto in pristinam servitutem redeat. Venerunt ergo in capitulum nostrum mater cum filiis suis, et quia domnus abba non poterat adesse, jussu ejus et vice ejus confirmatum est a priore, cum assensu totius capituli hoc pactum, sicut superius digestum est; videlicet illa et frater ejus dimiserunt supradictam terram Sancto Martino solutam et quietam, et ipsa libera facta est pacto supradicto, fratre ejus in servitute remanente, nomine Gausberto, et ipsa autem dicta est Cecilia. Actum anno vi° domni abbatis Bartholomei, mense januario, in festivitate Beatissimi Vincentii martiris. Testibus istis.: Gaulterio archidiacono; Viviano clerico; Ebulono fratre ipsius puellæ de alio patre; Giraldo coquo; Odone coquo; Gausberto coquo; Johanne converso.

LXXVII

DE GUIBERTO PELLITARIO SERVO EFFECTO.

1032—1064.

Nosse debebitis, si qui eritis posteri nostri Majoris scilicet hujus habitatores Monasterii Sancti Martini, Guitbertum quendam arte pellitarium, prius in Gastina et nunc in burgo nostro manentem, ut a Deo vera donari mereretur libertate, semetipsum pro ejus amore, cum omni domo sua, cum uxore videlicet Nantilde, ac liberis Gauscelmo, Alcherio, Hildeburge, Odila et Hildearde, Sancto Martino in servum tali pacto tradidisse, ut non solum ipsi, verum etiam omnis eorum posteritas, per succedentia secula, abbatibus hujus loci et cæteris fratribus servili conditione subjaceant et famulentur. Et ut hæc ejus spontanea traditio certior et ab ipso facta appareret, IIII^{or} denarios, ut est consuetudinis, super caput proprium pro recognitione servi posuit; et sic se Deo Sanctoque Martino perpetuo serviendum obtulit, sub domno Alberto abbate tunc nostro. Testibus istis : Herveo sartore; Gualterio pistore; Giraldo fratre ejus; Huberto de Parciaco; Petro coquo; Buselino pistore; Constantio Chainons; Giraldo de Castris; Huberto presbitero de Guastino; Fulcodio monacho; Hugone monacho preposito; Fulcone nostro tunc priore, qui denarios desuper caput ejus tulit.

LXXVIII.

DE HARDUINO SERVO EFFECTO.

1032—1064.

Notum sit omnibus sanctæ Dei ecclesiæ fidelibus quod famulus quidam, ex libero genere ortus, nomine Harduinus, timore divino compunctus, cum nichil karius haberet quod omnipotenti Deo potuisset offere, semetipsum pro ejus amore Sancto Martino, in domni Alberti abbatis presentia, tradidit in servum. Qui videlicet Harduinus, ut ipsa sui traditio appareret, cordis quoque signorum collum suum circundedit, et pro recognitione super altare iiii^{or} de capite proprio denarios imposuit. Quod utique conditione tali gestum est, ut non ille tantummodo, verum etiam tota ex ipso nascitura progenies, omnibus diebus vitæ suæ abbati Majoris Monasterii et senioribus loci serviat jure servili. Hæc autem ut firmior haberetur notitia, nominibus testium qui ad hoc audiendum producti fuerunt, subnotatur istorum. Hildebertus coquus. Stephanus cellararius. Tetbaldus. Bernardus hospitalis. Frogerius hospitalis. Odo sartor.

LXXIX

NOTITIA ODILONIS SERVI EFFECTI [1].

1032—1064.

Notum sit universis successoribus nostris quod famulus quidam, ex parentibus liberis ortus, Odilo nomine, compunctus amore divino, ut sibi benignitas Dei, apud quem personæ nullius acceptio, sed uniuscujusque respicitur meritum, propiciari dignaretur, semetipsum pro illius amore tradidit Sancto Martino Majoris Monasterii; ea videlicet ratione, ut non solum ipse, verum etiam omnis ex eo nascitura progenies, jure perpetuo abbati Majoris Monasterii atque fratribus ejusdem loci conditione servili famuletur. Ut autem hæc sui traditio certior et evidentior appareret, ipse signorum etiam cordas collo suo circunferens, et pro recognitione servi iiii^{or} de capite proprio denarios

---

(1) Tous les témoins de cette pièce, nommés déjà aux chartes II et XIX de ce cartulaire, vivaient sous l'abbé Albert.

super altare Sancti Martini ponens, semetipsum omnipotenti Domino taliter obtulit. Nomina vero testium ipsorum qui traditionem istam videntes et audientes affuerunt, ordine certo subter inserere curavimus. Richardus major. Rotbertus major. Rainaldus major. Otbertus cellararius. Otbertus camerarius. Boselinus pistor.

LXXX

NOTITIA MICHAELIS CEMENTARII SERVI EFFECTI [1].

1032—1064.

Notum sit universis successoribus nostris quod famulus quidam, ex parentibus liberis ortus, nomine Michael, cementarius, amore divino compunctus, ut sibi benignitas Dei, apud quem personæ nullius acceptio, sed uniuscujusque respicitur meritum, propiciari dignaretur, semetipsum pro illius amore, tradidit in servum Sancto Martino Majoris Monasterii; ea videlicet ratione, ut non solum ipse, verum etiam omnis ex eo nascitura progenies, jure perpetuo abbati Majoris Monasterii atque fratribus ejusdem loci conditione servili famuletur. Ut autem hæc sui traditio certior et evidentior appareret, ipse signorum etiam cordas collo suo circunferens, et pro recognitione servi iiii^{or} de capite proprio denarios super altare Sancti Martini ponens, semetipsum omnipotenti Domino sic obtulit. Nomina vero testium qui traditionem hanc videntes et audientes affuerunt, subter inserta sunt. Richardus major. Rotbertus major. Rainaldus major. Otbertus cellararius. Otbertus camerarius. Boselinus pistor. Guarinus clericus. Guasmarus clericus. Hildebertus coquus. Guarinus coquus. Hilduinus.

(1) J'ai déjà prouvé, chartes II, XIX, XXXVI, que tous les témoins nommés ici paraissent sous l'abbé Albert.

LXXXI

NOTITIA MARTINI MULNERII SERVI EFFECTI [1].

1032—1064.

Notum sit universis successoribus nostris quod famulus quidam, ex parentibus liberis ortus, nomine Martinus, amore divino compunctus, ut sibi benignitas Dei, apud quem personæ nullius acceptio, sed uniuscujusque respicitur meritum, propiciari dignaretur, semetipsum pro illius amore, tradidit in servum Sancto Martino Majoris Monasterii; ea videlicet ratione, ut non solum ipse, verum etiam omnis ex eo nascitura progenies, jure perpetuo abbati Majoris Monasterii atque fratribus ejusdem loci conditione servili famuletur. Ut autem hæc sui traditio certior et evidentior appareret, ipse signorum etiam cordas collo suo circunferens, et pro recognitione servi III^{or} de capite proprio denarios super altare Sancti Martini ponens, semetipsum omnipotenti Domino sic optulit. Nomina vero testium qui traditionem hanc videntes et audientes affuerunt, subter inserta sunt. Richardus major. Rotbertus major. Rainaldus major. Otbertus cellararius. Otbertus camerarius. Boselinus pistor. Guarinus clericus. Gausmarus clericus. Hildebertus coquus. Guarinus coquus. Hilduinus.

LXXXII

NOTITIA AREMBERTI SERVI EFFECTI [2].

1032—1064.

Notum sit universis successoribus nostris quod famulus quidam, ex parentibus liberis ortus, nomine Arembertus,

---

(1) Mêmes témoins, et par conséquent même date qu'à la charte précédente.
(2) Mêmes souscriptions qu'à la charte LXXX.

amore divino compunctus, ut sibi benignitas Dei, apud quem personæ nullius acceptio, sed uniuscujusque respicitur meritum, propiciari dignaretur, semetipsum pro illius amore, tradidit in servum Sancto Martino Majoris Monasterii ; ea videlicet ratione, ut non solum ipse, verum etiam omnis ex eo nascitura progenies, jure perpetuo abbati Majoris Monasterii, atque fratribus ejusdem loci conditione servili famuletur. Ut autem hæc sui traditio certior et evidentior appareret, ipse signorum etiam cordas collo suo circunferens, et pro recognitione servi iiii^{or} de capite proprio denarios super altare Sancti Martini ponens, semetipsum omnipotenti Domino sic optulit. Nomina vero testium qui traditionem hanc videntes et audientes affuerunt, subter inserta sunt. Richardus major. Rotbertus major. Rainaldus major. Otbertus cellararius. Otbertus camerarius. Boselinus pistor. Guarinus clericus. Guasmerus clericus. Hildebertus coquus. Guarinus coquus. Hilduinus.

LXXXIII

NOTITIA ASCELINI SERVI EFFECTI [1].

1032—1064.

Notum sit universis successoribus nostris quod famulus quidam, ex parentibus liberis ortus, nomine Ascelinus, amore divino compunctus, ut sibi benignitas Dei, apud quem personæ nullius acceptio, sed uniuscujusque respicitur meritum, propiciari dignaretur, semetipsum pro illius amore, tradidit in servum Sancto Martino Majoris Monasterii ; ea videlicet ratione, ut non solum ipse, verum etiam omnis ex eo nascitura progenies, jure perpetuo abbati Majoris Monasterii atque fratribus ejusdem loci conditione servili famuletur. Ut autem hæc sui traditio certior

(1) Nous retrouvons encore ici les mêmes personnages qu'aux chartes précédentes (LXXX).

et evidentior appareret, ipse signorum etiam cordas collo suo circunferens, et pro recognitione servi iiii°' de capite proprio denarios super altare Sancti Martini ponens, semetipsum omnipotenti Domino sic optulit. Nomina vero testium qui traditionem hanc videntes et audientes affuerunt, subter inserta sunt. Richardus major. Rotbertus major. Rainaldus major. Otbertus cellararius. Otbertus camerarius. Boselinus pistor. Guarinus clericus. Gausmarus clericus. Hildebertus coquus. Guarinus coquus. Hilduinus.

LXXXIV.

DE RAHERIO[1].

1032—1064.

Notum sit universis successoribus nostris quod famulus quidam, ex parentibus liberis ortus, nomine Raherius, cum uxore sua nomine Letgardi, amore divino compunctus, ut sibi benignitas Dei, apud quem personæ nullius acceptio, sed uniuscujusque respicitur meritum, propiciari dignaretur, semetipsum pro amore illius tradidit in servum Sancto Martino Majoris Monasterii; ea videlicet ratione, ut non solum ipse, verum etiam omnis ex eo nascitura progenies, jure perpetuo abbati Majoris Monasterii atque fratribus ejusdem loci conditione servili famuletur. Ut autem hæc sui traditio certior et evidentior appareret, ipse signorum etiam cordas collo suo circunferens, et pro recognitione servi iiii°' de capite proprio denarios super altare Sancti Martini ponens, semetipsum omnipotenti Domino sic optulit. Nomina vero testium qui traditionem hanc videntes et audientes affuerunt, subter inserta sunt. Richardus major. Guarnerius major. Otbertus senior. Otber-

---

(1) Tous les témoins nommés à la charte XVIII, et que nous avons prouvé exister sous l'abbé Albert, se retrouvent ici.

tus junior. Guarinus clericus. Guasmarus clericus. Anseisus cellararius. Hildebertus coquus. Hildegarius mariscalcus. Frogerius mariscalcus. Bernardus. Giraldus. Herveus. Constantius.

LXXXV

DE ARNULFO FRATRE FULCHERII [1].

1032-1064.

Notum sit universis successoribus nostris quod famulus quidam, ex parentibus liberis ortus, nomine Arnulfus, frater Fulcherii, amore divino compunctus, ut sibi benignitas Dei, apud quem personæ nullius acceptio, sed uniuscujusque respicitur meritum, propiciari dignaretur, semetipsum pro amore illius, tradidit in servum Sancto Martino Majoris Monasterii; ea videlicet ratione, ut non solum ipse, verum etiam omnis ex eo nascitura progenies, jure perpetuo abbati Majoris Monasterii atque fratribus ejusdem loci conditione servili famuletur. Ut autem hæc sui traditio certior et evidentior appareret, ipse signorum etiam cordas collo suo circunferens, et pro recognitione servi III^{or} de capite proprio denarios super altare Sancti Martini ponens, semetipsum omnipotenti Domino sic obtulit. Nomina vero testium qui traditionem hanc videntes et audientes affuerunt, subter inserta sunt. Ricardus major. Guarnerius major. Otbertus senior. Otbertus junior. Guarinus clericus. Gausmarus clericus. Anseisus cellararius. Hildebertus coquus. Hildegarius mariscalcus. Frotgerius mariscalcus. Bernardus. Giraldus. Herveus. Constantius.

(1) Mêmes témoins qu'à la charte précédente.

LXXXVI

DE FULCHERIO SERVO EFFECTO[1].

1032—1064.

Notum sit universis successoribus nostris quod famulus quidam, ex parentibus liberis ortus, nomine Fulcherius, amore divino compunctus, ut sibi benignitas Dei, apud quem personæ nullius acceptio, sed uniuscujusque respicitur meritum, propiciari dignaretur, semetipsum pro amore illius tradidit in servum Sancto Martino Majoris Monasterii; ea videlicet ratione, ut non solum ipse, verum etiam omnis ex eo nascitura progenies, jure perpetuo abbati Majoris Monasterii atque fratribus ejusdem loci conditione servili famuletur. Ut autem hæc sui traditio certior et evidentior appareret, ipse signorum etiam cordas collo suo circunferens, et pro recognitione servi IIII^{or} de capite proprio denarios super altare Sancti Martini ponens, semetipsum omnipotenti Domino sic obtulit. Nomina vero testium qui traditionem hanc videntes et audientes affuerunt, subter inserta sunt. Richardus major. Guarnerius major. Otbertus senior. Otbertus junior. Guarinus clericus. Gausmarus clericus. Anscisus cellararius. Hildebertus coquus. Hildegarius mariscalcus. Frotgerius mariscalcus. Bernardus de hospitali. Giraldus. Herveus Boso. Constantius.

LXXXVII

DE HALBALDO SERVO EFFECTO[2]

1032—1064.

Notum sit universis successoribus nostris quod famulus quidam, ex parentibus liberis ortus, nomine Halbaldus,

---

(1) Mêmes témoins qu'à la charte précédente.
(2 Mêmes témoins qu'à la charte LXXXIV.

amore divino compunctus, ut sibi benignitas Dei, apud quem personæ nullius acceptio, sed uniuscujusque respicitur meritum, propiciari dignaretur, semetipsum pro illius amore tradidit in servum Sancto Martino Majoris Monasterii; ea videlicet ratione, ut non solum ipse, verum etiam omnis ex eo nascitura progenies, jure perpetuo abbati Majoris Monasterii atque fratribus ejusdem loci conditione servili famuletur. Ut autem hæc sui traditio certior et evidentior appareret, ipse signorum etiam cordas collo suo circumferens, et pro recognitione servi IIII^{or} de capite proprio denarios super altare Sancti Martini ponens, semetipsum omnipotenti Domino sic obtulit. Nomina vero testium qui traditionem hanc videntes et audientes affuerunt, subter inserta sunt. Richardus major. Guarnerius major. Otbertus senior. Otbertus junior. Anseisus cellararius. Hildebertus coquus. Bernardus. Giraldus. Hildegarius mariscalcus. Frotgerius mariscalcus. Guarinus clericus. Guasmerus clericus. Herveus. Constantius.

LXXXVIII

DONAVIT MAURICII FILII GELDUINI, DE FIRMATO ET SORORIBUS EJUS[1].

1032—1064.

Notum fiat universis hominibus et maxime successoribus nostris quod miles quidam, nomine Mauricius, filius Gelduini, dedit Sancto Martino Majoris Monasterii, pro redemptione animæ suæ parentumque suorum et uxoris ac filiorum, III colibertos, Firmatum videlicet cum sororibus suis Bernilde videlicet atque Ritberga, accipiens pro hac donatione beneficium supradicti cænobii in orationibus et elemosinis et cæteris operibus bonis. Hoc autem auctori-

---

(1) Mêmes témoins qu'aux chartes précédentes (LXXXIV, etc.).

zavit uxor ejus nomine Hubelina, et filii eorum Gelduinus et [1].....; Guinebertus quoque homo ipsius Mauricii, qui illos colibertos de domino suo tenebat, libenter annuit, et uxor ejus nomine Ascelina, et filius eorum nomine Iterius. Hujus rei testes qui hoc viderunt et audierunt, istic subscripti sunt. Richardus major. Guarnerius major. Otbertus senior. Otbertus junior. Arnulfus sartor senior. Arnulfus sartor junior. Guarinus clericus. Guasmarus clericus. Anscisus cellararius. Hildebertus coquus. Tetbaldus sanguinarius. Durandus frater ejus sanguinarius. Hildegarius mariscalcus. Frotgerius mariscalcus. Bernardus. Giraldus. Constantius. Hilgaudus coquus. Guasfredus coquus.

LXXXIX

DE GUISMANDO COLIBERTO.

1040—1060.

Notum fieri volumus nostris successoribus quod miles quidam de castro Vindocino, nomine Guascelinus, cognomento Bodellus, dedit Sancto Martino Majoris Monasterii colibertum quendam, nomine Guismandum, cum parvulo ejus filio David nominato, et omni deinceps posteritatis suæ fructu, acceptis una quidem vice xxx^a solidis, altera vero quinque. Sed et Rotgerius cognomine Piperatura, cui Guascelinus ipsum Guismandum dederat, xxx^a solidorum intercedente pretio auctorizavit eum Sancto Martino. Adeladis quoque uxor Guascelini annuit, et Chotardus filius Guascelini sed de alia uxore, qui sex ob hoc denarios accepit, et Lisuisia filia Adeladis, quæ etiam tres propter hoc auctoramentum nummos accepit. Comes autem Gaufredus[2],

---

(1) Le copiste du cartulaire a laissé ici une lacune pour les noms des autres fils de Maurice.

(2) Geoffroi Martel fut comte de Vendôme de 1031 à 1050, et comte d'Anjou de 1040 à 1060.

de cujus illum fævo colibertum tenebat Guascelinus, gratis huic dono pro libertate solita favit, et cartam hanc quæ de hac re scripta est, coram curiæ suæ frequentia firmavit, et manus propriæ caractere signando roboravit. Testes omnium quæ hic dicta sunt, notitie huic subscripti sunt. Constantius canonicus Sancti Georgii[2]. Drogo frater ejus. Hamelinus frater ejus clericus. David vicarius. Fulbertus telonearius. Rainaldus Madalgius. Guandelbertus de Solomis. Fulcradus Clavus Mortalis. Andreas prepositus. Albertus talemerarius. Odolinus homo David vicarii. Fulcherius frater ipsius Guismaldi.

XC

DE ANSQUITINO SERVO EFFECTO.

1032—1064.

Notum sit universis successoribus nostris quod Dodo quidam, Ansquitinus cognomine, liberis parentibus Martino scilicet et Ulgarde, in Bituricensi pago apud Sanctum Cyrum, exortus, cum nichil carius haberet quod omnipotenti Deo potuisset offerre, semetipsum pro ejus amore Sancto Martino Majoris Monasterii, in domni Alberti abbatis presentia, tradidit in servum; ex videlicet ratione, ut non solum ipse, verum etiam omnis ex eo nascitura progenies, omnibus diebus vitæ suæ abbati Majoris Monasterii et fratribus ejusdem loci servili conditione serviat. Et ut hæc traditio certior et evidentior appareret, pro recognitione servi IIII^{or} denarios super caput proprium ponens, semetipsum omnipotenti Deo taliter obtulit. Nomina vero testium, qui traditionem hanc videntes et audientes affuerunt, subter inserta sunt. Ebrulfus cellararius. Viventius

---

(1) La collégiale de Saint-George fut fondée, en 1010, par le comte Geoffroi, dans l'intérieur du château de Vendôme.

Tortus. Frodo medicus. Michael Rufus. Monachi : Aimericus cellararius, Tetbertus medicus, Berengerius panetarius.

XCI

DE INGELBALDO SERVO QUEM DEDIT GUILLELMUS SANCTO MARTINO [1]

1032—1064.

Noverit posteritas quod Guillelmus filius Archengerii dedit Sancto Martino Majoris Monasterii servum quendam, Ingelbaldum nomine, pro anima filii sui Tetbaldi, quem defunctum suprafati monasterii fratres tumulaverunt. Hoc autem uxor ejus Hadebergis nomine, sed et filius eorum Guillelmus, gratanti animo annuerunt. Et ut omnis plenior esset firmiorque donatio, testes advocati sunt, quorum hic nomina subscripta sunt. Archengerius nepos ipsius Guillelmi. Hugolinus filius Rainerii. Otbertus homo ejus. Guarinus clericus. Gausmerus clericus. Otbertus cellararius. Hildebertus coquus. Durandus forestarius. Gualterius Quacetus. Ebrardus coquus. Guarinus coquus. Durandus de elemosina.

XCII

NOTITIA GIRARDI SERVI EFFECTI [2].

1032—1064.

Notum sit omnibus sanctæ Dei ecclesiæ fidelibus quod famulus quidam, ex libero genere ortus, nomine Girardus, timore divino compunctus, cum nichil karius haberet quod

---

(1) Nous avons déjà rencontré les témoins nommés ici, dans des pièces données sous l'abbé Albert (chartes II, IV et LXII).

(2) Quelques-uns des personnages qui servent ici de témoins se retrouvent dans des pièces données sous l'abbé Albert.

Constantius monachus : XCIII (1032-1064).

Hugo monachus : LXXVII (1032-1064); LXVI (1062); CIII (1063).

omnipotenti Deo potuisset offerre, semetipsum pro ejus amore Sancto Martino Majoris Monasterii tradidit in servum. Qui videlicet Girardus, ut ipsa sui traditio manifestior fieret, cordas etiam signorum collo suo circundedit, et pro recognitione servi super altare ejusdem Sancti iiii^{or} de capite proprio denarios imposuit. Quod itaque tali conditione gessit, ut non solum ipse, sed etiam omnis ex eo nascitura progenies, omni tempore vitæ suæ abbati Majoris Monasterii, nec non et fratribus ejusdem loci serviat jure servili. Hæc autem ut firmior haberetur notitia, testium ipsorum qui ad hoc audiendum producti fuerunt, subnotatur nominibus. S. Andraldi monachi. S. Constantii monachi. S. Hugonis monachi. S. Guillelmi. S. Johannis presbiteri. S. Isembardi.

XCIII

DE GUILLELMO SERVO EFFECTO.

1032—1064.

Notum sit universis successoribus nostris quod famulus quidam, ex libro genere ortus, Guillelmus nomine, Bloius prenominatus, divino timore compunctus, cum nichil karius haberet quod omnipotenti Deo potuisset offerre, semetipsum pro ejus amore Sancto Martino Majoris Monasterii, in domni Alberti abbatis presentia, tradidit in servum; ea videlicet ratione, ut non solum ipse, verum etiam omnis ex eo nascitura progenies, omnibus diebus vite suæ abbati Majoris Monasterii et fratribus ejusdem loci servili conditione serviat. Et ut hæc ejus traditio certior et evidentior appareret, pro recognitione servi iiii^{or} denarios super caput proprium ponens, semetipsum omnipotenti Deo taliter obtulit. Nomina vero testium qui traditionem hanc videntes et audientes affuerunt, subter inserta sunt. Rotbertus sartor. Ernulfus Frumentinus.

Gaufredus coquus. Rotbertus infirmarius. Michael Rosellus. Andraldus coquus. Rainerius coquus. Haimericus monachus. Adraldus monachus. Berengerius monachus. Constantius monachus. Fulco prior.

XCIV

DE EBRULFO LIBERO SERVO EFFECTO.

1032—1064.

Notum sit omnibus sanctæ Dei ecclesiæ fidelibus quod famulus quidam, ex libero genere ortus, Ebrulfus nomine, timore divino compunctus, cum nichil karius haberet quod omnipotenti Deo potuisset offerre, semetipsum pro ejus amore Sancto Martino, in domni Alberti abbatis presentia, tradidit in servum. Qui videlicet Ebrulfus, ut ipsa sui traditio clarior appareret, cordis quoque signorum collum suum circundedit, et pro recognitione super altare quattuor de capite proprio denarios imposuit. Quod itaque conditione tali gestum est, ut non ille tantummodo, verum tota ex ipso nascitura progenies, omnibus diebus vitæ suæ abbati Majoris Monasterii et senioribus loci serviat jure servili. Condonavit etiam omnes res suas post suum decessum Sancto Martino, ut quicquid habuerit in die obitus sui veniat in dominium monachorum. Hæc autem ut firmior haberetur noticia, nominibus qui ad hoc audiendum producti fuerunt subnotatur istorum. Gausmerus clericus. Anscisus cellararius. Herveus. Hildegarius. Frodelinus. Hilduinus. Otbertus senior. Otbertus junior. Rainaldus pistor. Arnulfus sartor. Bernardus. Giraldus.

XCV

DE HOMINIBUS QUOS DEDIT ADRICUS SANCTO MARTINO [1].

980—1010.

Auctoritas ecclesiastica patenter admonet, quia seculi hujus finem in proximo expectamus; expedit ut unusquisque et de propria familia et de substantia agat, quo modo post obitum mereatur veniam peccatorum. Igitur ego in Dei nomine Adricus, et filius meus Isembardus, nec non et Guarnerius fidelis noster et filius ejus Guitbertus, ob amorem Dei et remedio animarum nostrarum vel parentum nostrorum, his hominibus nominis [2] Erbaldus et Euvrardus, cum fructibus eorum dedimus Sancto Martino loco Majoris Monasterii atque monachorum ipsius loci. Id circo, ut ab hodierna die aut deinceps, nec nobis neque successoribus nostris ullum debeant noxiæ conditionis servicium, sed suum obsequium prædicto loco diebus vitæ suæ cum suis fructibus reddant, hanc ergo donationem, ut superius dixi, pro amore Dei, et partim accepto precio, manu propria firmo. Et ut omni tempore stabilis et firma permaneat, manibus nostrorum fidelium subter firmavimus, et corroborari jubemus. Si quis autem hanc donationem calumniare presumpserit, vel abstrahere voluerit, iram incurrat Dei omnipotentis, et auri libras centum componat. S. Adrici cujus beneficium est. S. Isembardi. S. Guarneri. S. Guitberti. S. Rainaldi. S. Arlefridi sacerdotis et canonici Sancti Leti. S. Constantini levitæ.

(1) Cette charte, dont les personnages ne se retrouvent pas ailleurs, nous semble appartenir, par sa forme générale, à la fin du dixième siècle ou au commencement du siècle suivant. En tête de la charte, et sur la marge du manuscrit que nous publions, se trouve une invocation monogrammatique.

(2) *Sic* pour *nominibus*.

XCVI

DE JOHANNE SERVO EFFECTO [1].

1032—1064.

Non maxima tantum aut modica, sed etiam minima quæ gerimus, notificamus vobis qui futuri estis posteri nostri, quia et nos inter utilia sæpe deputavimus, quæ præter monimenta magnorum, de parvis etiam gestis notificantibus litteris nostri nobis insinuavere majores. Civis igitur quidam Turonicus Haimericus nomine, Tinniosus cognominatus, a milite quodam Giraldo dicto, puerum quendam Johannem vocatum, sibi servum emerat. Qui cum adolevisset, et licet mediocribus aliquantis tamen penes illum invaluisset opibus, pretio quod impendere vel postulatus est vel potuit, ab eadem sese servitute redemit. At vero cum postea uxoris ducendæ gratia, quandam Sancti Martini monachorumque Monasterii Majoris adamasset ancillam, in servitutem denuo sese propter eam non dubitavit offere. Quo comperto, Haimericus ille quondam dominus ejus judices adversus eum interpellavit publicos, asserens illum si quacunque causa vellet iterum servire, suæ potius servituti quam alterius subjugari debere. Cumque huic publico favente judicio, ille sibi cum placabilem fieri, et quod cupiebat concedere precaretur, ad hoc tandem sæpedictus perductus est Haimericus, ut x^{em} ab illo solidis acceptis, si in supradictorum monachorum societatem recipi mereretur, concederet illis hominem, ut accipiens ancillam eorum, subiret etiam quod erat necesse servi-

---

(1) La date approximative de cette charte est donnée par la présence de quelques-uns des témoins.

Bernardus Bloius de Rupibus : XI (1032-1064).
Ricardus major : II (1032-1064).
Hermandus de Ponte : CV (1062).

tium. Annuentibus igitur ad hoc monachis, venit idem Haimericus cum propria conjuge nomine Hersende, et filio Gausberto nominato, atque cum eodem Johanne de quo res agebatur et quibusdam aliis in capitulum Sancti Martini, ibique quam petiverat societate accepta, etiam ipse quod promiserat, annuente conjuge filioque concessit testibus his quorum subter inserta sunt nomina. Clemens presbiter. Guido frater Hersendis uxoris Haimerici. Bernardus Blouis de Rupibus. Ricardus major. Hermandus de Ponte. Gualterius Botinus. Ansbertus.

XCVII

DE AREMBURGE UXORE VITALIS ET FILIIS EJUS, QUOS RECLAMAVIT GIMO DE AMBAZIACO[1].

1032—1084.

Nosse debebitis, si qui critis posteri nostri Majoris scilicet hujus habitatores Monasterii Sancti Martini, Gimonem de Ambaziaco, mulierem quandam nomine Aremburgem

---

(1) Plusieurs des personnages nommés ici se retrouvent dans des chartes données du temps des abbés Albert et Barthélemi.

Eudes de Blaizon est cité dans deux chartes du cartulaire de Saint-Maur-sur-Loire, l'une de 1066, l'autre de 1067 (*Archives d'Anjou*, 1843, p. 360 et 381). Hugues Mango Breton paraît dans ce même cartulaire en 1036 (*ibid.*, p. 378), et de 1040 à 1045 (*ibid.*, p. 370).

Odo prior : CXVI (1064-1084).
Sigemarus cellararius : CXI (1064); CX (1065).
Constantius tallit ferrum : XLVIII (1032-1064).
Giraldus muciolus : CXI (1064).
Giraldus coquus : III (1064-1084).
Haimo coquus : XX (1061); CV (1062).
Guarnerius major : XVIII, etc. (1032-1064); CXVI (1064-1084).
Ingelbaldus de Ponte : CXII (1064-1084).
Rotbertus hospitalarius : CV (1062); CIII et CIV (1063).
Nihardus coquus : XVII (1032-1064); XVI, XX (1061); CIV (1063); CXI (1064).
Bernardus coquus : XX (1061); CXXV (1081).

uxorem quondam cujusdam Vitalis arte sutoris, sibi voluisse reclamare cum duobus filiis ipsius, uno mare, altera femina, pro eo quod Vitalem ipsum suum fuisse colibertum asseverabat. Sed eadem femina alterum præter istum ante habuerat virum, nomine Guandelbertum, cum quo se nostræ servituti tradiderat, et tam ille servus quam hæc ancilla Sancti Martini devenerat. Quod quia legaliter probari sibi Gimo petebat, ut aut probato hoc partem tantum suam haberet ex filiis quos illa de Vitale susceperat, aut si probari non posset, et matrem sibi pariter et totos filios colibertos acciperet ; aliquanto tempore res dilata, alium tandem et meliorem sortita est finem. Nam postea Gimo centum solidis expostulatis, et ex his etiam nobis xx" remissis, acceptisque reliquis, seque ipso in participationem totius nostri deinceps benefacti recepto, tam feminam ipsam quam ambos ejus filios, quorum ut jam diximus alter erat masculus nomine Harduinus, altera femina Ledeardis vocata, cum universis ex eisdem postea nascituris, annuit atque concessit Sancto Martino in perpetuum habendos et nobis, guerpiens pariter quicquid ex rebus ipsorum reclamabat pro parte Vitalis. Et totum hoc quod fecit Gimo, auctorizavit Eudo de Blazone, de cujus tenebat ista fevo. Feminam denique ipsam, coram priore loci nostri nomine Odone et nostrum, aliquantis cum filio et filia presentatam, pro innovatione et recognitione deditionis illorum in servitium Sancti Martini et nostrum, suis capitibus fecimus singulos iiii^{or} imponere denarios, quos inde prædictus prior noster accepit. Testibus istis : Ansegiso homine Sancti Martini ; Sigemaro cellarario, Constantio Tallit Ferrum ; Giraldo Muciolo ; Giraldo coquo ; Haimone coquo. De his autem quæ pro servis isdem [2] cum Gimone egimus et Gimo nobiscum, quoniam affuerunt hii testes

(1) *Sic* pour *eisdem*.

esse debebunt : Gauscelinus rasorius; Brictius filius ejus; Herbertus Brito; Giraldus de Monte Laudiaco; Guarnerius major; Ingelbaldus de Ponte; Giraldus Muciolus; Rodulfus de Balgiaco; Ingelricus sutor; Guarnaldus tanator; Rotbertus hospitalarius; Giraldus coquus; Nihardus coquus; Urfio coquus; Bernardus coquus. Cum Eudone quoque de Blazone, quando nobis quod fecerat Gimo, suo firmavit auctoramento, quod scilicet in nostro capitulo fecit, die quadam qua nostri benefacti participationem accepit affuit Hugo cognomento Manduca Britonem, et Petrus filius Cadilonis de Blazone.

XCVIII

DE VITALE SERVO EFFECTO[1].

1032—1064.

Notum posteris nostris fieri volumus quia Letardus quidam bubulcus noster, in ultima mortis necessitate positus, vocatis filiis, unum minorem Vitalem nomine, Sancto Martino et nobis in servum contulit, assentientibus tam ipso puero quam reliquis fratribus suis. Et ne hujusmodi jugo se junctum quandoque negaret, tradidit eum pater per manum cuidam monacho nostro Ernaldo nomine. Testibus istis : Martino presbitero; Dodone et Isemberto famulis nostris.

---

(1) Je ne trouve mentionné dans ce cartulaire qu'un seul des personnages de cette charte.
Ernaldus monachus : LV (1032-1063).

XCIX

DE RAINBERTO SERVO EFFECTO [1].

1032—1064.

Notum sit universis successoribus nostris quod quidam homo Raimbertus nomine, de Monte Tealdi, nepos Godefredi de Sechencio, libero genere ortus, cum nichil karius haberet quod omnipotenti Deo offerre potuisset, semetipsum pro ejus amore Sancto Martino Majoris Monasterii, in domni Alberti abbatis præsentia, tradidit in servum; ea videlicet ratione, ut non solum ipse, verum etiam omnis ex eo jam forte nata seu nascitura progenies, omnibus diebus vitæ suæ abbati Majoris Monasterii et fratribus ejusdem loci servili conditione serviat. Et ut hæc traditio certior et evidentior appareret, pro recognitione servi III^{or} denarios super caput proprium ponens, semetipsum omnipotenti Deo taliter obtulit. Testes hujus rei sunt hii : Isembardus frater ejusdem Raimberti; Rotbertus presbiter; Rainaldus pistor; Arnulfus sartor; Tetbaldus piscionarius; Gualterius pistor; Michael Rufus; Ursus.

C

DE BENEDICTO SERVO EFFECTO.

1032—1064.

Notum sit universis successoribus nostris quod quidam Blesensis homo, Benedictus nomine, libero genere ortus, cum nichil carius haberet quod omnipotenti Deo potuisset offerre, semetipsum pro ejus amore Sancto Martino Majoris Monasterii, in domni Alberti abbatis presentia, tradidit

---

(1) Une copie moderne et sur papier de cette charte est insérée entre la page 16 et la page 17 du manuscrit que nous publions.

in servum; ea videlicet ratione, ut non solum ipse, verum etiam omnis ex eo nascitura progenies, omnibus diebus vitæ suæ abbati Majoris Monasterii et fratribus ejusdem loci servili conditione serviat. Et ut hæc traditio certior et evidentior appareret, pro recognitione servi III^{or} denarios super caput proprium ponens, semetipsum omnipotenti Deo taliter obtulit. Nomina vero testium qui traditionem hanc videntes et audientes affuerunt, subter inserta sunt. Hildebertus coquus. Bernardus hospitalarius. Herveus de Ponte. Constantius de Blesis. Gualterius pistor. Rotbertus de elemosina. Odo Cornuellus. Guarnerius de elemosina.

CI

DE ENGELRICO SARTORE ET FRATRIBUS EJUS [1].

1032—1084.

Nosse debebitis, si qui eritis posteri nostri Majoris scilicet hujus habitatores Monasterii Sancti Martini, Hamelinum filium Gualterii de Vindocino, calumniam nobis de Engelrico sartore et fratribus ejus intulisse. Cujus calum-

---

(1) J'ai retrouvé, dans le cartulaire des possessions de Marmoutier dans le Vendomois (Bibl. royale, mss. latins, n° 5441), plusieurs des témoins nommés ici.

Hildegarius Caro Leporis est cité dans la charte XXVI (*Cartul. Vind. Maj. Mon.*), qui est donnée du temps de Geofroi II, c'est-à-dire 1040-1060.

Beringerius decanus est mentionné en l'an 1005, charte XXX (*ibid.*).

Teduinus de Rua Vassalaria, nommé dans la charte L (*ibid.*), donnée sous l'abbé Albert (1032-1064).

Fulbertus telonearius paraît dans la charte LXXXII (*ibid.*), donnée sous le même abbé Albert

Archembertus prepositus est cité plusieurs fois dans ledit cartulaire, sous l'abbé (Albert 1032-1064), dans la charte L (*ibid.*); en 1064, dans la charte VII (*ibid.*); en 1065, dans la charte XL (*ibid.*).

Benedictus Blanchardus paraît en 1003, dans la charte XLV (*ibid.*); en 1064, dans la charte VII (*ibid.*); en 1072, dans la charte XI (*ibid.*).

niæ talem afferebat rationem, ut diceret Gundacrum de Vindocino, qui Guarinum patrem eorum Sancto Martino et nobis in servum donaverat, non pro servo sed pro coliberto donasse. Unde placito apud Vindocinum constituto, presto ei habuimus quendam hominem nostrum de Scorcellis, Teelum nomine, qui sacramento et judicio Dei probaret, Gundacrium Guarinum patrem eorum lege servi prius, et nos postea dono ejus possedisse. Quod cum ipse dedicere non posset, sacramentum quidem recepit, sed judicium perdonavit. At cum hoc modo parum se obtinuisse cerneret, vertit se rursus ad aliam calumniam, et cœpit calumniari pro ancilla Helenam matrem eorum, quam Fulbertus quidam de Vindocino cujus fuerat juris, semper pro coliberta habuerat. Cui etiam calumniæ, per alterum nostrum hominem in eodem placito obviatum est, qui jure jurando voluit approbare, Fulbertum Helenam pro coliberta non pro ancilla habuisse. Quibus utrisque testibus convictus, Hamelinus cessit tandem concordie, et x de nostro acceptis solidis, omni dimissa calumnia, Engelricum et fratres ejus Sancto Martino et nobis perpetuo auctorizavit, sub his testibus qui interfuere. Sirus de Lengiacis, homo ejus. Archembaldus prepositus. Fulbertus telonearius. Rainaldus de Rua Vassalor. Fulco filius Frodonis. Gaufredus Ponfola. Ivio de Vindocino. Fulbertus filius Petri. Balduinus de Malliaco. Hildegarius Caro Leporis. Berengerius decanus. Benedictus Blanchardus. Arnulfus de Buziaco. Morinus famulus. Guarinus medicus monachus, qui placito affuit. Adelelmus de Vindocino, qui spinas ad judicium calefaciendum apportavit.

CII

DE ENGELRICO SARTORE [1].

1032—1064.

Nosse debebitis, si qui eritis posteri nostri Majoris scilicet hujus habitatores Monasterii Sancti Martini, Godefredum quendam de Blesis, filium Fulberti, ad quandam ipsius Sancti hiemalem festivitatem, cum Gelduino vicecomite convenisse, et adversum nos calumniam de Engelrico sartore novisse. Asserebat enim, non se nobis cum cum cæteris fratribus ejus, qui a suo in nostrum jus cesserant auctorizasse, sed illum solum exceptum fuisse; de aliis quippe fratribus illius favisse nobis se dicebat, de illo tantum negabat. Unde cum inter nos placitum Blesis ageretur, quidam de fratribus nostris, Hildebertus videlicet et Girardus atque Hildegarius illo missi, præsto in eodem placito quendam hominem nostrum Benedictum Blanchardum cognomine, ad deportandum calidum ferrum habuerunt, qui probaret se audisse et vidisse, nullam Godefredum de Engelrico fecisse separationem, sed illum nobis cum cæteris fratribus annuisse. Qua de re cum inter partes grandis altercatio agitaretur, prædicti fratres nostrum rectum pace quam jurgio exequi maluerunt; petentes itaque concordiam, Godefredo xxx" solidos, ut a cæpta calumnia desisteret, obtulerunt. Qui petitioni eorum adquiescens,

---

(1) La présence de plusieurs personnages nommés ici, dans d'autres chartes données sous l'abbé Albert, indique la date de cette pièce.

Godefredus de Blesis: XXVIII (1032-1064).
Gelduinus vicecomes: XXVIII et LI (1032-1080).
Hildegarius monachus: XXVIII (1032-1064).
Girardus monachus: XXIII (1032-1064).
Otbertus decanus: XXIII (1032-1064).
Guarinus vicarius: XVI (1061).

oblatum precium accepit; et, dimissis totius calumniæ querelis, Ingelricum nostrum fore in æternum denuo auctorizavit. Testibus qui interfuere istis : Otbertus decanus; Ebrardus canonicus Sancti Karileffi [1]; Benedictus canonicus Sanctæ Mariæ; Hugo filius Haimonis de Rupibus; Rainardus homo Godefredi; Hugo prepositus; Guarinus vicarius; Ebroinus Baconus; Guarinus coquus comitis; Ascelinus serviens comitis; Belinus joculator, qui denarios liberavit; Gauscelmus mercator; Hubaldus major; Rainerius cellararius; Gauterius et Hildradus famuli nostri.

CIII

DE COLIBERTIS QUOS DONAVIT GUANILO NEPOS DOMNI GUANILONIS MONACHI [2].

1063.

Nosse debebitis, si qui eritis posteri nostri Majoris scilicet hujus habitatores Monasterii Sancti Martini, militem quendam de Castro Lucacensi, nomine Guanilonem, domni Guanilonis monachi nostri ex fratre nepotem, rogatu hujus ipsius patrui sui, donasse Sancto Martino et nobis, sub regimine nunc agentibus domni abbatis Alberti, anno ab incarnatione Domini M° LX° III°, colibertos istos Algerium Petrarium, cognatum Gaufredi campionis et carpentarii, cum filiis duobus his nominibus, Girbergam sororem ipsius Algerii uxorem cujusdam Rogerii et Hermensendem cujusdam de Parciaco uxorem. Hos itaque, cum tota sua, si qua unquam vel quantacunque fuerit per secula futura posteritas, predictus miles pro amore præfati patrui sui, maxime vero pro redemptione animæ suæ, Deo et Sancto Martino nobisque donavit, donumque inde super altare

---

(1) L'église collégiale de Saint-Calais, dans le Maine.
(2) Une copie moderne de cette pièce se trouve dans les preuves de l'histoire manuscrite de Marmoutier, par D. Martenne (résidu S. Germain, paquet 96, n° 5).

nostræ ecclesiæ posuit. Testibus istis : Rotberto cellarario; Rotberto hospitalario; Hilduino sartore; Giraldo coquo; Hugone priore monacho; Guanilone monacho[1].

CIV

DE AUCTORAMENTO FLORIANI PRESBITERI ET FULCONIS FILII SUI, SUPER BERTA COLIBERTA UXORE GUANINCI.

1063.

Nosse debebitis si qui eritis posteri nostri Majoris scilicet hujus habitatores Monasterii Sancti Martini, presbiterum quendam Florianum nomine, de Vico Condatensi, donasse Sancto Martino et nobis sub regimine jam tunc agentibus domni abbatis Alberti, colibertam quandam nomine Bertam, uxorem Guaningi furnarii, cum fructu videlicet ventris ejus toto, sive jam existenti sive futuro. Quam etiam donationem ejusdem Floriani filius Fulco, post annos quidem plurimos, anno scilicet ab incarnatione Domini M° LX° III°, superstite adhuc domno abbate nostro Alberto, in nostrum veniens capitulum una cum ipso genitore suo, et auctorizavit, et quantum ipsius erat ipse quoque fecit, in participationem benefacti nostri pro hoc susceptus sicut fuerat, quando donum illud fecit et pater ipsius. Spoponderunt etiam tunc ambo, Adeladem et Ermenildem ejusdem Floriani filias, ejusdemque Fulconis sorores, una cum suis maritis Guarnerio videlicet de Belloforti et David de Monte Sorello, in idem capitulum post dies paucos esse venturas, et donationem patris ac fratris auctorizaturas. Testes horum : Frogerius mariscalcus; Stephanus carpentarius; Rotbertus hospitalarius; Herveus frater Rotberti; Arnul-

---

(1) Les noms de quelques uns des témoins manquent au manuscrit, si l'on en croit une note écrite à la marge par le copiste lui-même; elle est ainsi conçue : (nomin)a quæ desunt require... Gaufredo campione ; le relieur en a enlevé quelques lettres. Le copiste, dans l'espérance de retrouver les témoins dont les noms lui manquaient, a laissé une ligne en blanc dans le manuscrit.

fus Frumentinus; Boselinus pistor; Constantius Tallit Ferrum; Ledaldus Camerlenus; Giraldus coquus; Nihardus coquus.

CV.

DE RADULFO ET GAUFREDO ET CONSTANTINO SERVIS EFFECTIS.

1062.

Nosse debebitis, si qui eritis posteri nostri Majoris scilicet hujus habitatores Monasterii Sancti Martini, Radulfum quendam, filium Radulfi, de villa quæ dicitur Ricrox, in pago Biturigensi, ut a Deo libertatem consequatur æternam, in servitutem sese tradidisse Sancti Martini et nostram, agentibus nunc nobis sub regimine domni abbatis Alberti, anno ab incarnatione M° LX° II°; ita scilicet, ut tam ipse, quam tota deinceps ex eo suisque, si qui unquam fuerint filiis ac nepotibus, per secula futura posteritas, sub eadem servitute pari jure permaneat. Quattuor itaque denarios ex more sibi supra caput posuit, quos inde domnus Fulco noster hoc tempore prior accepit. Eandem etiam servitutem ante menses aliquot, alii quidam duo subierant his nominibus Gaufredus et Constantinus. Quos cum in furto rerum nostrarum quas ipsi nobis servare debebant deprehendissemus, et unde nobis redderent quod furati fuerant non haberent, seipsos in perpetuum servos Sancti Martini tradiderunt et nostros. Acta sunt hæc utraque et de Radulfo illo scilicet et de duobus istis, pro diversitate temporis, testibus diversis, quos idcirco distincte placuit infra notare. De Radulfo: Guarino clerico; Mainardo cellarario; Huberto camerleno; Benedicto sartore; Boselino pistore; Vitale pistore; Haimone coquo; Ingelgerio scutellario. De Gaufredo et Constantino: Frodone medico; Rotberto hospitalario; Hilduino sartore; Hermando de Ponte; Michaele Rufo; Arnulfo sartore; Ursione coquo.

CVI

DE GANDELBERTO SERVO ET GIRBERGA ANCILLA UXORE ILLIUS[1].

1064—1084.

Nosse debebitis, si qui eritis posteri nostri Majoris scilicet hujus habitatores Monasterii Sancti Martini, quod quidam homo de Vindocino, Gandelbertus nomine, qui jam ante servus Sancti Martini Majoris Monasterii factus fuerat et noster, uxorem duxit de eadem provincia Girbergam nomine, quæ et ipsa jam olim facta erat ancilla nostra, nubens quidam servo nostro. Sed iste Gandelbertus aliquando cum se servum nostrum non bene recognosceret, cepit eum ilico domnus Odo prior noster, et ad Majus Monasterium adduxit, ibique tam diu eum in carcere tenuit, donec ille se servum esse confessus est. Et ne iterum hoc negaret, venit in capitulum cum uxore sua, ibique ad recognitionem servitutis, posuit uterque super caput suum III^{or} denarios quos domnus abbas inde accepit coram testibus istis : Giraldo piscatore; Giraldo filio Lamberti; Giraldo coquo; Odone coquo; Durando mariscalco; Petro coquo; Lealdo cubiculario; Girardo famulo de Lavarzino; Vaslino cellarario; Drogone de Tavenno; Huberto famulo de Semitario; Radulfo de Semitario.

---

(1) La date de cette pièce est fixée par les personnages suivants que nous retrouvons dans des chartes données sous l'abbé Barthélemi.

Odo prior : CXVI (1064-1084).
Odo coquus : LXXVI (1069).
Giraldus coquus : III (1061-1084).
Petrus coquus : LXXVII (1032-1064); LXVII (1062); VIII (1064-1084).

CVII.

DE UNCBERTO DE VESTENNO SERVO EFFECTO.
1032—1064.

Notum sit universis successoribus nostris quod Uncbertus filius Constabuli de Vestenno, libero genere ortus, cum nichil karius haberet quod omnipotenti Deo potuisset offerre, semetipsum pro ejus amore Sancto Martino Majoris Monasterii, in domni Alberti abbatis presentia, tradidit in servum; ea videlicet ratione, ut non solum ipse, verum etiam omnis ex eo nascitura progenies, omnibus diebus vitæ suæ abbati Majoris Monasterii et fratribus ejusdem loci servili conditione serviat. Et ut hæc traditio certior et evidentior appareret, pro recognitione servi IIII^{or} denarios super caput proprium ponens, semetipsum omnipotenti Deo taliter obtulit. Condonavit etiam quicquid habebat preter medietatem, quam suis necessitatibus hoc pacto reservavit, ut ea et quicquid plus in die obitus sui habuerit, totum in dominio Sancti Martini monachorumque ejus sit. Nomina vero testium qui traditionem hanc videntes et audientes affuerunt, subter inserta sunt. Rotbertus capellanus. Rainaldus coquus. Fredebertus Jotarz. Frodo. Rainaldus pistor. Ebrulfus cellararius. Durandus forestarius. Michael Rufus.

CVIII.

DE OTBERTO BERGERIO SERVO FACTO [1].
1032—1084.

Otbertus bergerius, cum esset liber homo duxit uxorem quandam ancillam Sancti Martini; qua defuncta, duxit quandam liberam feminam uxorem. Cum hoc rescisset

(1) Les témoins de cette charte paraissent sous l'abbé Albert et sous l'abbé Barthélemi.

prior noster tunc domnus Odo, misit eum in placitum, et calumniatus cum ad servum. Quam calumniam cum ille non posset refellere, recognovit se servum Sancti Martini, positis ex more IIII^{or} denariis super caput suum. Similiter et uxor ejus Plectrudis nomine, nolens dimittere virum suum, et ipsa posuit IIII^{or} denarios super caput suum et effecta est ancilla. Et quamvis non simul hoc facerent, ad utrumque tamen testes isti affuerunt : Bernardus major; Rainardus Caput Villani; Gauterius de Chinsi; Mainardus filius Galcherii; Haimo coquus; Herveus coquus; Ingelbertus major; Rainaldus coquus; Lambertus de Fontibus; Teudo de Rupeculis.

CIX

DE EO QUOD HAMELINUS ET LODONIUS DIMISERUNT CALUMNIAM DE RAINERIO DE BELVIDERE.

1023—1064.

Avisgodus[1] pater Hamelini de Vindocino habuit servos communes cum Sancto Martino, id est Rainerium de Bello Videre et fratres ejus sive sorores. In partitione ergo quando partiti sunt servi, evenit Rainerius ad partem Sancti Martini. Postea Hamelinus filius Avisgodi reclamavit Rainerium, et arramivit Rainerius portare judicium quod ita esset, ipse servus Sancti Martini jure, ut Hamelinus in eo jus non haberet, quia pro eo acceperat pater ejus de sororibus

---

Odo prior : CXVI (1064-1084).
Bernardus major : VI (1064-1084).
Gauterius de Chinsi : III (1032-1084).
Ingelbertus major : III (1032-1084).
Rainardus Caput Villani : LXIX (1032-1064).
Rainaldus coquus : CVII (1032-1064).
Haimo coquus : XX (1061); CV (1062).
Herveus coquus : III (1032-1064).

[1] On voit Avisgode, père d'Hamelin de Vendôme, paraître de 1023 à 1063 (chartes XLIII et XLIV).

suis in partitione. Cumque venisset dies portandi judicii, et ille paratus esset portare, noluit illud recipere Hamelinus, sed recognovit tandem quia vere habuerat pater suus Avisgodus pro Rainerio sororem ejus nomine Benedictam, cujus filiam adhuc nunc habebat ipse Hamelinus in servitio suo. Quod cum audientibus omnibus qui aderant confessus fuisset, dimisit calumniam. Similiter etiam dimisit Lodonius qui ibidem aderat, quia et ipse eum calumniabatur eum. Et ita ambo, Hamelinus scilicet et Lodonius clamaverunt Rainerium solutum et quietum Deo et Sancto Martino. Testibus istis : Stephano Michaele; Ermenardo closario; Algerio de Tristo; Frodone; Rainaldo Tailla Petit; Rainerio Fabro; Johanne hospitalario; Johanne piscatore; Lealdo Godino; Fulcherio Forfacto; Bernerio piscatore; Roculfo fullone; Constantino Hardreio; Amalrico filio Berengerii; Richerio filio Guarini; Girardo piscatore; Gauterio filio Guaterii portarii.

CX

DE RAINALDO COTERELLO ET ALBERGA UXORE EJUS, SERVIS EFFECTIS.

1065.

His litterarum apicibus volumus fore notum posteris nostris, hoc scilicet in loco Majoris Monasterii habitaturis, duos homines maritum et uxorem, masculus vocabatur Rainaldus, femina Alberga, divino timore compunctos, in capitulum nostrum venisse, seseque, cum ex ingenuis natura parentibus procreasset, servos Sancto Martino nobisque sub tanto patrono jam dicto in loco Deo famulantibus monachis tradidisse. Indubitanter enim credebant, licet imperiti sermone non tam sensu, per hanc servitutis obligationem illud absolvendum vinculum quod peccando contraxerant. Adduxerant etiam secum duos puerulos suos, quos genuerant sexus utriusque, quos simili conditioni subdideré. Sed et omnem fructum qui ex eis nascendo procederet, nostræ proinde ditioni manciparunt, tam in filiis et filiabus quam in cæteris successionis gradibus, et in illa quoque generatione, ubi jam longa progessionis series patrum filiorumve vel cæterorum graduum superiorum et inferiorum nomen non recipit, sed majores tantum minoresque solent vocari, donec decedendo et non succedendo ad ultimum generationis, quod quidem rarius sed tamen contingere solet, perveniatur, qui et ipse nichilominus eodem servitutis nomine censebitur. Posuit itaque homo ille iiii^{or} denarios super caput suum, ut moris est, quasi tributum ejusdem et recognitionem ex tunc se non sui, sed nostri esse juris, et hoc ob memoriam tam suam quam nostram, quotannis dum viveret facturum affirmavit. Actum est hoc in presentia domni abbatis nostri Bartholomei, anno ii° regiminis sui, et m°lx°v° ab incarnatione Domini. Adhibitis de familia nostra testibus istis : Sigemaro cellarario ; Giraldo coquo ; Bernardo coquo ; Ursione coquo ; Ulrico Perdriello ; Guillelmo infirmario ; Hilduino sartore ; Hildemaro sanguinatore ; Garnaldo tannatore.

CXI

DE VIVIANO CAPRARIO SERVO EFFECTO.

1064.

Nosse debebitis, si qui eris posteri nostri Majoris scilicet hujus habitatores Monasterii Sancti Martini, Vivianum quendam caprarium, et uxorem ejus nomine Richildem, ut a Deo libertate donentur æterna, servos sese perpetuos Sancti Martini tradidisse et nostros, filios quidem duos quos jam habuit his nominibus Johannem et Vivianum, et filias Hermensendem atque Tetbergam, ut fierent nostri similiter servi cogere noluerunt, sed ut sponte propria si quando voluerint fiant, potestati reliquerunt ipsorum. Cæterum si quos deinceps alios habuerint, eorum juris fore filios quorum sunt et parentes dubium non erit. Acceperunt autem ambo ipsi Vivianus scilicet atque Richildis, participationem totius nostri deinceps benefacti, et sponsionem quod mortui sepulturæ tradantur a nobis si afferantur a suis, cum ea videlicet rerum parte suarum quam tunc voluerint vel potuerint relinquere nobis. Actum anno ab incarnatione Domini m°lx°iiii°, agentibus nunc nobis sub regimine domni abbatis Bartholomei. Testibus istis : Achardo nepote Dernaldi; Durando forestario; Nichardo coquo; Tetbaldo piscionario homine Sancti Martini ; Archembaldo pistore ; Otgerio famulo elemosinarii ; Sigemaro cellarario ; Giraldo Muciolo ; Giraldo sartore.

CXII

DE MAURICIO FILIO INGELBALDI DE PONTE CLERICO EFFECTO[1].

1061—1084.

Nosse debebitis, si qui eritis posteri nostri Majoris scilicet hujus habitatores Monasterii Sancti Martini, domnum abbatem nostrum Bartholomeum et nos, quendam de servis nostris, nomine Mauricium, filium Ingelbaldi de Ponte, tali convenientia clericasse, ut presbiter efficiatur ex quo etas ejus permiserit ; effectusque mox, in quacunque ecclesiarum nostrarum voluerimus officium assiduet presbiteratus. Præterea ut caste se agat et pudiciciam tueatur. Quod si impudice egerit, aut in solo remanserit clericatu,

---

(1) Une copie moderne de cette pièce se trouve dans les preuves de l'histoire manuscrite de Marmoutier, par D. Martenne (Bibl. royale, résidu S. Germain, paquet 96). Une autre copie faite aussi au dix-huitième siècle, existe à la Bibl. Roy., sect. des Mss , collect. des copies de chartes, carton XXV; elle est très exacte, et toutes les abréviations qui étaient sur la charte originale ont été fidèlement rendues par le copiste, suivant le système de la *Record's commission*. La notice, conservée aux archives de Marmoutier, était sur une feuille de parchemin de cinq pouces de haut sur neuf de large; elle n'offre d'autre variante avec le manuscrit du *Liber de servis* que *subjicientur* au lieu de *subicientur*.

pro quolibet horum tam ipso, quam et fructus ipsius, si infantes habuerit, servituti subicientur; cum pro hoc, sicut jam dictum est, cum clericaverimus, ut ordinatus presbiter in ecclesiis nostris sub omni castitate deserviat. Unde se ipsum fidejussorem dedit, testibus istis : Frotmundo matriculario, ejusdem avunculo; Otgerio presbitero; Herveo sartore; Isembardo filio ejus; Petro Maliloquo; Johanne de Blesi.

CXIII

DE MAINARDO ET UXORE SUA, SERVIS FACTIS SANCTI MARTINI.

1092.

Nosse debebitis nostri successores Majoris Monasterii monachi quod quidam miles, Jozo nomine, habebat quosdam servos, Mainardum videlicet bergerium monachorum nostrorum de Orchasa, et uxorem illius nomine Hersendem, cum fructu eorumdem; anno ab incarnatione Domini M° XC° II°, Majus Monasterium ipse Jozo et filii sui Hubertus et Petrus, accepta pecunia ab illo Mainardo, fecerunt illos liberos, et concesserunt Beato Martino et suis monachis illos perpetuo jure habendos. Quo facto, in eodem capitulo devenit ille Mainardus servus Beati Martini et suorum monachorum, per IIII^{or} denarios, sicut moris est. Jozo autem et filii sui promiserunt nobis, quod si aliquis illos calumniaretur, nobis ipsi adquietarent eos quamdiu viverent. Actum in presentia domni Bernardi abbatis, regnante Philippo rege in Francia. Testes qui affuerunt sunt hii; de sua parte : Sulpicius Uvaipus, Johannes Bellus de Ambazia; de nostris : Hubertus cellararius, Lealdus Bodinus, Rotbertus de Beziaco, Hubertus Guimundellus, Gaufredus Abjectatus, Berbertus Malus Ratus, Godefridus de Orcasa, Landricus Bibe Sarpam, Landricus Pertusus, Albertus pistor.

CXIV

LIBERATIO ROTBERTI FILII ODONIS SCOTI, A JUGO SERVITUTIS.

15 augusti 1091.

Anno ab incarnatione Domini M° XC° I°, in die Assumptionis Sanctæ Mariæ, cum domnus abbas Bernardus cantabat missam dominicam, clericavit Rotbertum filium Odonis Scoti, quem ipso die liberaverat a jugo servitutis, in capitulo nostro annuentibus omnibus senioribus; tali scilicet ratione, ut caste vivat, et monachos semper honoret, et eis prout dominis suis serviat; quod quamdiu fecerit, dimittet ei domnus abbas hereditatem suam habere, ita tamen ut, nemini eam vende[1] poterit vel dare, quia nostra est. Et si aliter vixerit et ministerio suo minus intentus fuerit, et hereditatem suam in nostram accipiemus, et ipse jugo pristine servitutis collum summittet. Testes, qui hoc viderunt et audierunt, subnotantur. Hubertus cellararius. Algerius sacrista. Haimericus maritus Bone Matris. Herveus Callidus. Boselinus filius Constantii Bacea Acuta.

CXV

DE ERMELINA ANCILLA QUAM ROTBERTUS DE RUPIBUS NOBIS DEDIT.

12 julii 1096.

Sciant omnes quod Rotbertus de Rupibus et mater sua nomine Sibilla venerunt in capitulum nostrum Majoris scilicet Monasterii, rogaveruntque nos multum humiliter et obnixe, ut exoraremus Dei benignissimam pietatem, pro animabus Tetbaudi patris ejusdem Rotberti, et precipue

---

(2) *Sic* pour *vendere*.

Lisoii clerici fratris ipsius, qui juvenis contra spem eorum nuper obierat; quorum supplicationi gratanter annuimus. Dederunt itaque inibi Deo et Beato Martino atque nobis, quendam suam ancillam, cum omni fructu quem vel jam pepererat, vel deinceps paritura erat, Ermelinam nomine, uxorem Odonis de Rupiculis. Cujus rei donum prius posuerunt in manu domni Gisleberti prioris claustri, et deinde obtelerunt ipsum super altare dominicum, anno dedicationis [1] ipsius ab Urbano papa facto, in crastino translationis estivalis Beati Benedicti. Cujus rei testes sunt, hi ex parte ipsorum : Alexander de Rupibus; Ingelbertus Felion; Sulpitius puer; Savaricus miles comitis Fulconis [2]; Hugo Pectrina. Ex parte nostra : Landricus cocus et Rainaldus frater ejus; Bernardus salnerius; Johannes hospitalis; Vaslinus Rufellus; Othgerius mariscalis; Haimericus de infirmaria.

CXVI

NOTITIA DE SERVIS COMITIS HILDUINO, GUIDONE ET HERBERTO [3].

1064—1100.

Posteris nostris notum fieri duximus esse necessarium, quod fuerunt servi Beati Martini, Oricus et uxor illius Hildeburgis, ex quibus nati sunt filii et filiæ, quorum filiam nomine Gerlendem duxit quidam servus Fulconis [4] comitis Andegavorum, nomine Michael, et ex illis sunt nati filii et filiæ servi et ancille supradicti comitis. Ex illis autem tres scilicet Hilduinus, Guido et Herbertus, mortuo avo

---

(1) La dédicace de l'église de Marmoutier par le pape Urbain II eut lieu le 10 mars 1096 (nouv. style).

(2) Foulque IV Rechin, comte d'Anjou et de Touraine (1060-1109).

(3) Les événements racontés dans cette charte se sont passés à deux époques bien distinctes : d'abord sous l'abbé Barthélemi (1064-1084); puis sous l'abbé Bernard (1084-1100).

(4) Foulque IV Rechin, comte d'Anjou et de Touraine (1060-1109).

eorum supradicto Orico, et avia Hildeburge, cum fratribus suis, servis scilicet Beati Martini, terras, domos, vineas quasi comunem a patribus suis hereditatem partiri. Hoc autem cum nullus eis, immo nec lex ipsa concederet, domno Bartholomeo abbate, domno Odone Belesmensi priore, et domno Hugone preposito de Capella, et Guarnerio majore, clamorem fecerunt quasi de ablata hereditate. Ventum est in causam, ubi et diffinitum est in audientia omnium qui aderant, nullam eos habere partem cum servis Beati Martini in hereditate illa, licet accedente aliqua occasione cognationis. Sed illi non contenti diffinitione illa, violentia comitis domni sui recuperare credentes, quod in placito supradicto non poterant, retulere ad ipsum comitem vim fieri sibi et injuriam. Cum vero de eodem ageretur in curia ipsius, juditio Guidonis Nunnensis[1], et Rotberti Burgundionis, et Guillelmi Archemgeri filii, et Hugonis de Turi, audierunt ipsi etiam et comes nullam eos habere partem in rebus Sancti, et cum servis ecclesiæ quamvis fratribus. Ipsi tamen tantorum virorum non credentes juditio, multa contradicentes, et quod sibi aliquando justitiam quererent conminantes, illos audierunt. Ad ultimum domno Bernardo abbate, domno Gausmaro priore, domno Herveo de Capella preposito, de ejusdem quasi hereditatis injuria, ipse comes clamorem fecit, ad ipsum abbatem in loco ubi Ad Harenas dicitur, ubi et eidem respondit Gausfredus de Meduana frustra illum hanc facere querimoniam, quia nullam hujusmodi communionem servi sui cum servis Sancti haberent. Adhuc tamen illi non cedentes, dicebant quia quod suum esse debebat non dimitterent, comes quia pati nollet ut servi sui hereditatem suam amitterent. Ad ultimum, post minas, post dicta, post multa facta illorum, ne semper clamores, calumnias sustineret ecclesia, pax cum

---

(1) *Sic* pour *Nivernensis*.

illis et concordia facta est, datis xv^{lm} libris atque omnem calumniam guerpiverunt, pro se, pro filiis, pro nepotibus immo pro omnibus parentibus suis, quos ab hac calumnia possent revocare, et istam guerpitionem sacramento manu sua facto corroboraverunt. Adhuc autem ut fideliores essent fratribus et rebus ecclesiæ, datum est illis ut essent a die illa et deinceps participes benefitiorum et sotietatis nostræ, et quia idem illis in capitulo fieret promissum est, et hoc illi petierant. Promisit etiam ipse comes monachis Majoris Monasterii Hugoni, Jacobo, Herveo in fide sua, quod si aliquando hanc repeterent calumniam, de castellis et de receptibus suis expelleret eos, insuper et contra eos adjutor et derationator esset ecclesiæ. Testes hujus concordie sunt : Arnulfus prepositus, Seibrandus de Currone, Rotbertus miles de Cainone, Gualterius tannator, Drogo de Riveria, Stephanus Ruil, Goslinus filius Railnaldi Manigot, Hugo de Calvo Monte, Herveus de Vulget, Aimo Betnosa, Sanctius de Bles, Bonellus filius Frotmundi, Girardus filius Alduini, Gausbertus Paganus, Martinus famulus, Benedictus famulus, Odo famulus, Radulfus monacus, Hainricus, Herveus.

CXVII

CARTA RAINALDI, BERTE, ERMENSENDIS ET GUNTILDIS.

1088.

Notum sit omnibus Sanctis Dei æcclesiæ fidelibus, quod ego Rotbertus de Rupibus, et Sibilla mater mea, et Lisoius frater meus, et Harduinus thesaurarius avunculus meus, habebamus quendam servum nomine Rainaldum, et tres ancillas Bertam, Ermensendem et Guntildem. Mortuo autem Telbaudo patre meo, absolvimus eos ab omni jugo servitutis, et fecimus eos liberos, pro anima patris mei Tetbaldi, et pro redemptione animarum nostrarum. Et ut ista liberatio firma et stabilis permaneret, dum patris mei corpus terra operiretur, fecimus singuli singulas cruces in carta ista super capita eorum. Hoc totum factum est anno ab incarnatione Domini M° octogesimo octavo. Nomina testium qui hoc audierunt et viderunt, in hac eadem carta continentur. Harduinus thesaurarius. Lisoius. Sibilla mater ejus. Alexander de Rupibus. Gaufridus de Sancto Amando. Marcherius. Johannes frater ejus. Ingelbertus Felion. Herveus filius Milesendis. Gaufredus corvisarius. Tetbertus filius Adelelmi. Galterius filius Salomonis. Rotbertus filius Racianæ. Petrus filius Adelelmi. Gaufredus Lupellus. David de Porta. Gaufridus Lugdovicus. Hubertus Guzegres. Archerius filius Ingelberti. Durandus filius Galoii. Martinus filius Galoii. Hugo filius Rotberti. Martinus miles. Sulpitius de Rupibus. Guicardus. Fulcho de Ciconiis. Petrus de Glanders. Rotbertus filius Alexandri. Airaldus Feiretus. Isembardus filius Rainaldi. Guinebertus de Sancto Juliano. Iterius de Sancto Juliano. Harduinus homo Sancti Juliani. Rotbertus filius Adelardi.

† † † †

CXVIII

RECOGNITIO GALTERII ERMENTRUDIS[1] SERVI NOSTRI[2].

Circa 1096.

Notum sit omnibus quod Galterius Aremtrudis de Relliaco dixerat se non esse servum Beati Martini Majoris Monasterii et nostrum, scilicet ejus monachorum : unde penitens venit in capitulum nostrum, conductu domni Hatonis fratris nostri, tunc prioris Relliaci; et positis IIII^{or} denariis super caput suum, recognovit se servum Beati Martini esse atque nostrum, vidente Johanne hospitalario.

---

(1) *Sic* pour *Aremtrudis*.
(2) Un seul personnage sur les trois nommés ici nous est connu :
Johannes hospitalarius : CXV (1096).

CXIX

NOTITIA DE PINELLO FACTO SERVO.

1084—1100.

Noverint posteri nostri quod quidam nutritius noster, Pinellus nomine, dedit se ultro in servum Beato Martino et nobis; quod factum est in camera Bernardi[1] abbatis, qui tunc infirmus erat. Testes hujus rei sunt : Sanzelinus cellararius, Guinebaldus, Martinus de Capella, Erchenbaldus de Fontenedo, Rotbertus Tortus Capellus, Haimericus infirmarius.

CXX

NOTITIA DE BENEDICTO FACTO SERVO.

1084—1100.

Scire debetis, si qui fueritis posteri nostri Majoris scilicet Monasterii monachi, quod Benedictus quidam famulus noster, cum ingenuus esset, devenit servus Sancti Martini, et domni abbatis Bernardi, et omnium monachorum Sancti Martini, in capitulo nostro. Et pro eo, donavit ei domnus abbas Bernardus unum arpennum vineæ, ad suum perhabere, tali conditione, ut si ipse Benedictus infirmaretur in servitio Sancti Martini, aut ad tantam paupertatem deveniret, quod vendere cogeretur, si monachi emere vellent, viginti solidos eis levius daret quam aliis. Sin autem, per licentiam domni abbatis, venderet cui vellet ex nostris hominibus quantum plus posset, nam extraneo nullatenus vendere poterit. Alterum arpennum tenebat a nobis in fevo, quem concessit ei domnus abbas in vita sua tantum, similiter in fevo, sicut prius tenuerat. Hujus rei testes sunt : Hubertus cellararius, Galterius Camailardus, Sanzelinus, Hilgodus.

---

(1) L'abbé Bernard gouverna l'abbaye de Marmoutier de 1084 à 1100.

CXXI.

DE RAINALDO DOARDO, ET HERVEO, ET GAUFREDO FACTIS SERVIS[1].

1081—1096.

Noverint nostri presentes et posteri tres juvenes apud nos adultos, his nominibus, Rainaldum Doardum coquum, et Herveum pistorem, et Gausfredum scutellarium, uno die simul venisse in capitulum nostrum, seque tradidisse servos Sancti Martini et nostros, monachorum scilicet Majoris Monasterii ipsius Sancti, imponentibus ex more singulis super capud suum IIII^{or} denariis. Videntibus et audientibus istis : Odone cellario, Archembaldo nepote Garini, Arnulfo Gazello, Algerio de Ristega, Algiso coquo, Landrico coquo, Mainardo sanguinare.

CXXII

DE ANCILLA CONSTANTIA NOMINE[2].

980—1032.

In nomine summi salvatoris Dei, ego quidem Marannus, gratia Dei miles, notum immo et percognitum volo fieri cunctis sancte Dei ecclesiæ fidelibus, maximeque successoribus meis, quoniam adiid presentiam meam quidam

---

(1) Les personnages suivants, que nous retrouvons dans notre cartulaire, nous ont servi à fixer la date approximative de cette charte :

Odo cellararius : CXXV (1081).
Arnulfus Gazel : XI (1053-1088).
Algisus coquus : CXXV (1081).
Laudricus coquus : CXXIII (1093); CXV (1096).

(2) La rubrique du manuscrit porte contia; mais le titre mis en marge, et que devait copier celui qui écrivit ces rubriques, porte Constantia, que j'ai cru devoir restituer. Cette charte, d'après son style général, me semble appartenir à la fin du dixième siècle ou au commencement du onzième.

fidelis meus, nomine Heriveus, deprecans ut concederem monachis Monasterii Majoris quandam mulierem, nomine Constantiam, jugo servitutis michi subditam, quam ex benefitio meo idem Heriveus tenebat, et vinculo conjugali cuidam homini nomine Gauzlino jam dudum erat conexa. Cujus deprecationem benigne suscipiens, concessi eis predictam feminam cum infantibus suis; acceptis a monachis III denariorum libris. Ut autem hec carta pleniorem in Dei nomine obtineat vigorem, manu propria eam firmavi, et manibus filiorum fideliumque meorum corroborandam porrexi. S.[1] Maranni. S. conjugis ejus Engelaidis. S. filiorum ejus Guanilonis et Marrici. S. Hervei qui hanc fieri rogavit. Hescelinus fratris[2] ejus. S. Herivei Alcherii. S. Acfedi Centum Solidos. S. Arderadi. S. Anscherii. S. Rainaldi. S. Marrici.

CXXIII

NOTITIA DE FULCRADO DOBLELO ET GALTERIO FRATRE EJUS, RECOGNOSCENTIBUS SE SERVOS SANCTI MARTINI.

1093.

Notum sit omnibus quod Fulcradus Doblelus et Galterius frater ejus denegaverunt se esse servos Sancti Martini et manachorum Majoris Monasterii. Anno autem ab incarnatione Domini M° XC° III°, venientes ambo in locutorium, quod est ante hostium claustri, recognoverunt se male egisse, et tunc, ut mos est, ponens unusquisque illorum IIII°r denarios super capud suum, recognoverunt se servos esse Beati Martini et monachorum ejus. Actum est hoc coram domno Bernardo priore, videntibus istis : San-

---

(1) Le S. pour *signum*, figuré comme la note tironienne de *subscripsit*. Voir la note 1 de la charte X.

(2) *Sic* pour *frater*.

celino cellarario, Leardo de Partiaco, Erchembaldo Borello, Ercembaldo corvesario, Ansegiso bucherio, Gaufredo fratre ejus, Rainaldo fratre Landrici coci, Bernardo nepote Gaufredi corvesarii, Johane filio Ivelini, Densberto de Britiniaco; de monachis : Odone de Chamartio, Petro de Partiaco, Hugone preposito de Capella, Gausfredo de Baiocis. Eo tempore quod hec acta sunt preerat Majori Monasterio domnus abbas Bernardus.

CXXIV

DE CHRISTIANO BRITONE SERVO FACTO, ET DE GALCHERIO[1].

1081—1096.

Noverint omnes posteri nostri quod quidam Brito, nomine Christianus, venit ad Majus Monasterium, et ibi aliquandiu conversatus est; vidensque monachorum religionem, et eorum familiæ conversationem, spontanea voluntate poposcit Beati Martini et monachorum ejus servus fieri, et de famulis eorum unus haberi; quod et factum est. Veniens igitur in capitulum monachorum, posuit super capud suum IIII^{or} denarios dicens : « Per istos IIII^{or} denarios trado me servitio Sancti Martini monachorumque ejus. » Hoc viderunt et audierunt et testes sunt hujus rei : Sancelinus cellararius filius Otberti, Durandus cocus, Rainaldus Doardus, Rainaldus filius Landrici, Ingelbaldus de Ponte, Gaufredus Abjetatus, Mainardus sanguinator.

[1] J'ai déterminé la date approximative de cette charte d'après divers témoins déjà mentionnés dans ce cartulaire.
Sancelinus cellararius: CXIX (1084-1100); CXXIII (1093); CXXVII (1097).
Durandus coquus: XVI (1061); CXXV (1081).
Ingelbaldus de Ponte: CXII (1064-1084).
Landricus coquus: CXXIII (1096); CXV (1096).
Rainaldus Doardus : CXXI (1081-1096).
Mainardus sanguinator : ibid.

Simili modo factus est servus noster quidam homo Gaucherus nomine. Cujus rei testes sunt : Laudricus cocus, Letardus major, Ingelricus, Sancelinus cellararius, Mauritius.

CXXV

DE QUODAM JUVENE ADAM NOMINE, SERVO FACTO.

1081.

Noverint nostri presentes et posteri juvenem quendam, nomine Adam, arte carpentarium, ex libero genere ortum, sponte propria servum esse factum Sancti Martini et nostrum, positisque ex more IIII^{or} denariis super capud suum, per eos se cum tota si qua fuerit stirpe sua, tradidisse serviturum Sancto Martino et nobis suis Majoris Monasterii monachis, tam presentibus quam futuris, per manum domni abbatis nostri id tempus Bartholomei, anno ab incarnatione Domini M° LXXX° I°. Testibus istis : Odone cellario, Martino cellario, Ledaldo camerlenco, Algiso coquo, Bernardo coco, Durando coco, Abrammio ostiario.

CXXVI

DE GIRALDO ET UXORE EJUS DODA[1].

1081—1090.

Noverint nostri presentes et posteri hominem quendam, nomine Giraldum, arte molendinarium, et uxorem ejus Dodam, ex libero genere ortos, sponte propria servos

---

(1) Sur tous les personnages nommés ici, à peine en trouvons-nous deux mentionnés dans ce cartulaire.
Martinus cellararius: CXXV (1081).
Archembaldus nepos Garini : CXXI (1081-1090).

esse factos Sancti Martini et nostros, hoc est monachorum Majoris Monasterii ipsius Sancti, et ob hoc venisse in capitulum nostrum, traditionemque sui, ac suæ si qua unquam fuerit posteritatis, ibi fecisse nobis, IIII^{or} denariis super capud suum, ut mos est, impositis. Omnium quoque que possidebant, vel habebant, sive deinceps habituri erant, pariter fecerunt traditionem; tali ratione, ut quilibet eorum prior obierit, mox illius pars ex omnibus quecumque habuerint nostra sit. Testes horum : Martinus cellararius, Rainardus de Dalmariaco, Archembaldus nepos Garini, Arnulfus de Relliaco, Vaslinus sartor, Morinus filius Vicentii Lavandarii, Fulbertus bergerius de Fraxino, Arnulfus famulus de Capella, Raimbertus bovarius.

CXXVII

NOTITIA DE VITALI SERVO.

3 januarii 1097.

Noverint omnes quod Otbertus bergerius combussit quandam grangiam nostram, et cum non haberet unde emendationem ejus nobis persolveret, devenit ideo servus Beati Martini Majoris Monasterii atque noster, una cum Pletrude uxore sua, sicut in alia scriptum est carta[1]. Cum ergo filium ejus Vitalem tunc puerum reclamaremus pro servo nostro, voluit mater ejus probare per calidi ferri juditium, illum id est Vitalem, antequam nostri fierent, jam natum esse; sed inde se recredidit, cum jam esset calefactum ferrum juditii. Non tamen adquievit idem Vitalis recognoscere se nostrum esse servum, sed tempore multo

---

(1) Nous avons, en effet, dans ce cartulaire (charte CVIII) une pièce où il est question d'un berger Otbert, marié à une femme nommée Plectrude; mais ils deviennent tous deux serfs par mariage et non par suite de l'incendie d'une grange dont ils ne peuvent payer le dommage.

subterfugit nostrum dominium. Cum ergo diu hoc fecisset, tandem penituit, et veniens in capitulum nostrum, per iiii°ʳ denarios super capud suum a se ipso positos recognovit nostrum se esse servum. Postea vero negavit, et inde fecit multas injurias nobis et rebus nostris. Tandem autem, anno dedicationis basile[1] nostri monasterii ab Urbano papa facte, iii nonas januarii rediit in capitulum nostrum et confessus est se pecasse, et sic iterum per iiii°ʳ denarios a se capiti suo superpositos recognoscens esse se nostrum servum, filiumque suum quem solum tunc habebat similiter recognovit esse nostrum servum. Quod viderunt et audierunt : Sancelinus cellararius, Arnulfus cellararius, Lisiardus de Capella, Herveus de Monediaco, Rotbertus de Chimsiaco, Stephanus de Fontanis.

(1) *Sic* pour *basilice*.

APPENDIX

LIBRI DE SERVIS

MAJORIS MONASTERII.

I

VILLÆ BERFODII DONATIO.

1032 — 1064.

Nosse debebitis, si qui eritis posteri nostri, Majoris scilicet hujus habitatores Monasterii Sancti Martini, Nivelonem filium Guarini Sine Barba, donasse pro sua ejusdemque patris sui Guarini ac matris Hersindis animabus, Sancto Martino et nobis, sub regimine nunc agentibus domni abbatis Alberti, quandam terram in Vindocinensi pago sitam, quæ vulgo appellatur Villa Berfodii; donasse vero eam solidam et quietam cum omni integritate sui, cum consuetudinibus omnibus et aqua ad ipsam pertinente terram, et area unius molendini, et uno quoque coliberto Hildeberto nomine, cum toto ejus jam ex se nato vel nascituro fructu. Annuit ad hoc Ivo de Curba Villa, dominus ejus, cum liberis suis his nominibus : Girogio, Rudolfo, Ivone atque Hugone, de quo ipse Nivelo prædictam terram in fevum videbatur tenere. Guanilo quoque Thesaurarius de quo Ivo tenebat, et ipse nichilominus annuit. Tetbaldus comes horum omnium dominus, sua etiam auctoritate confirmavit. Istorum itaque ad quos pertinebat auctoramento fecit Nivelo, pro sua ut dictum est parentumque suorum animabus, donationem totius præscriptæ terræ et consuetudinum ejus cæterarumve simul rerum, id est aquæ, areæ, molendini atque coliberti. Nos tamen ob istud, dedimus ei L dunenses solidos recompensandæ karitatis, potius gratia quam precii. Unde ipse magis gratanter hoc donum fecit et terram ipsam, de suo jure in nostrum funditus transferens, possidendam nobis perpetuo et donavit et annuit. Cujus rei testes existunt : præfatus abbas noster, qui denominatos solidos, per Gualterium monachum ministrum suum, ipsi dari jussit, et hii qui tunc pariter aderant, tam de monachis quam de laicis: Guanilo nepos Guanilonis thesaurarii, Gausbertus camberlencus ejus, Petrus filius Gradulfi, Guido frater ejus, Gualterius de Villa Malor (um), Helgodus filius Arnulfi de Condei, Hubertus Loetius, Gonherius faber, Guarinus major de Sancto Ylario, Dácfredus famulus de Castro Duno, Gualterius presbiter de Cloia, Vitalis clericus, Guarinus clericus camberlencus domni abbatis, Hildebertus quocus, Frotgerius mariscalcus, Arnulfus monachus, Genzo monachus.

Archives de Loir-et-Cher. Série G. Prieuré de Villeberford.
Le même fonds, contient une autre chartre sur le même sujet, mais moins détaillée que celle-ci.

II

NOTICIA SANCTI MEDARDI DE ALODIIS DE VILLARIIS.

1032—1064.

Successoribus nostris notum volumus fieri, Hugonem filium Teudonis et sororem ejus Hadvisam, alodia sua de Villariis vendidisse loco Sancti Martini Majoris Monasterii et loco Sancti Medardi, in territorio sito Vindocinensi, precio constante solidis XII^{clm} et de biberagio totidem denariis; annuante eorum matre..... et duabus Hadvise filiabus..... Quæ, celebrata venditione, traditionem alodiorum ipsorum posuit idem Hugo super altare sancti Medardi, his qui aderant cernentibus cunctis, et reclamante nullo. De eadem quoque terra, impleto pugillo, revestivit Germundum Sancti Martini Majoris Monasterii monachum, qui regebat locum Sancti Medardi. Quorum omnis est ejusdem loci parechia testis, et nominatim isti : Amalgerius servus sancti Martini, Guarinus servus sancti Martini, Herveus, Germundus monachus.

Cart. Vindocinense maj. Mon. chart. XV. Bib. imp., 5442. Latin.

III

NOTITIA DE MAINFREDO SALNARIO.

1032 — 1064.

Sciatis hoc nostri successores, Mainfredum salnerium hoc modo in nostrum jus devenisse. Rainardus quidam, de villa quam Fulgerias dicunt, in Dunensi pago constituta, hujus Mainfredi fuerat dominus et ipse ejus fuit colibertus. Is ergo Rainardus hoc nostrum, orationis causa, Majus Monasterium adiens, pro eo quod societatem nostram in capitulo nostro accipere meruit, hunc colibertum pro animabus patris et matris suæ, Bernardi scilicet et Engelreæ atque sua, Sancto Martino hac ratione obtulit, ut non solum ipse, verum etiam omnis ex eo nascitura progenies, abbati hujus loci debitum reddat obsequium et eorum subjaceat servituti; filium autem, Acfridum nomine, ex toto tunc nobis, in jus enim cesserat alterius, dare non potuit, sed quæ sibi ex eo subpetebat partem condonans, modis omnibus pollicitus est se nos adjuvaturum, quatinus totus, sicut pater ejus, noster possit effici. Hujus rei firmitate XXV solidos ei dedimus, et Rotbertum fratrem ejus, pro eo quod hoc idem auctorizavit, in nostrum, cum eo pariter, beneficium suscepimus. Et ut hæc donatio firma sit in perpetuum, Hildema uxor ejusdem Rainardi et Evelina soror ejus pari assensu firmaverunt. Testes autem qui ad hoc videndum fuerunt producti, nomina habent hujus modi : Arnulfus sartor, Hilduinus sartor, Gualterius Esquaret, Durandus Risellus, Bernardus Burellus, Frodo, Guarinus clericus, Gautfridus presbiter, Gualterius de Loratorio, Mainardus hospitalarius, Andraldus portarius, Drogo pellitarius, Rainaldus pellitarius de Cerniaco, Ebrulfus cellararius, Gualterius de Capella Guillelmi, Bernardus de Navoil.

_{Cart. Vendocinense maj. Mon. chart. XLI. Bib. imp., 5442. Latin.}

IV

NOTITIA DE TETBALDO FILIO LETERII ET HILDUINO SARTORE.
1032 — 1064.

Nosse debetis, si qui eritis posteri nostri Majoris scilicet hujus habitatores Monasterii sancti Martini, quod Tetbaldus quidam miles, filius Leterii, cum calumniaretur nobis velut ex jure suæ uxoris nomine Ælie, decimam duarum terræ particularum, apud Brenerias sitarum, pertinentem ad ecclesiam Navolii, et unum servum nomine Hilduinum, asserens quod ista cum ecclesia a nobis non fuissent empta; huic tandem imposuimus calumnie finem, datis eidem solidis XX^{ti}. His enim acceptis, que calumniabatur perpetuo nobis deinceps quieta fore dimisit, favente supra nominata uxore sua et filiis ita nuncupatis: Arnulfo, Burchardo, et filiabus Aremburge atque Guitburge. Testibus istis: Odone Rufo domino ejus, qui etiam fidejussor fuit de faventia uxoris ispsius, Rotberto sartore, Hilduino sartore, Giraldo hospitalario, Gauslino forestario, Gualterio Esguaret, Guarino clerico de Semita, Fulcone monacho, Ascelino monacho, Aimerico cellarario, qui supradicto Tetbaldo nummos tradidit.

_{Cart. Vendocinense maj. Mon. chart. X. Bibl. imp., 5442. Latin.}

V

DE RAINALDO BELINO DONATO NOBIS A HUGONE PRESIDE.
1032 — 1084.

In nomine regis æterni, ego Hugo Preses Sancto Martino de Majori manasterio, Raginaldum Belinum quendam meum colibertum, pro redemptione animæ patris mei Archembaldi dono, atque mulierem ejus Milesendam, quam calumniaveram, liberam esse concedo, fructusque eorum, necnum et dimidium arpennum vineæ quod eorum erat; atque per Herbertum Bucellum feci donum poni super altare sancti Medardi, Agnete conjuge mea annuente, et hoc confirmatum est in domo sancti Martini Vindocino, coram Jarnegode monacho et Vitali.

S. Guillelmi Buclari. S. Guillelmi de Villa Senatoris. S. Hugonis Pulli. S. Gosmeri cellararii. S. Rotberti de Sancto Medardo. S. Gausfredi de Sancto Amando. S. Vilerii de Lavarzino. S. Benedicti de Spinochis. S. Gaulterii de Beziaco. S. Fulconis de Navolio. S. Bernardi clerici. S. Landrici Gosmeri filii. S. Hervei fratris sui. S. Guismandi de Sancto Medardo. S. Yvonis. S. Ingelbaldi filii Hermoini. S. Hildegarii Diaboli. S. Raginaldi Balcenni. — Qui hanc cartam calumniare voluerit, centum auri libras persolvat.

Cart. Vendocinense maj. Mon. chart. CLXXXIIII. Bib. Imp., 5442. Latin.

VI

NOTITIA DE STEPHANO CAMBACANIS DE FERRARIA.

1032 — 1084.

Notum sit omnibus quod Stephanus Gambacanis de Ferraria accepit in conjugio ancillam Sancti Martini, per quam et ipse servus est. Sed cum illa mortua esset et accepisset conjugem aliam mulierem liberam, abnegavit se esse servum Sancti Martini et de hoc arramivit bellum contra nos. Intra terminum autem quo bellum fieri debebat, recognovit se male egisse, venit in capitulum Majoris Monasterii et dedit recognitionem suam; scilicet secundum consuetudinem imposuit super caput suum III^{or} denarios, et per illos tradidit se Sancto Martino et monachis ejus, videntibus istis : Constantio Brientio de Ferraria, Giraldo coco, Bernardo coco, Odone cellarario, Oggerio de elemosina.

Cart. Vendocinense maj. Mon., chart. CLVIIII. Bibl., imp. 5442. Latin.

VII

NOTITIA DE ASCELINO OHELMI FILIO.

Circa 1040.

Quia Ohelmus pater Ascelini adversus suos dominos, videlicet abbatem Sancti Martini et alios monachos, insidiosus ac rebellis semper extiterit, filiusque Ascelinus nil a pessimis patris moribus recesserit, ideo visum est nobis utile sic notatis convenientiis alligare, ut quicquid de reliquo in suos dominos machinari voluerit, his convictus teneatur. Timemus enim ne cum hinc retro in nos duris ac importunis moribus extiterit, nunc maxime per parentes et amicos ejus uxoris quam ad presens accipere deliberat, vires duritiæ suæ æxcrescant et pejor deveniat. Quapropter, quicquid de convenientiis quæ in presenti carta subter notatæ sunt transgressus fuerit, aut si quid forte aliud nobis deliquerit, denominati fidejussores emendent, id est: Adimarus, Raimbaldus, Andreas, Otgerius, Vitalis, Guillelmus, Rainerius, Rainfredus, Lambertus, Bernardus, Gauzlinus. Si quid ego parentes feminæ Ascelini in Sancti Martini monachos deliquerint, ipso exortante ac stimulante vel consentiente, ab ipso requiratur. Si vero femina Ascelini libera cum filiis vel filiabus esse voluerit, nullam partem ex his quæ juris sui sint, tam in terris quam vineis vel rebus mobilibus sive ædificiis, reclamet. Si autem aliquis eorum filius aut filia, quæ sui patris juris sunt habere voluerit, remaneat servus sicut pater ejus cum matre et reliquis fratribus aut sororibus; non enim unum sine aliis, aut patri succedere, aut liberum esse permittimus. Volumus etiam pro beneficio quod d

Sancto Martino tenet, ne sicut hactenus fuit negligens existat, sed ubi ab abbate aut monacho ibi preposito summonitus fuerit, paratus de servitio in quantum poterit fideliter inveniatur; et nulli sæcularium adjungat se qui eum contra monachos teneat, vel superbire faciat. Monachos vero, vel cæteros Sancti Martini homines, nullo malo ingenio circumveniat vel decipiat, aut apud potentiores accuset. Deinde ex his omnibus, quæ in terra Sancti Martini possidet, nil vendat aut destruat, ut pro his, sub alterius potestate, sibi aut filiis suis, aliud aliquid emat aut ædificet, per quod illa deserta aut neglecta remaneant. De furnili quoque, notum fieri volumus, quod post mortem ipsius in jus Sancti Martini proprium transeat, etiam si reliqua quæ ipsius Ascelini sunt filii ejus servi facti cum matre sua possideant. Nam sicut jam dictum est, si libera mulier cum prole esse voluerit, nichil penitus quæ conjugis ipsius fuerit auferre licebit, preter dotem qui tribus arpennis vinearum constat. Rus enim de terra Sancti Martini in dote scribi non permittimus.

Cart. Dunense maj. Mon., chart. XVII. Bib. imp. 447. S. Germain. Latin.

VIII

PRÆCEPTUM DE ECCLESIA SANCTI ILARII, QUAM DEDIT MAJORIS MONASTERII MONACHIS GUANILO THESAURARIUS SANCTI MARTINI.

1040 — 1041.

Quoniam fidelis omnis alteram post istam non dubitat esse vitam, et post mortem, vel tormenta vel gloriam, malos vel bonos, pro suis meritis singulos præmia nacituros, nemo se temporalibus penitus dare debet, sed quæ possit in futuro invenire, in presenti sæculo prævidere, et ea præmittere vivus, quæ valeat recipere defunctus. Quibus igitur terrenas opes largitus est Deus, largiantur ex eis et ipsi pauperibus ut, et peccata quæ propter eas congerendas admiserunt, redimant, et insuper mercedem sibi perennem conquirant. Proinde ego Guanilo, thesaurarius Sancti Martini, concedo fratribus qui in Majori Monasterio Deo et Sancto Martino deserviunt, ecclesiam juxta Montiniacum castrum meum sitam, in honore sancti Hilarii constructam, cum decima, offerenda et quiquid pertinet ad illam. Addo etiam de alodo, quod ad ipsam pertinet ecclesiam, terram ad duodecim carrucas sufficientem et aquam nomine Heram. Ad præsens autem, in mea videlicet vita, medietatem omnimodam redhibitionis mihi retineo, medietatem alteram Sancto possidente Martino, et post decessum meum omnia pariter quiete et libere possessuro, ea convenientia ut, neque ego, neque aliquis meorum, ullam ex hac die in ecclesia illa vel terra habeamus dominationem, vel consuetudinem; in tantum ut nec illius partis quam mihi retinui aliquid, vel per me, vel per meum hominem, accipiam, sed in potestate monachorum sit, ut ipsi et suam sibi partem retineant et meam mihi reddant. Unum quoque servum, nomine Guarinum, in eadem terra manentem eis tribuo, et de meo jure in eorum dominium transfero. Hoc autem facio, pro anima Ratherii de Montiniaco et Hugonis filii ejus, mea quoque anima parentumque meorum. Quod donum ut firmius esset majoremque auctoritatem obtineret, dominus meus rex Francorum, Henricus nomine, hoc annuit et Tetbaldus comes, necnon et comes Gauffredus quos, pro eo quod hoc auctorisaverunt et cartam hanc firmaverunt, eleemosinæ participes facio, et ut fieri mereantur exoro. Illi quoque qui de mea parentela superstites sunt libenter assensi sunt, videlicet : Nihardus de Monte Aureo nepos meus, sed et alius nepos meus, Guanilo nomine, filius Gauscelini, nec non et alii duo nepotes mei Cleopas et Guanilo filii Malranni de Castro Noiastro, cum sorore ipsorum, nomine Hersindi, uxore Adelardi Barduni.

Henricus rex hoc præceptum firmavit coram his testibus :
Guidone comite Suessionis, Hugone vice-comite Milidunen-

sis, Guascelino de Calniaco, Widone de Petraforti, Hugone filio Milonis de Monte Lehirico, Tetbaldo milite de Monte Morentiaco, Guillelmo de Guinetis Castro, Hugone pincerna regis, Guiscelini capellano.

Signum Henrici regis.

S. Tetbaldi comitis. S. Ivonis de Curbavilla. S. Anscoldi de Firmitate. S. Rodulfi filii Ivonis de Curbavilla. S. Hugonis vicedomini de Carnoto. S. Engenulfi de Provinis. S. Ivonis filii Ivonis comitis de Bello Monte. S. Hervei Corvesini.

Signum Guanilonis thesaurarii. S. Eucherii filii Nivelonis. S. Gradulfi de Villena. S. Guarnerii Oculi Canis. S. Simonis filii Alberici. S. Fulcardi de Arrou. S. Odonis de Fonte. S. Galterii filii Gradulfi Bástardi. S. Galterii filii Arnulfi de Vado. S. Gualterii filii Hugonis. S. Huberti servientis. S. Morandi famuli. S. Gaufredi famuli. S. Johannis conversi. S. Girberti majoris. S. Fulcrodi. S. Rodulfi monachi. S. Gauterii monachi. S. Fulcherii monachi.

S. Rainaldi de Spieriis. S. Adeladis uxoris ejus. S. Ebrardi filii ejus. S. Raherii filii ejus.

Testes auctoramenti Adeladis sunt hi : Theodelinus filius Airardi, Ascelinus, Hamelinus Bigotus, Frodelinus filius Tedmari, Galterius de Castro Buslo, Guerricus filius ejus, Gaufredus frater ejus, Odo filius Gundreæ, Rotlandus de Coldrei, Telaldus de Orgeria, Odo Hureldus, Bernardus filius Alberti, Otbertus canonicus Sanctæ Mariæ, Genzo monachus.

S. Huberti Mordentis. S. Rensuisæ uxoris ejus. S. Raherii filii ejusdem Rensuisæ. S. Nazariæ. S. Avelinæ. S. Muscelinæ. S. Hersendis, filiarum utrorumque.

Cart. Dunense maj. Mon., Chart. XXII. Bibl. imp. 147. S. Germain. Latin.

IX

NOTITIA DE GUISMANDO ET FILIO EJUS, QUOS DEDIT GAUSCELINUS BODELLUS SANCTO MARTINO.

1040 — 1075.

Notum fieri volumus nostris successoribus quod miles quidam de castro Vindocino, nomine Gauscelinus, cognomento Bodellus, dedit Sancto Martino Majoris Monasterii colibertum quemdam, nomine Guismandum, cum parvulo ejus filio, David nominato, et omni deinceps posteritatis sue fructu, acceptis, una quidem vice XXX^{ta} solidis, altera vero, quinque. Sed et Rotgerius cognomine Piperatura, cui Gauscelinus ipsum Guismandum dederat, XXX^{ta} solidorum interveniente precio, auctorizavit cum Sancto Martino. Adeladis quoque uxor Gauscelini annuit, et Chotardus filius Gauscelini; sed de alia uxore qui, sex ob hoc denarios accepit, et Lisiva filia Adeladis que etiam tres propter hoc auctoramentum nummos habuit. Comes autem Gaufredus, de cujus illum fevo colibertum tenebat Gauscelinus, gratis huic dono pro liberalitate solita favit et cartam hanc, que de hac re scripta est, coram curie sue frequentia firmavit, et manus proprie caractere signando corroboravit. Testes omnium que hic dicta sunt notitie huic subscripti sunt.

Constantinus canonicus Sancti Georgii, Gandelbertus de Solomis, Drogo frater supradicti Constantini, Hamelinus frater ejus clericus, David vicarius, Fulbertus teloncarius, Rainaldus Madalgius, Fulcradus Clavus Mortalis, Andreas prepositus, Albertus talemerarius, Odolinus homo David vicarii, Fulcherius frater ipsius Guismandi.

Postea Elias frater Chotardi calumniatus est eundem servum, et habuit cum eo de hac re placitum domnus Odo prior noster apud Vindocinum, in curia comitis Guidonis, ibique calumnia illius injusta judicata est; sed nos amantes omnia facere in pace, et quia firmiora sunt ea quæ ex voluntate fiunt, dedimus ei X solidos ut calumniam illam gratanter dimitteret, quod et fecit. Testibus istis : Guidone comite, Ingelbaldo Britone, Vulgrino filio ejus, Odone Rufo, Fulcherio de Turre, Drogone de Monte Aureo, Tetbaldo filio Leterii, Rainaldo de Vico Vassalorum, Landrico, Giraldo Muciolo, Benedicto Blanchardo, Rotgerio filioque ejus Hainrico, Hildrado.

Cart. Vendocinense maj. Mon. chart. CXV. Bibl. imp. 5442. Latin.

X

GASBERTÆ COLIBERTÆ DONATIO.

1040 — 1080.

Si paradisii gaudia, unde peccando excidimus, recuparo volumus, bonum est ut eleemosinis peccata redimendo illuc redeamus. Quapropter ego Berlaicus de Monte Sorello, pro amore Dei et pro remedio animæ meæ animarumque totius generis mei, concedo Sancto Petro Burguliensi monachisque ejusdem loci, unam conlibertam, nomine Gasbertam, uxorem Fulconis de Valcia, cum omni fructu qui ex ea processerit. Hec vero colliberta est de fevo Petri Wirchere; ipso Petro annuente et auctoritate sua hanc cartulam, quam pro hac re facere jussi, corroborante. Si quis vero ex heredibus meis, pro hac colliberta vel pro fructu, ipsis monachis calumniam inferre presumpserit, iram Dei omnipotentis incurrat et a consortio bonorum segregatus, infernum sine fine, nisi resipuerit, possideat. Hujus autem donationis testes sunt : Mainardus presbiter, Bernardus Brito, Fulcerius vicarius et plures alii.

Bib. imp. Gaignières, n° 192, p. 247.

XI

CARTA DE COLIBERTIS DE CASSINIACO, QUOS DEDIT GIRARDUS BORRELLUS SANCTO PETRO.

1046 — 1048.

Fidelibus christiane fidei cultoribus maximeque istius loci habitatoribus, videlicet presentibus atque per succedencia tempora succedentibus, notum fore cupimus, que calamo docta manus inserere studuit in hujus paginule lineis plenius. Illis itaque in temporibus quibus domnus abbas Teudo ecclesiæ regimen tenebat Burgulensium, accidit ut quidam puer, militum filius, Girardus, cognomento Borrellus, ex alta nobilium genere descendens procerum, karissimorum orbaretur solamine genitorum, ac sicut mos est puerorum horfanorum, si suffragium deffuerit amicorum, in ipso exordio suæ puericiæ privatus est honore suorum carorum. Quod videns predictus abbas Teudo, ut erat plenus visceribus misericordiæ, benignissime eum in sua tuicione suscepit, nutrivit et custodivit quousque ad juvenilem ætatem pervenerit. Ipse vero per annorum curricula crescens, ut pervenit ad juventutis robur, inde ad supremum transvectus est honoris apicem; qui, non immemor beneficii prefati abbatis T. dedit jure perpetuo, Deo et sancto Petro, quandam ancillam nomine Guitburgem filiosque ipsius, cum quondam conliberto Aymerico de Cassanico. Accidit autem post mortem prescripti militis, ut filii ipsius calumniam inferrent prenotatis servulis: hæc cernens abbas Johannes, qui sub ipso jam tempore loci Burguliensis curam gerebat, statuit placitum cum eis in conspectu principis senioris Ingelgerii, qui vocitatur Adidos, qui patri ipsorum ipsos conlibertos contulerat jure militari; denique tandem abbatis Johannis allocutione deliniti, solidius stabilire studuerunt donum sui patris, annuente Ingelgerio, pro salute suarum animarum, scilicet Archembaldus et frater ejus Girardus, et Amabilis uxor ejusdem Archembaldi, accepto munere quinquaginta solidorum. Hæc vero cartula tali firmacione munita est, ut nullus ex origine ejusdem Archembaldi amplius hoc audeat repetere. Si quis ergo hanc firmationem dissipare cupiverit, maledictionem Judæ proditoris sine fine percipiat et in lacu inferioris inferni cum ipso Juda permaneat, nisi resipiscens, hoc quod firmatum est, ipse firmaverit. Amen.

S. Ingelgerii Adidos. signum Archembaldi. S. Girardi fratris ejus. S. Amabilis uxoris Archembaldi. S. Alonis Silvani. S. Galterii Tizonis et filii ejus Frederici. S. Johannis de Sancto Hilario. S. Rudulfi archipresbiteri †. S. Hyldegarii canonici. S. Rudulfi filii Goszelini Malum Minantis †. † Inhielgerius. S. Goszelini Britto. S. Viviani. S. Roberti vicarii. S. Hucberti de Banaias.

Bibl. imp. Gaignières, n° 192, p. 171.

XII

NOTITIA DE TRIBUS QUARTERIIS TERRÆ ARCHEMBALDI PREPOSITI VINDOCINENSIS.

1050 — 1060.

Notum fiat omnibus Christianis et maxime successoribus nostris, quod Archembaldus, prepositus de castro Vindocino, dedit Sancto Martino Majoris Monasterii tria quarteria terræ, ad Sanctum Medardum juxta ortum. Solvit autem illa pars terræ IIII^{or} denarios de censu, ad missam sancti Mauricii. Hujus rei testes hi sunt : Germundus monachus, Rotbertus monachus, Otbertus filius Sevuini, Hugo Chadebertus, Landricus homo Archembaldi, Godefredus consanguinerius Ternerii, Haimo mediator, Hermoinus mediator, Guismandus homo Sancti Martini, Giroardus servus Sancti Martini.

Cartul. Vendocinense maj. Mon., chart. XVIII. Bib. imp. 5442, Latin.

XIII

NOTITIA DE CONVENIENTIA HAMELINI CLERICI.

1050 — 1064.

Nosse debebitis, si qui eritis posteri nostri Majoris scilicet hujus habitatores Monasterii Sancti Martini, Hamelinum clericum de Vindocino, fratrem Huberti filii Avisgaldi, cum auctorizasset nobis, xx solidis acceptis, terram de Semitario quam idem frater suus vendiderat nobis, illo tamen postea mortuo, de eadem rursus emovisse calumniam. Qua de re istum tandem cum illo fecimus finem. In nostrum capitulum venit, benefacti nostri participationem accepit, et sponsionem quod annis singulis dum viveret ipse solus, non autem post eum quisquam heres illius, unum modium frumenti, alterum segalae, tercium avenae a nobis acciperet, et ad monachatum susciperetur cum his que haberet si quando petisset; atque ita ex integro nobis ipse guerpivit quicquid omnino jure ullo reclamare poterat, non solum in ea terre parte quam suus frater vendiderat, sed etiam in tota illa terra de Semitario sive de Monte Hidulfi, sicut habetur inter Glandessam et Gubernessam, et a fonte de Fago usque ad fontem Ventalem, prout determinatur in cartis de ejus redditione à Gaufredo comite facta conscriptis. Duos quoque colibertos, Galdricum et Aufredum vocatos, a supradicto suo fratre dudum emptos, ita nobis auctorizavit ut, x tamen pro hoc solidos ab ipsis, v scilicet acceptaret a singulis. Postremo omnia quæ haberet quandocumque obisset, post se nobis habenda donavit, et de universis que dicta sunt donum fecit Sancto Martino domnoque abbati nostro, id tempus, Alberto et nobis, idque super altare ecclesie nostre posuit. Huc usque interim geste rei testibus istis: Gausfredo campione, Giraldo buccario de Turonis, Alerio homine ejus, Giraldo coco, Ursione coco, Bernardo coco, Ingelrico sartore,

Rotberto hospitalario, Tetbaldo majore, Johanne converso, Rodulfo de Balgiaco, Warnaldo tanatore, Johanne filio Benedicti, Hilduino filio Durandi, Ingelberto filio Richardi. Post hec autem in curia Fulconis Vindocinensis comitis, totam suam nobiscum conventionem publice propalatam plurimi audierunt, ex quibus pauci subter ascripti sunt. Fulco comes. Hamelinus filius Hamelini. Rainardus de Ruga Vassalorum. Hugo filius Teodelini. Vuarinus frater ejus. Rainardus de Ferraria. Fulbertus filius Petri. Raherius prepositus Sancti Georgii. Gausfredus Punge Follem. Salomo vicarius. Tetbaldus filius Letterii. Godefredus fratrer Antelmi.

<small>Cart. Vendocinensé maj. Mon., chart. CIIII. Bib. imp. 5442. Latin.</small>

XIV

NOTITIA DE XXX^{ta} TERRE ARPENNIS IN VINDOCINENSI SITIS, QUOS EMIT DOMNUS GERMUNDUS DE GIRBERGA FEMINA ULRICI.

1050 — 1060.

Notum fieri volumus et presentibus et posteris nostris loci hujus Sancti Martini Majoris Monasterii habitatoribus, domnum Germundum quendam fratrem nostrum, a quadam femina, Girberga nomine, Ulrici Burgundionis jam tunc forte defuncti uxore, xxx^{ta} agripennos emississe, quorum trigesimus, cum dimidia fere vigesimi noni parte uvæ ferens, reliquum vero, aratri patiens. Territorium ubi hec terra est Vindocinense, locus inter villam quæ Curtiras vocatur et villam Cattinam situs, terra editior, et si illinc ubi ecclesia Sancti Medardi que in predicta villa, que Curtiras dicitur sita est, steteris, ab aquilonali parte, utrumque enim ad situm pertinere dicitur. Que videlicet ecclesia et ab eadem terra sagitte unius emissione et a castro Vindocino unum fere videtur miliarium distare. Hæc terra ab omni prorsus redibitionis consuetudine fit extorris tantum census illius duo scilicet solidi et octo denarii, in festivitate sancti Mauricii, quæ in autumno celebratur, persolvatur quotannis terre quas circa se habet quibus et conjungitur per continuationem et disjungitur per juris proprietatem cum ipsa nostra; ille vero diversorum sint hominum sunt, hee ab oriente et a septentrione, terram habet Archembaldi prepositi, a meridie terram Hamelini filii Gualterii, ab occidente terram Gausfredi, Panis Ante Aquam cognominati; precium ipsius libre III^{or} denariorum extiterunt. Hildebertus quidam frater erat femine, cognomento Boguerellus, ceperat calumniari, sed sex ei a nobis solidis datis facto adquievit venditioni, consentientibus quoque duobus filiolis suis, Mainardo et Herveo; quibus singulis singulos pro recognitione domnus Germundus denarios dedit. Ipsius terre vendas sex solidos et VIII denarios Archembaldus prepositus recepit; cui etiam dedit domnus ipse Germundus V solidos pro auctoramento, quia ad fevum ejus jam sepe dicta terra pertinebat, et porcam unam, uxori quoque sue Petronille ovem unam. Comites quoque quorum ancilla femina superius nominata erat, Gausfredus Andegavensium et Fulco Vindocinensium, prior modium annone unum, alter vero tantundem et dimidium, pro auctoramento acceperunt. Sic supradicta terra, omnibus obstructis calumniis, in dominium nostrum non jam suos commutatura dominos concessit. Testes auctoramenti comitum, sunt hic : Durandus vicarius comiti Gausfredo, Salomon vicarius comitis Fulconis, Benedictus cellararius, Tescelinus subvicarius, Ingelbaldus Brito, Gauscelinus Buellus; venditionis testes hic : Fulco comes, Achembaldus prepositus, Gauscelinus Buellus, Odo secretarius, Fulcherius de Turri, Guismandus famulus, Galterius Canardus, Otbertus filius Sivuini, Constantinus canonicus.

Cart. Vendocinense maj. Mon. chart. XX. Bibl. Imp. 5142. Latin.

XV

NOTITIA DE VINEIS RANDENI.
1050 — 1084.

Homo quidam de Vindocino, Randenus nomine, dimisit nobis moriens, in loco supra Vindocinum qui Villa Domini appellatur, duos arpennos vineæ Morenam et Mixtitiam nuncupatos; hos Ingelbaudus Brito de Vindocino abstulit nobis, cum jam homo obisset, dicens eum servum suum fuisse. Cui, et si carta contradiceret defuncti, nos tamen concordare potius cum injustissimo pervasore quam placitare elegimus, unde tam illi quam et uxori ejus Hildegardi quatuor denariorum libras et decem solidos donavimus, filiis quoque eorum primogenito, nomine Vulgrino, quinque solidos, Fulcherio et Paganello tres denarios singulis; Hugo nihil inde accipiens venditionem parentum gratis auctorisavit. Ex quibus Ingelbaldus et Hugo ad nos in capitulum nostrum venerunt donumque ibi fecerunt de vineis, ac super altare œcclesiæ nostræ reportaverunt. Quatuor reliqui auctorisaverunt hoc apud Vindocinum, divisis in membrana qui utrique auctoramento interfuerunt. Testes de auctoramento Ingelbaudi et Hugonis : Wismandus de Super Bolon, Fulcradus filius Gauscelini, Gausfredus frater ejus, Gundacrius Bastardus ; de nostris : Ulricus Perdriellus, Frodo medicus, Robertus hospitalarius, Giraldus Mucellus, Bernardus coquus, Nihardus, Constantius, Ursio, Odo, quoci. De auctoramento Hildegardis, Vulgrini, Fulcherii et Paganelli : Wismandus de super Bolon, Fulbertus thelonearius, Landricus cellararius noster de Vindocino, Havisus telemerarius.

His ita péractis, Odo Rufus, in cujus terra vineæ sæpedictæ consistunt, dicens eas emptas a nobis venditiones inde xv solidos requisivit, quos sibi paciscentibus nobis negavit se pro his vineas nobis, nisi sub vicario auctorisare, et quo scilicet superstite quietas eas haberemus, defuncto autem, aut ab Odone aut ab herede suo, relevaremus; verum hoc cum injustissimum appareret, homini tamen satisfecimus, donantes illi decem solidos super prefatos xv. Atque ita vineas nobis in perpetuum auctorisavit in curia Hervei de Lavarzino, Testibus istis : Herveo de Lavarzino, Avelina uxore illius, Matheo de Monte Aureo, Drogone fratre ejus, Gauscelino monacho nostro de Buziaco tunc temporis preposito, per cujus manum facta fuerunt hæc omnia, et primoribus de Lavarzino omnibus qui tunc curiæ inerant.

Archiv. de Loir-et-Cher. Graineterie de Marmoutier.

XVI.

LANDRICI COMPARATIO.

1050 — 1070.

Notum esse volumus cunctis Sanctæ Dei summi Ecclesiæ fidelibus, quod abbas Sigo cuncta quoque pii Florencii confessoris congregatio, comparavimus unum servum sexaginta solidos, nomine Landricum, filium Dominici, de Gaufrido filio Huberti Cuza Denarii de Lingeacis, et omnem filiorum suorum filiarumque procreationem, videlicet ejus universum semen; et dedimus illi supradicto Waufrido partem beneficii nostri atque societatem nostram. Si quis vero heredum suorum aut alicujus intromissa persona noticiæ huic calumniam intulerit, mille solidos componat et quod repetit non vindicet. Subnotavimus auctorum nomina. Signum domni Sigonis abbatis. S. Herberti de Sancto Michaele. S. Welduini Crassi. S. Walterii fratris sui. S. domni Eudonis monachi qui liberavit denarios. S. Advis sororis ejus Waufridi.

Archives de Maine-et-Loire, Abbaye de S. Florent.

XVII

AINARDI CUJUSDAM, AB HENRICO REGE, MANUMISSIO.

1056.

In nomine Sanctæ et Individuæ Trinitatis, ego Henricus, gratia Dei Francorum rex, notum fieri volo omnibus meis fidelibus quod Gausbertus, clericus de Sancta Maura, per absolucionem Gauffridi Comitis, annuentibus Aremburge matre sua, Hugone fratre suo, Jachelina sorore sua, postulavit me ut concederem, pro remedio animæ Willelmi fratris sui nuper defuncti, cuidam suo homini, nomine Ainardo, donum libertatis. Quod ita et feci, more regio, excusso scilicet de palmo denario, eo itaque tenore, ut pateant ei, ut libero, viæ quadrati orbis. Et si quis contra hanc libertatem assurgere templaverit, regi coactus, centum libras auri exsolvat, suaque reclamacio irrita in perpetuum maneat. Et ut firma et stabilis permeneat eam meo sigillo insignire feci.

Actum Turonis x° iiii° Kalendas februarii, anno incarnati verbi millesimo quinquagesimo sexto, regnique Henrici regis vigesimo sexto.

Ego Balduinus cancellarius relegendo subscripsi.

Bib. imp. Dom. Housseau, II. n° 577.

XVIII

NOTITIA DE AUCTORAMENTO ROTBERTI DE VILLENOLIO ET GUILLELMI CLERICI, DE LIBERTATE UXORIS OHELMI MATRIS ASCELINI.

Circà 1060 (1).

Fugax rerum gestarum memoria litterarum vinculis est alliganda, quæ et presentibus vel oblita in memoriam revocent,

(1) M. de Brequigny donne à cette charte la date de 1090; mais elle est évidemment antérieure de quelques années à la pièce n° xxxvi, qui est de 1067.

vel ignorata notificent, et futuris antiqua renovent, et preterita representent. Notum igitur fiat et fidelibus universis et maxime successoribus nostris, quod Odo comes et mater ejus Berta regina dederunt Sancto Martino et monachis Majoris Monasterii quendam servum suum nomine Ohelmum, qui accepit uxorem nomine Hilduciam, Rotberti vicecomitis Blesensis ancillam, quam ipse vicecomes dederat cuidam militi suo Herbaldo nominato. Videns autem Ohelmus quod propter uxorem suam a dominis illius pateretur molestiam, dedit Herbaldo aliquantum pecunia, ut eam faceret liberam; quod et ille fecit, dum tempore quodam profecturus esset Romam. Et ut res rata foret et firma, libertatis cartulam fecit fieri et tradidit mulieri, quam firmavit etiam vicecomes Rotbertus et Milesindis uxor ejus. Post hæc, mortuo Rotberto vicecomite et Herbaldo ejus milite, Ohelmo quoque defuncto et uxore sua, filioque eorum Ascelino, jam pene obsoleta rei hujus memoria, captata calumniæ oportunitate, insurrexerunt Rotbertus et Guillelmus clericus, alter Rotberti vicecomitis, alter Herbaldi filius, et in res Ascelini patrisque ejus Ohelmi quæ sancto Martino remanserant inhiantes, cœperunt partem mulieris repetere, negantes patres suos liberam eam fecisse. Quibus cum rei gestæ veritatem monachi Majoris Monasterii retulissent, et Milensindim Rotberti vicecomitis uxorem, quæ adhuc vivebat, quæ etiam se ab Ohelmo conductam fuisse ut cartam de libertate mulieris firmaret protestabatur, testem fidelissimam adhibuissent, et illi veritate dissimulata ab intentata calumnia minime desisterent, ad postremum cartam eis quam de libertate mulieris patres eorum fecerant ostenderunt. Illi adversus tam illustris testimonii claritudinem et tantæ evidentiæ lucem, calumniosarum objectionum tenebras offundentes, in sua persistebant pertinatia, nullorum judiciis adquiescentes, sed predas de Sancti Martini rebus agentes et se pejora semper facturos comminantes. Tum Guillelmus clericus dedit istam querelam cuidam militi nomine Landrico, cognomento

Balbo, qui sororem ejus habebat uxorem, ut quasi licentius quam ipse qui clericus erat in monachos exerceret ultionem. Qui nimium vehemens et ultra modum infestus, ibi tantum erga illos innocens erat, ubi nullo nocere ingenio poterat. Tandem post multa jurgia plurimaque litigia, post multas audientias initas et præ partium certamine non determinatas, condicto apud Firmitatem Nerberti placito, post causæ suæ recitationem, cartam monachi de libertate feminæ protulerunt. Et quoniam neque lex neque consuetudo erat eis belli faciendi, hominem quendam suum tradiderunt, qui calidi ferri judicio cartam probaret esse veridicam. Tunc illi rectum quod impugnabant sero licet recognoscentes, justitiæ cesserunt, suoque auctoramento cartam firmantes, manuum quoque tactu corroboraverunt. Verum ne calumniæ suæ fructu penitus privarentur, XVI^{cim} denariorum libras a monachis acceperunt. Quas illi inquietudine carere volentes, secundum apostoli dictum, redimentes tempus quoniam dies mali sunt, dare non renuerunt. Ad recidenda vero in posterum omnia succidivæ calumniæ pullula mina, hæc quoque præter priorum cartam facta est notitia similiter ut illa ab his omnibus firmata, quorum infra cum testibus qui affuerunt, scripta sunt nomina. S. Rotberti de Villenolio. S. Guillelmi clerici, filii Herbaldi. S. Guillelmi filii Ernaldi de Monte Forti, nepotis Guillelmi clerici. S. Landrici Balbi. S. Hildeburgis uxoris ejus, sororis Guillelmi. S. Berladii filii ejus, nepotis Guillelmi clerici. S. Adelaidis filiæ Hildeburgis et Landrici. S. Archembaldi fratris Landrici. S. Girardi filii Herberti. S. Hernaldi filii Hugonis Balbi. S. Heinrici fratris ejus. S. Guarnerii de Viridiario. S. Sanzonis senescalci. S. Ansaldi Normandi. S. Hervei filii Tetbaldi. S. Rotgerii filii Gauscelini Longi. S. Richardi fratris Hadebrandi. S. Hadebrandi filii ejus. S. Teoderici filii Rainardi. S. Andraldi monachi. S. Rodulphi monachi. S. Gualonis monachi prioris. S. Hademari monachi. S. Genzonis monachi. S. Gaufredi de Virsone monachi.

De famulis : S. Fulcodii presbiteri. S. Raimbaldi de Campo Martis. S. Girbaldi. S. Frotgerii. S. Constantii. S. Maurini. S. Galterii.

Cartul. Dunense maj. Mon. chart. XIV. Bib. imp. 447. S. Germain. Latin.

XIX

A GANSFREDO COMITE ANDECAVENSIUM COLIBERTI CUJUSDAM DONATIO.

1061

Nosse debebitis si qui eritis posteri nostri, Majoris scilicet hujus habitatores Monasterii Sancti Martini, Gausfredum comitem, Fulconis Andecavensis quondam comitis ex filia et Gausfredi filii ejus ex sorore nepotem, cum post eundem Gausfredum, Andecavensem ac turonensem obtineret pariter comitatum, donasse Sancto Martino et nobis sub regimine nunc agentibus domni abbatis Alberti, anno ab incarnatione Domini millesimo LXI colibertum quemdam, nomine Johannem, arte piscatorem, apud Fontem carum commanentem, cum uxore scilicet ipsius et filiis ac filiorum filiis quotacumque deinceps generationum successione futuris. Testibus istis : Gausfredo de Pruiliaco thesaurario Sancti Martini, Rotberto Burgundione, Lisoio de Calvo Monte; Gauslino de Cainone, Johanne de Cainone, Alberto preposito.

Post hec, compertum est uxorem illam Johannis colibertam esse Ermentrudis cujusdam, uxoris quondam Rainaldi de Rupibus. Egimus ergo cum ista et cum ejus filio, nomine item Rainaldo, atque ab ambobus obtinuimus, ut feminam illam, nomine Ansbergam, cum toto in perpetuum fructu illius, Sancto Martino nobisque donarent. Testibus itidem istis de hominibus ipsius Rainaldi filii Ermentrudis : Frotgerio de Ambaziaco, Ingelrico de Monte Trichardi; Girardo de Berniciaco.

Signum Gausfredi Comitis

De hominibus Rodulfi vicecomitis cenomanensis nomina et hii presentes aderant: Guarino Francisco, Guarino vicario, Tetbaldo Rege, Rotberto Francisco, Girardo homine vice comitis, Giraldo Manante. De hominibus Sancti Martini : Rainaldo turonensi et coquo, Gauffredo carpentario, Fulberto Campione, Durando coquo, Nihardo coquo, Ursione, Otgerio de Elemosina, Vuidone filio Aremberti carpentarii.

<small>Archives d'Indre-et-Loire, fonds de Marmoutier. Liasse de Fontcher.</small>

XX

DE ANDREA SERVO, QUEM REDDIDIT NOBIS GUANILO DE MONTINIACO.

Circa 1063.

Notum sit omnibus quod Guanilo de Montiniaco abstulit nobis quendam servum nostrum, Andream nomine, filium Guarini servi, quem donaverat nobis Guanilo thesaurarius avunculus ejus quando donavit nobis etiam Sanctum Ylarium ; sed ab hac sua injusta pervasione resipiscens, reddidit nobis servum nostrum, et habuit inde XL et VIII^{to} solidos. Auctorizavit hoc uxor ejus quæ habuit pro hoc quoque V solidos. Testes inde sunt : Johannes de Pontibus, Gradulfus filius Isembardi, Nivelo Sine Barba ; de nostris : Fulcherius de Sancto Ylario, Tetbertus famulus, Lambertus filius Bernerii.

<small>Cart. Dunense maj. mon., chart. XXXII et LIX. Bibl. imp. 417, S. Germain latin.</small>

XXI

DE LANDRICO EFFECTO SERVO MAJORIS MONASTERII.

1064.

Nosse debebitis, si qui eritis posteri nostri Majoris scilicet hujus habitatores Monasterii Sancti Martini, juvenculum quendam nomine Landricum, qui adhuc ingenuus apud

Buziacum cellararium nostrum administrans nobis famulabatur, servum postea perpetuum devenisse Sancti Martini et nostrum, omniaque sua delegasse nobis habenda post obitum suum, nisi forte uxorem jussu quidem nostro acceptam habuerit, aut etiam filios, quibus suas accipientibus partes, nos illam accipiamus quæ ipsi (con)tinget. Actum in capitulo nostro, anno ab incarnatione Domini M. LX. IIII, presidente nobis domno abbate Bartholomeo, qui quatuor ex more denarios de capite Landrici ipsius accepit. Testibus istis : Rainardo Capite de Lupo, Rotgerio famulo de Villa Aitardi, Rotberto cellarario, Ledaldo camerleno, Petro coquo.

Bib. imp., collection Moreau, vol. 28, f° 81.

XXII

DE SERVIS DE CERNAICO QUOS BARDUNUS DE CASTRO NOASTRI CALUMNIABATUR.

1064.

Hoc sciant omnes, quod Adelardus Bardunus de Castro Noastri calumniatus est servos (quos) Amarricus dederat Sancto Martino....... qui de Cernaico nati erant. Sed postea annuit eos et uxor ejus Hersendis et filii eorum Burchardus et Achareus.

Postea Bernardus Cauda Vaccæ calumniatus est, propter filiam Barduni, quam habebat uxorem nomine Sophiam........ sed annuit eos et uxor ejus Sophia et filius eorum Adelelmus.

Post mortem Adelardi Bardoni........ filii ejus tres supra memoratos servos nobis calumpniati sunt, unde cum apud Insulam, in curia Gausfredi Foelli carta hec recitata fuisset, recognoverunt rectum Sancti Martini.......

Actum anno ab incarnatione Domini M°LXIIII°, paucis his de multitudine testium : Gausfredo Foello, Burchardo nepote ejus, Gausfredo Rucevallo, Walterio Charcosio, Lamberto de Tavenno.

Bib. imp., Mss. lat., 5441¹.

XXIII

DE RAINALDO SERVO QUEM DONAVIT ODO DE FONTE.

1064.

Pateat successoribus nostris, Majoris scilicet hujus Monasterii Sancti Martini habitatoribus post nos futuris, militem quendam, nomine Odonem de Fonte, donasse Sancto Martino et nobis, sub regimine nunc agentibus domini abbatis Bartholomei, anno ab incarnatione Domini M LX IIII, servum quendam, nomine Rainaldum. Quem postea calumniatus est nobis supra memorati Odionis frater, Simon nomine, pro eo quod non auctorizaverat. Tamen aliquando pro guerpitione istius calumniæ accepit a nobis per manum scilicet Johannis Langobardi monachi nostri solidos v, participato sibi loci hujus benefacto. Eandemque guerpitionem integre et perpetuo fecit, una cum Fulcherio nepote suo. Testibus istis : Girardo et Germundo presbiteris, Rainerio preposito, Giraldo sagittario, Odone senescalco, Hugone Grangia, Alberto Loripede de Castro Duni, Galterio Piello, Guarino de Villa Lenda, Galterio presbitero.

Cart. Dunense Maj. Mon., chart. XXXIII, Bib. imp. 447, S. Germain latin.

XXIV

NOTITIA DE CONCORDIA CUJUSDAM DOMUS NOSTRÆ, QUAM VENDIDIT GUILLELMUS SERVUS NOSTER APUD CHAMARTIUM.

1064 — 1084.

Notum sit fratribus nostris, Majoris scilicet Monasterii monachis, quod quidam servus noster, Gaufredus nomine, manens apud Chamartium, cum moreretur, reliquit domum suam et duos liberos. Quibus mortuis, cum esset de cognatione ejus qui domum illam hereditare deberet, vendidit eam quidam servus noster Guillelmus, qui pueros illos nutrierat. De qua re, cum movisset ei calumniam Odo monachus noster, prepositus tunc illius obedientiæ, venerunt inde ad placitum, et judicatum est quod deberet nobis reddere domum nostram. Sed ille cum non posset eam recuperare ab eo cui vendiderat, dedit nobis pro illa, quandam domum suam sitam in via publica, ita ut, quamdiu ipse viveret dimidiam, et uxore ejus quamdiu ipsa viveret dimidiam teneret, uno defuncto dimidia, utroque autem mortuo, tota ad nos rediret. De qua domo fecit donum primum monacho nostro, deinde super altare. Et pro recognitione hujus rei dabit nobis omni anno xii^{cim} denarios, sex ad Natale Domini, alios sex ad Natale sancti Johannis. Hanc concordiam fecerunt inter nos et illum Lambertus et Gislebertus vicarii, quos ille adduxerat de parte sua, qui et hujus rei testes sunt. Isti quoque sunt hujus rei testes : Goscelinus de Brissarto, Balduinus mercator, Balduinus Grossus, Hugo pellitarius, Guarinus Borbellus, Ernulfus pistor, Tetbaldus filius Ernulfi. De nostris quoque : Nivardus major, Hugo cellararius, Herveus minister, Tetbaldus filius Ernaldi, Bernardus serviens.

Acta sunt hæc per manum Odonis et Stephani monachorum.

Cartul. Dunense Maj. Mon. carta VIII. Bib Imp. S. Germ. lat. 447.

XXV

QUOMODO ELEAZARUS DE FAIA ET UXOR EJUS DIMISERUNT GAUSFREDUM DE SONZIACO.

1064 — 1084.

Quando Gaufredus de Sunziaco factus est monachus Sancti Martini, auctorizaverunt hoc Eleazarus de Faia, cujus servus ille erat, et Lucia uxor ejus; et habuit inde ipse Eleazarus C. solidos et uxor ejus tunicam pelliciam de escurol cum manicis variis. Similiter et filii ejus hoc auctorizaverunt Guillelmus, Gosfredus et Bernardus, et filia Herenburgis. Hujus autoramenti testes sunt : Haimericus Fascinans Vetulam, Rainaldus Doire, Stephanus Rex, Giraldus Longa Edogmada, Ebroinus, Johannes conversus, Amalguinus, Robelius, Jacobus armiger ipsius Eleazari; de nostris : Girbertus monachus, Rainaldus de Sancto Michaele, Ivo et Gaucherius famuli de Tavento. Si columnia surget unde ipse Eleazarus non possit adquietare, sunt plegia datœ pecunie Haimericus Fascinans Vetulam et Rainaldus Doir ; testibus his : Rainaldo de Sancto Michaele, Ivone et Gaucherio de Tavento.

Bib. de Tours. Fonds Salmon. Liasse des Serfs.

XXVI

DE INFANTIBUS ERNALDI DE FELIGNIACO QUOS ODO CENSOLD CALUMNIABATUR.

1066.

Notum sit omnibus quod Odo Censold calumniatus est nobis monachis Majoris Monasterii infantes Ernaldi de Feligniaco, et cum monachi haberent cartam de alodio de Cerniaco unde erant dicti servi,.... prolata est carta in medium. Rainaldus de Crathaiaco, Archembaldus filius Ulgerii, Guido prepositus, Gausfredus Cattus, Archembaldus de Arzia, abbas de Bello Loco, tenuerunt placitum, jussu comitis Gosfridi,.... tandem Odo Censold calumpniam servorum reliquit....

Actum est hoc anno ab incarnatione Domini M°LX°VI°.

Hujus rei testes : Archembaldus de Arzia, Guido prepositus, Gausfredus de Credona, Sanzius prepositus, Gausfredus de Grislomonte, Drogo de Burgo Novo, Lambertus de Tavenno, Mainardus de Loratorio, Girardus de Bernetiaco.

Bibl. imp., mss. latin 5441¹, p. 368.

XXVII

NOTITIA DE AUCTORAMENTO GIRARDI DE BALGENCIACO SUPER REBUS OHELMI ET ASCELINI.

Jun. 1067.

Nosse debebitis si qui eritis posteri nostri, Majoris scilicet hujus habitatores Monasterii Sancti Martini, Girardum filium Herberti de Balgenciaco calumniam intulisse nobis ex parte uxoris suæ nomine Adeladis, filiæ Landrici Balbi, super rebus servorum quondam nostrorum Ohelmi et filii ejus Ascelini, propter Hilduciam, Ascelini matrem, uxorem Ohelmi, quæ fuerat quidem Herbaldi avi jamdictæ Adeladis ancilla, a Rotberto Blesenci vicecomite illi donata, sed ab ipso postea Herbaldo, annuente eodem vicecomite Rotberto libera facta; ac deinceps, cum Rotberti et Herbaldi filiis calumniam ipsam emovere temptantibus judiciis publicis et congruis concordationibus, nostra jam olim erat contentio complacata. Cumque nos et iste Girardus ob eamdem diutius calumniam fatigasset; ac tandem bellum, a nobis ipsius violentia coactis, contra injustitiam ejus arramitum, locoque et die condicto paratum de more fuisset, utrisque ad postremum placuit pacifice rem finiri. Centum itaque solidos a nobis idem Girardus accepit, et xx^d uxor ejus Adeladis cum liberis suis, per manum domni Odonis, nostri per id tempus prioris, ac sic quicquid propter Hilduciam illam quolibet modo, sive juste, sive injuste, reclamare poterant, solidum nobis et quietum perpetuo guerpiverunt. Petivit autem sepedictus Girardus ut sibi quicquid nobis foris fecerat ea de causa perdonaretur. Et perdonavit ei vice omnium nostrorum prior noster supradictus, et si non depredationes pauperum quod non poteramus, tamen injurias et damna nostra quantum perdonare possemus. Pro quo osculatus est ille Girardus manu ipsius, deinde revestitus est ab ipso de toto nostro deinceps benefacto.

Actum est hoc in Blesensi castro, in prato videlicet inter turrim et aulam comitis sito; anno ab incarnatione Domini м°LX°VII°, præsidente nobis anno IIII° domno abbate Bartholomeo, mense junio. Testibus istis: Hugone preposito, Galterio Pane Parato, Rodulfo vicario Blesensi, Rotberto et Teduino filiis Teduini de Sancto Bricione, Guarino filio Gradulfi, Rainaldo vicario de Calvo Monte; de nostris: Isemberto monacho, Fulberto monacho, Michaele Rufo, Drogone monacho, Giraldo coquo, Fulberto de Orcasa.

Post hæc, idem noster prior castrum petens Balgenciacum, datis ut suprataxatum est uxori Girardi xv solidis, et v totidem liberis suis singulis scilicet XII denariis, de nostro quoque benefacto revestivit, et ipsos atque guerpitionem suprascriptam ei quam Girardus ipse Blesi fecerat, annuendo fecerunt. Sed et hic testes hujus affuerunt: Hainricus de Balgentiaco, Alguinus levita, Bernardus famulus prioris, Guarnerius sacerdos, Bernerius, Teodericus Bastardus, Vivianus Nimium Habens Frumentum, Hugo monachus, Fulbertus famulus Hugonis, Guarinus sacerdos, Frotmundus de Memberolis. Nomina filiorum Girardi et Adeladis: Landricus, Hainricus, Gelduinus, Aiga, Marburgis.

<small>Cartularium Dunense Maj. Mon., chart. XVI. Bib. imp., 447. S Germain, latin.</small>

XXVIII

AUCTORAMENTUM ROTBERTI DE VILLENOLIO ET SORORUM EJUS, DE REBUS OHELMI SERVI NOSTRI DE CHAMARTIO.

Feb. 1069.

Notum sit fratribus nostris, Majoris scilicet Monasterii monachis, quod Rotbertus de Villenolio, gener Lancelini, immisit nobis calumniam de rebus Ohelmi servi nostri de Chamartio. Cui cum diceremus injustam esse ejus calumniam, quia pater suus et avus et proavus easdem res nobis concesserant et auctorizaverant, et de auctoramento patris ejus testes haberemus de hominibus, ipsius scilicet Godefredum de Spatai et Alcherium prepositum, qui coram ipso Rotberto dicebant se vidisse quod pater ejus nobis auctorizaverat illas res solutas et quietas in perpetuum ; respondebat ille se non concensisse auctoramento patris sui, cum jam de honore patris donum haberet. Cum ergo Rotbertus iste, pro illis rebus, nobis molestus esse cœpisset, dedimus ei IIII libras denariorum et dimisit calumniam illam, et res supradictas auctorizavit nobis solutas et quietas in perpetuum. Actum est hoc per manum Odonis tunc temporis prioris nostri apud Balgentiacum, in turre ipsius castri, anno incarnationis Domini M°LX°VIIII°, mense februario, sub testimonio multorum quorum nomina hic subter scripta sunt : Lancelinus de Balgentiaco, Odo Parvus, Rainaldus sororgius Rotberti, Ernaldus de Balgenciaco, Rodulfus filius ejus, Godefredus de Spatai, Alcherius prepositus, Odo de Dongiolo, Guinierius de Firmitate, Gaufredus de Chaurcis. De familia nostra : Johannes conversus, Durandus Calvus, Erfredus de Chamartio, Isembardus de Erblamvilla, et alii plures fuerunt et viderunt.

Inde reversus in domum suam Rotbertus ad Firmitatem Nerberti cum Odone monacho nostro preposito obedientiæ de Chamartio, fecit hoc ipsum auctorizare uxorem suam, Agnes nomine, et fratrem suum Willelmum qui pro hoc habuit xii^{m} denarios, et sorores suas quarum Adierna habuit pro hoc x solidos, Elisabeth xii denarios, Gila totidem, Maientia totidem. Huic auctoramento Willelmi et sororum suarum affuerunt isti testes : Fulcodius filius Gaufredi prepositi, Giraldus Cautus qui recepit IIII libras quas dedimus Rotberto, Richardus Insanus, Hadebrannus filius ejus, Richardus filius Teduini, Burchardus de Firmitate, Hugo armiger Rotberti, Vitalis de Vindosmio, Odo monachus, Harfredus famulus ejus.

Cartul. Dunense Maj. Mon. chart. XV. Bib. imp., 447., S. Germain, latin.

XXIX

DE CALUMNIA SUPER HILDRADUM SERVUM ET FILIOS EJUS.
1070.

Notum sit fratribus nostris, scilicet monachis Majoris Monasterii, quod quidam servus Sancti Martini et noster, nomine Hildradus, duxit uxorem quandam colibertam Hugonis filii Teudonis, de qua habuit IIII^{or} liberos. Post mortem Hugonis, filius ejus Guillelmus calumpniatus est nobis medietatem filiorum, propter colibertam patris sui. De qua re domnus Ascelinus monachus, tunc prepositus obedientiæ Buziaci, iniit placitum cum eo apud Montorium, in feria sancti Laurentii ibique judicatum est quod nati de servo et coliberta, non debent partiri, sed patrem sequuntur omnes filii, ideoque calumniam ejus esse injustam; et cum ille contenderet illum fuisse colibertum, guadiavit ei domnus Ascelinus jurare quod ille servus fuerit, non colibertus, quod jusjurandum fecit ei fieri per unum hominem ejusdem familiæ, nomine Alcherium de Villa Rebla, apud Rupes Episcopi.

Acta sunt hæc anno VII domni Bartholomei abbatis.

Placiti facti apud Montorium, testes sunt hi :

Matheus de Montorio et frater ejus de cujus fevo coliberta fuit, Malgerius gener Drogonis, Rosto de Lavarzino, Hubertus Misciplera, Sevinus de Sancto Karileppho, Helinandus de Fracta Valle, Achardus de Rupibus, Frotmundus Deartius, Gaufredus Caulis; de nostris : Benedictus Blancardus major, Martinus Lorinus, Hildradus de Buziaco, Morgandus carpentarius, Telesbellus Dens, Petrus filius Richildis.

Jurisjurandi testes : Leodegarius de Rupibus, Benedictus Blancardus, Hugo de Villa Malorum, Hugo nepos Leodegarii, Hildraldus Fulbelinus, Gauterius.

Car. Vendocinense Maj., Mon., chart. CLXI. Bib. imp., 5442, latin.
Guerard. Append. du Polyptique d'Irminon, p. 301.

XXX

CONCORDIA CUM TETBALDO FILIO LETERII DE NAVOLIO.

Circa 1071.

Notum sit omnibus quod Tetbaldus filius Leterii, cum fecisset nobis multas molestias de calumniis quas rebus nostris immittebat, ad postremum dimisit nobis omnes caluminas atque querelas, in quadam concordia quam cum eo fecit domnus Odo, prior noster.

Postea autem cum ille Odo prior mortuus esset, duobus annis fere transactis, cepit dicere quod ille Odo habuerat ei in conventione, ut omni anno faceret ei aliquam bonitatem. Quam cum nollemus ei facere, quia falsum erat quod dicebat, saisivit decimas quas olim nobis ipse auctorizaverat. Quam ob rem, iniit cum eo placitum, apud Vindocinum, ante comitem Guidonem (1), domnus Odo, prior noster, qui ante fuerat prepositus Chamartii, et ibi tandem fecit cum eo hanc concordiam. Dedit ei scilicet L^{ta} solidos denariorum, et ita dimisit nobis ille conventionem illam quam requirebat et ea quæ propter illam calumniabatur; et omnia unde revestiti eramus ante unum annum quam faceret nobis hanc calumniam, pertinentia ad ecclesiam de Navolio, clamavit nobis soluta et quieta. Et omnes omnino querelas ibidem dimisit nobis, et promisit quod neque ipse unquam amplius ea columniabitur, et si aliunde calumnia de illis rebus nobis insurgat, ipse adjuvabit nos acquietare calumniam illam, omnibus modis quibus poterit, excepto per pecuniam dando et per guerram faciendo. Nec unquam deinceps, propter ullum forsfactum unde nos accuset, vindicabit se de nobis per res pertinentes ad ecclesiam de Navolio. Et de his adfiduciavit nos per fidem,

---

(1) Gui, comte de Vendôme de 1066 à 1075.

osculans inde, ob signum fidei, priorem nostrum supradictum. Hoc peracto in aula comitis, perrexit idem prior noster, cum illis qui huic placito adfuerant, ad domum Tetbaldi, et ibi, omnibus videntibus, auctorizaverat concordiam quam ipse fecerat nobiscum uxor ejus Elia, quæ habuit pro hoc tres solidos; et filii ejus, Arnulfus, qui habuit inde sex denarios, et Tetbaldus et Matheus et Rotbertus, qui habuerunt inde, unus quisque, tres denarios; et filiæ ejus, Johanna et Agnes, quæ habuerunt inde, una quæque, quatuor denarios. Erat ibi quidam villanus repetens asinum suum quem sibi abstulerant filii Tetbaldi; monuerunt priorem hi qui adherant ut pauperi redimeret asinum, ad memoriam de hoc quod ipsi audissent et vidissent Tetbaldum et uxorem ejus et filios ac filias ejus fecisse nobiscum talem concordiam, in qua nobis omnes querelas dimisissent. Fecit prior quod monebatur, et redemit pauperi asinum, duobus denariis; dedit et cuidam pauperi unum denarium. Anno domni abbatis Bartholomei viiij°, mensis julii tercia ebdomada, uno et eodem die facta sunt hæc omnia : primo videlicet, concordia cum Tetbaldo, in aula comitis Guidonis, coram ipso; deinde auctoramentum uxoris ejus et filiorum ac filiarum in domo ejus. Et, preter comitem G. qui non venit ad domum Tetbaldi, utrique rei affuerunt: Vulgrinus filius Ingelbaudi, Gervasius de Vindocino, Simon de S. Martino, Salomon filius Ivonis, Herbertus Barba, Leufredus foristarius, Constantius filius Mainardi de Ferraria, Arembertus Malus Finis, Tegrinus mercator, Guillelmus Guinnamorum. De nostris affuerunt hi : Bernardus major, Durandus mariscalcus, Benedictus Blancardus, Landricus famulus. De monachis : Odo monachus; Sigo monachus, Alfredus monachus.

Transacto autem non multo temporis spacio, idem Tetbaldus res eidem ecclesiæ de Navolio pertinentes, cum injustis calumniis, inquietare presumpsisset, ipsius quam prius auctorizaverat assertionis partem refellere cupiens, parti vero concedens, inito inde placito apud Vindocinum cum Adelelmo, priore nostro, tandem sine placito veritatis tenore convictus, quicquid prius firmaverat postea iterum corroboravit, huic cartulæ signum in modum crucis, ob suæ auctoritatis rememorationem, intitulans. In hac etiam concordia quam Adelelmus prior cum illo fecit, concessit nobis habere Raginaldum, colibertum nostrum, et sororem suam et omnem eorum fructum, quos prius calumniabatur, et omnes res, tam mobiles quam immobiles, quas Hilduinus de Sartrino vivens possederat. Preterea dimisit nobis omnes querelas et calumnias retrohabitas, accipiens inde a predicto priore LX^{ta} solidos, concedente hoc uxore sua Helia, quæ habuit inde v solidos, et filiis ejus Arnulfo, Burchardo, Tetbaldo, Matheo, Rotberto, et filiabus ejus Johanna et Agnete. Nec non et decimam, quam injuste se pervasisse recognovit, ad votum nobis satisfaciendo restituit, nullam de reliquo calumniam in rebus prefate ecclesie pertinentibus facturum se esse paciscens. Et concordiam illam, quam cum Odone priore fecerat, sicuti superius annotata fuerat, quamvis non parum prius inde dissimulasset, ratam fore concessit.

Hanc concordiam viderunt et audierunt : comes Burchardus (1), Rotbertus de Monte Comitorio, Vulgrinus, Fulcradus de Rua Vassalorum, Henricus dapifer, Fulbertus Trossellus, Herbertus filius ejus, Hilgodus miles, Guarinus filius Losmeri, David, Nihardus Rufus, Rainerius Canartius, Guillelmus armiger. De nostris : Ledaldus Godinus, Ebrardus famulus prioris, Durandus mariscalcus, Herfridus, Losmerus de Vindocino, Bernardus clericus, Radulfus, Rotbertus, Fulbertus telonarius Vindocinensis. De monachis : Odo, Gauffredus, Josbertus, Gaufredus, Alfredus, Albericus, Geraldus, Sigi-

(1) Bouchard, comte de Vendôme de 1075 à 1085.

vertus. Hec omnia, suo firmavit auctoramento, Hamelinus de Lingiacis vel de Monte Aureo, quia res de quibus actum est de suo erant casamento. Teste Hugone monacho priore cello de Lavarzino, Alfredo monacho, Signario, Grossino homine Hamelini, Odilario famulo de Lavarzino.

Bib. de Tours. Fonds Salmon. Liasse des serfs.

XXXI

DE SERVIS DE VILLA NANTULFI QUOS DEDIT VALERANNUS DE BRETULIO.

1077.

Pateat universorum notioni bonorum quod ego Walerannus, sub fidei gratia Christiane seculari militie deditus, possessor in Francia castri vocabulo Bretulii, ob amorem Domini germanique mei fratris Ebrardi, ante paucum tempus monachi in Majori Monasterio Sancti Martini Turonensis effecti, ipse quoque factus eidem loco devotus et familiaris, donaverim Deo et ipsi Sancto Martino sibique inibi famulantibus monachis, servos omnes et ancillas quas habebam in illa possessione quæ vocatur Nantulfi, ita ut, nullum eorum aut aliquid suum retineam mihi, sed quicquid in eis et in rebus suis juris fuit hactenus mei, sit deinceps Sancti Martini et monachorum Majoris Monasterii sui. Quisquis etiam ex ipsorum progenie servorum, vir sive femina, ad alia forte transierit loca, sive prope, sive longe, aliam inhabitet villam, vicum, castellum aut civitatem, eodem servitutis nexu obstrictus et ibi teneatur eisdem. Facta est a me ista donatio in eorumdem monachorum capitulo, anno ab incarnatione Domini $M^{mo}LXX^{o}VII^{uo}$, præsidente illis reverendo abbate Bartholomeo. Cujus manui postquam ex mo (do) donum exinde tradidi, propria deinde manu posui hoc idem super altare ecclesiæ beati Martini, videntibus his qui erant mecum, cum quibus perrexeram in predictum capitulum, sufficientibus scilicet ad testimonium, quando quidem in ore etiam duorum vel trium testium stat omne verbum : Ursione vice domino Belvacensi et possessore Girhereici castri, Elia cognato ejus, Heldone filio Rainaldi, Bernerio fratre Lancionis clerici.

Cart. Dunense Maj. Mon., chart. XXXVIII. Bib. Imp. 447. S. Germain latin.

XXXII

COLIBERTI CUJUSDAM DONATIO.

1080 — 1097.

Notum sit omnibus quod domnus Rotbertus Burgundio et Lisiardus de Ambaziaco dederunt Sancto Martino Majoris Monasterii colibertum quendam, Guauscelinum nomine, qui dimidius unius erat, et dimidius alterius, et duas de sororibus illius. Rotbertus filius domni Rotberti et Jacobus filius Lisiardi dono patrum suorum gratanter annuerunt; datis scilicet domno Rotberto solidis x, Rotberto filio ejus v, Lisiardo v, Jachobo xii denariis. Testes de dono domni Rotberti et filii ejus Rotberti : Falco de Monte Fulconis, Ulricus de Brustone, Fulcho de Muris, Lisiardus de Monte Fredulfi, Orricus Os Orlatum, Guarinus filius Burchardi, Rotbertus Mansellus, Guillelmus presbiter, Hugo de Bana.

Bib. Imp., mss. 5441², p. 237.

XXXIII

PELOQUINI INSULÆ DOMINI, DONATIO VILLÆ DE DUOBUS LUCIIS.

1080 — 1111.

Notum esse volumus omnibus sancti Pauli apostoli Cormaricensis monasterii fidelibus quia dominus Peloquinus, qui erat dominus castri quod dicitur Insulæ, habebat fratrem nomine

Thomam quem volebat facere monachum; et venit in capitulum nostrum et adduxit secum illum fratrem suum et plures de suis hominibus, et rogavit dominum abbatem Guidonem qui illo tempore erat et totum conventum fratrum, ut susciperent illum suum fratrem; et domnus abba Guido et omnes fratres voluntarie annuerunt quod petebat. Ipse ergo Peloquinus dedit tunc Deo et sancto Paulo, pro anima sua et patris et matris suæ, et maxime pro illo fratre suo quem supra dicimus, omnia quæ habebat apud villam quæ vocatur De Duobus Luciis, hoc est: in ecclesia, in sepultura, in dominatione totius burgi, in terris, vineis, in furno, etiam omnes colibertos masculos et feminas, hoc est Morinum suum prepositum et alios. Omnia ut diximus quæ habebat apud illam villam dedit nobis preter decimam suam. Dedit etiam nobis paleam decimæ suæ. Preterea dedit nobis apud Villenam, decimam de illa terra in qua jam dudum fuerunt vineæ de quibus habebamus decimam antequam extirparentur. Dimisit etiam nobis, quia si unquam voluerit mittere monachos in ecclesia Sanctæ Mariæ de Riparia, quæ sua est, non mittat ibi alios quam Sancti Pauli monachos. Hujus conventionis testes fuere multi homines et maxime totus fratrum conventus. Hanc donationem firmavit veniens in capitulum Bartholomeus frater ipsius Peloquini, dante ei domno abbate Guidone equum quendam ac beneficium loci ut libentius concederet. Ille autem non solum ea quæ frater dederat, verum etiam quæ attavus et avus ac pater ejus Archembaldus Borellus dederant, letus annuit, ac de eodem capitulo exiens, concessionis donum super altare sancti Pauli deposuit. Hoc viderunt et audierunt dominus Peloquinus, Aimericus filius Ivonis, Stephanus de Valle, Odo de Columbers, qui cum eo ad curiam comitis ibant apud Lucas castrum; de nostris vero : Aimericus major, Richardus hospitalarius, Stephanus Agass, Rainaldus coquus, Clemens carpentarius, Sanctio filius Ingelgerii et alii multi.

Bib. Imp., D. Housseau. Cart. III, n° 803. Extrait du Cart. de Cormery. f° 46.

XXXIV

DE SERVITUTE ROTBERTI DE DALMERIACO.
1084 — 1100.

Agnoscant tam futuri quam præsentes quia Rotbertus de Dalmeriaco donavit se ipsum et uxorem et infantes sub capitali servitute beato Martino Majoris Monasterii et monachis suis in manu domni Bernardi qui de ejus capite accepit quatuor denarios, datos pro signo servitutis, quos et dedit Gausfredo puero, fratri Rainardi, qui ambo aderant ibi. Excepti sunt tantum ab illo servitutis vinculo quidam filius ejus clericus et una filia conjugata, omnibus aliis infantibus suis, et qui jam erant et qui adhuc futuri erant, cum omni posteritate sua, in servitute permanentibus.

Viderunt et audierunt hoc legales viri et testes idonei : Odelerius et frater ejus, Gausfredus, Jaquelinus, Guarnerius cognomento Bodinus; et de famulis nostris : Ebo, Durandus, Ebrardus, Odo, Guinebaldus.

Archives de Maine-et-Loire. Prieuré de Daumeray.

XXXV

DE GAUSFREDO SERVO, CLERICO EFFECTO.
1084 — 1100.

Gausfredus quidam servus Sancti Martini deprecatus est domnum abbatem Bernardum et monachos Majoris Monasterii ut clericus fieri posset, et dedit ei licentiam domnus abbas Bernardus in capitulo, ut bene et caste se ageret et in ecclesiis Sancti Martini serviret; ille vero spopondit quod et in ecclesiis Sancti Martini libenter serviret et monachis fidelis semper existeret. Hoc factum est tali convenientia, ut si aliquando se contra monachos Majoris Monasterii erexerit, in pristinam servitutem redigatur. Testes sunt de hoc: Ainardus et Bernardus capellani, Sancelinus, Hildemarus coquus, Rotbertus de Beziaco, Durandus coquus. Simili convenientia liber factus est Arnaldus frater Galcherii de Orcasa, Testibus istis : Teduino presbitero, Martino de Boeria, Giraldo de Sagiaco, Mainardo sanguinatore, Durando coquo, Galcherio fratre ipsius Arnaldi, Guido major, Seroardus, Algerius, Martinus filius Otberti, Ebrulfus filius Mariæ.

Bib. Imp., Collect. Moreau., Tom. 34, p. 168.

XXXVI

PARTITIO SERVORUM INTER MAJUS MONASTERIUM ET GUALTERIUM RIMANDUM.

6 Junii 1087.

Notum sit omnibus posteris nostris quod nos, Majoris videlicet Monasterii monachi et Gualterius Rimandus, communes servos et ancillas plures communiter habebamus, quos partiri oportebat inter nos et illum. Anno igitur ab incarnatione Domini millesimo octogesimo septimo, die sexto mensis junii, tempore domni Bernardi abbatis, partiti sumus nobis parentum infantes masculos et feminas; et venerunt in nostram partem, de infantibus Rainaldi de Villana : Hersendis, Bartholomeus, Milesendis, Letgardis; de infantibus Guascelini : Aremburgis, Gualterius; de infantibus Rotberti Chiophardi : Adelitia. Una tantum parvula puellula remansit in berceolo ad partiendum, quæ si vixerit, communiter erit nostra et Galterii, donec aliqua concordia in nostrum dominium veniat aut in suum. Hoc audierunt et viderunt : Hubertus cellararius, Anscisus de Ponte, Leaudus Godinus, Aimericus de Tavento, Guafredus Nafracaulum, Gualterius de Monediaco.

Bib. de Tours. Preuves de l'hist. de Marmoutier par Dom Martenne, n° 3 des pièces ajoutées par Dom Abrassart.

XXXVII

DE LAMBERTO COLIBERTO, LIBERO EFFECTO.
7 novembre 1087.

Dominus ac redemptor noster, nostre mortalitatis carne indutus, conversans et colloquens cum suis discipulis, inter cetera sancte institutionis documenta ad meliora nos tendere et momentanea atque caduca respuere optans, ait: *Quid prodest homini si universum mundum lucretur anime vero sue detrimentum patiatur.* Itemque apostolus precipit dicens : *Operemur bonum ad omnes dum tempus habemus.* Jherosolimitis quoque per Hieremiam prophetam, dum a Nabuchodonosor obsiderentur, inter cetera libertas predicatur, quatenus unusquisque dimitteret servum vel ancillam suam, qui ei jure servitutis debebatur et ob hoc liberandos eos de manu hostium asserit. Hec ergo atque alia quam plurima sancte scripture testimonia, ego Tetbaudus, cognomento Paganus de Villa Nova, audiens et si non ut decet, parumper tamen ut libet, timescens, nec omnia mea huic transitorie vite reputans, ne presentialiter de mea successorumque meorum hereditate et quod de nullo mortali homine nisi de ipsis teneo, ut ab hostibus invisibilibus eruamur viteque heterne participes efficiamur, aliquid reservare studeo. Igitur munus inde transitorium respuens laudemque humanam evitans, solummodo ut presencio futurorum quociens expedierit in promtu hoc habeatur, notum facio omnibus successoribus meis, tam presentibus quam futuris, ne quemdam meum colubertum, Lambertum nomine, tam pro patris et matris mee fratrumque meorum redemptione, quam pro mea uxorisque mee ac filiorum et nepotum, seu ceterorum parentum salute, libertati condonasse. Et ut hoc perpetualiter inconvulsum permaneret, hanc cartam, in publico conventu, astante et testante omni populo, in ecclesia Sancti Christofori, die Dominico, ante processionem, tam ego quam omnes qui tunc successores esse poterant crucibus nostris firmavimus.

Actum tempore Philippi regis Francorum et Wofridi Parisiorum episcopi, Milonis quoque ac Widonis fratris ejus, Magni Widonis de Monte Letherici filiis, vii idus novembris indictione ix, die Dominico quod est inter festivitatem omnium Sanctorum et sancti Martini. S. Tetbaudi Pagani de Villa Nova †. S. uxoris ejus Hermengardim † S. Walcherii filii ejus †. S. Warini nepotis ejus †. S. Widonis nepotis ejus.

Bibl., imp. Gaignières, n° 192, p. 94. Extrait des archives de Bourgueil.

XXXVIII

DONATIO ECCLESIÆ, NOMINE PERUSIÆ, SANCTO PETRO BURGULIENSI

Circà 1089.

Multiplex multipliciter Omnipotentis Dei misericordia per plurimum genus humanum sanctificare voluit, dum cuique fidelium largiri dignatus est, ut ex temporalibus et caducis rebus sempiterna regna mercari possit, ipso Domino dicente : *Date eleemosinam et omnia munda vobis erunt.* Quapropter, ego in Dei nomine Jordanus Cabanensis, tanta Domini pietate confisus, pro meæ et parentum meorum animarum redemptione, sancto Petro Burguliensi, cui datur potestas ligandi atque solvendi, ista quæ subnotantur dono : videlicet quamdam ecclesiam nomine Perusiam in ejusdem sancti Petri honore fundatam, et inter Karantam et Viennam, in loco Malefage edificatam, cum toto vico et omnibus ad eam pertinentibus, scilicet : sepulturam et presbiterii fisco et decimis omnium rerum illius totius parochiæ, nec non propriorum porcorum et porcorum famulorum pasnagio, duosque molendinos in Karanta, cum ipsius aquæ piscatura, et in aliis meis aquis quantum mea terra extenditur; præterea duos servos, et de lucis meis tantum quantum monachis et eorum famulis ad comburendum et ad edificandum opus fuerit, et duas mansuras terræ, in una quarum constat ecclesia. Et si quis huic ecclesiæ, de fisco vel de terra quam ex me habet, aliquid donare voluerit, sine pretio et calumnia firmiter concedo, usque ad unam mansuram et meam partem prati de Sancto Eligio, et omnia alia quæ daturus sum adhuc similiter concedo. Et si homines in burgo hujus ecclesiæ habitantes, ad mea mercata ierint, nullam consuetudinem reddant nec destricti sint, nisi ibi reatum fecerint; et si quis ex meis servis in burgo monachorum manserit, similiter concedo consuetudinem; sed si servus meus, aut colibertus ibi manens, servire voluerit, de eo ad monachos clamorem faciam, et si mihi justitiam non fecerint, ipsum servum capiam sine invasione rerum suarum. Simul concedo ut omnes venientes ad mercatum monachorum, secure veniant, licet sint homines meorum hostium; et si aliquis ex meis, eos vel eorum censum capiat, absolute reddam si clamorem inde habuero. Hæc dona, nominato Sancto Petro Burguliensi, ita concedo ut nullam consuetudinem inde amplius habeam neque aliquis meorum heredum. Hoc totum concedit meus filius Jordanus. Hanc vero donationem bonæ voluntatis nostræ litteris mandare curavimus, orantes et postulantes predecessorum meorum clementiam ut, quemadmodum sua statuta cupiunt manere, ita, pro amore Dei et per omnium sanctorum merita, permittant durare omni tempore inviolata hæc salutis nostræ donaria. Si vero fuerit aliquis ex heredibus, vel proheredibus nostris, seu aliqua intromissa persona, quæ contra hanc auctoritatem vel donationem aliquam repetitionem sive calumniam generare presumpserit, in primis iram omnipotentis Dei incurrat, et a sancta Ecclesia atque conventu omnium christianorum extraneus existat, insuper qui litem intulerit auri Libras D. coactus exsolvat, suaque repetitio nullum effectum optineat; quod si minime reatum suum agnoscens, in eadem malitia perdurare, maledictio

Domini super cum veniat et gloriam sanctorum non veniat, sed cum Juda traditore et Nerone gehennæ flammas persolvat. Ut autem hæc autoritas firmior habeatur, manu propria eam sub signo Sanctæ Crucis firmavi, manibusque mei filii Jordanis fideliumque nostrorum firmari rogavimus. Ecce nomina hujus cartæ firmatorum signorum titulis subjecta : S. Iterii Lemovicensis episcopi. S. Guillelmi Aquitanorum ducis. S. Fulconis filii Godefridi Engolismorum comitis. S. Aldeberti comitis Lemovicensis. S. Aymerici de Roca Coizardi. S. Ademari presbiteri de Rubeis Maceriis. S. Bernardi de Pairas. S. Hildeardis uxoris ejus. S. Ademari de Rancer. S. Guidonis nepotis ejus. S. Ernaldi Guidonis. S. Alexandri de Lemovicis. S. Fucaudi vicarii Cabanensis. S. Guillelmi filii ejus. S. Guidonis Cati. S. Aymerici filii ejus. S. Aymerici de Monte Cuculi. S. Guillelmi de Pranzaco. S. Girri de Veirac. S. Bosoni Lavelli. S. Humberti Rufi et fratris ejus. S. Fredelonis de Bordis. S. Petri fratris ejus. S. Giraldi Ademari. S. Petri de Consulenti. S. Petri filii ejus. S. Fulconis et fratris ejus. S. Petri de Prisac et fratris ejus. S. Clavelli servi Jordanis.

<small>Bib. de Tours. Fonds Salmon. Liasse des serfs. D'après un cartulaire de Bourgueil.
Besly, Hist. des C. de Poitou, preuves, p. 407, et d'Hozier, registre III. Généalogie de Chapt de Rastignac, pr. p. 8 et 9.</small>

XXXIX

SERVORUM QUORUMDAM DONATIO.

1092

Nosse debebitis nostri successores Majoris Monasterii monachi quod quidam miles Jozo habebat quosdam servos..... anno ab incarnatione Domini MXCII, veniens Majus Monasterium, ipse Jozo et filii sui Hubertus et Petrus fecerunt illos liberos, et concesseruut beato Martino et suis monachis illos perpetuo jure habendos.... In presentia domni Bernardi abbatis, regnante Philippo in Francia. Testes de sua parte : Sulpicius Uvaipus, Johannes Bellus de Ambazia; de nostris : Lealdus Bodinus, Rotbertus de Beziaco, Hubertus Guimundellus, Gaufredus Abjetatus, Berbertus Malus Ratus, Godfridus de Orcasa, Landricus Bibe Sarpa, Landricus Pertusus, Albertus pistor.

Cart. Maj. Monasterii, p. 105 et 106. Bibl. imp. 5441¹.

XI.

DE DOMO RAHERII PISCATORIS SERVI EFFECTI.
1095.

Noverint omnes quod Raherius piscator, cum esset liber et antea nobis bene deservisset, amplius appropinquare nobis voluit et melius atque fidelius deservire. Accepturus itaque in uxorem ex ancillis nostris quandam sororem scilicet Landrici coqui, prius venit in capitulum nostrum et devenit servus beati Martini et monachorum ejus, id est Majoris Monasterii. Nos autem dedimus ei quandam domum nostram que fuerat Hildemari coqui, accipientes tamen inde ab eo LX sol.; quam domum poterit vendere ad cibum sive potum emendum, si fuerit ei necesse. Sed tamen prius eam offerret nobis venalem et tunc, si voluerimus eam emere, bene. Si vero non, alicui nostrorum hominum poterit eam vendere. Qui si mortuus fuerit sine legitimo herede, domus ipsa nobis remanebit ac nostra erit. Quam si voluerit a nobis emere Petrus cognomento Barba, frater predicti Raherii, nulli alii vendetur, si tamen pro ea voluerit tantum dare quantum alius aliquis. Quam tamen domum uxor ipsius Raherii possidebit, quandiu marito super vixerit, etiam si de illo heredem non habuerit. Hujus rei testes sunt hi : Hubertus cellararius, Landricus coquus, Petrus

Barba, Girardus piscator, Johannes hospitalis, Ernulfus de Ruillaco, Sancellinus cellararius, Ansegisus bocherius.

Actum anno ab incarnatione domini M xcv. Agentibus nobis sub domino abbate Bernardo xii^{mo} anno ordinationis ejus.

Archives d'Indre-et-Loire. Fonds de Marmoutier.

XLI

SERVORUM ET COLIBERTORUM CUM TERRIS AB EBRARDO DE PUTEOLO DONATIO EFFECTA.

1095.

Noverint omnes quod domnus Ebrardus de Puteolo monachus noster, assumpto secum domno Bernardo monacho, panetario nostro, cognomento Flagello, adiit nepotem suum ejusdem nominis Ebrardum de Puteolo, quando volebat ire in Jerusalem cum exercitu christianorum contra paganos, id est, anno ante dedicationem Majoris Monasterii ab Urbano papa factam (1), hortaturus ipsum ut aliquid ex rebus suis daret beato Martino Majoris Monasterii et nobis ejus monachis, quo facilius posset a nobis impetrare quatinus anniversarium fratris sui secundum carnem Hugonis de Puteolo, patris ejusdem nepotis sui, quod eatenus faceramus solo rogatu et amicicia ipsius, ordinaremus et statueremus, tam a nobis quam a successoribus nostris, omni anno faciendum. Cujus ille adventu percognito, processit ei obviam cum tribus militum suorum, Gausfredo scilicet Britone cognato suo, et Odone Malis Herbis, et Adelardo preposito suo de Carnoto et obviat ei in campestribus Blesensis pagi. Cui cum propter quod venerat edixisset, ille reverentia qua debuit admonitionem avunculi sui excepit et opere complevit. Dedit igitur Deo et

(1) Cette dédicace eut lieu en 1096.

beato Martino atque nobis intentione supradicta, id est ut, propter ipsius quoque amorem et beneficium, facilius impetraret a nobis avunculus suus quatinus anniversarium patris sui annis singulis feceremus, quicquid omnino possidebat apud Maierolias et Periacum in Blesenci pago situs, tam in servis et ancillis et colibertis quam etiam in terris cultis et incultis, domibus, vineis, redibitionibus et consuetudinibus atque omnibus aliis ad ipsas villas quolibet modo pertinentibus; nichil inde sibi retinens sed omnia sic lib (era)...... quieta, sicuti ipse ea die ipsa possidebat, nobis possidenda tribuens. Cui dono vineam unam apud Sanctum Victorem sitam atque domum . . . . ro Blesi, quæ fuerant Odonis clerici, quem a servitutis conditione liberaverat, super addidit. De quibus omnibus ibidem posuit donum in manu domni Ebrardi avunculi sui, per cultellum Odonis supradicti militis sui, atque ipsum cultellum misit nobis per manum domni Bernardi Flagelli monachi. Cujus rei testes sunt ex parte ipsius: tres milites suprascripti ; ex nostra autem parte de monachis: preter domnum Ebrardum de Puteolo et domnum Bernardum Flagellum, domnus Teduinus prepositus noster de Carnoto, domnus Gaulterius prepositus villæ Nantulfi; de famulis: Rainaldus Butatus, Herveus Brito, Rotbertus de Chinsiaco, Mainerius famulus.

Sciendum preterea quod Hugo, cellararius de Novo Vico, calumniatus est nobis supradictam domum atque vineam, quæ fuerant Odonis clerici, reclamans in eis jus ex parte conjugis suæ, jure propinquitatis; sed in colloquio quodam, apud villam, quæ Halena dicitur, habito, derationatus est domnus Ebrardus de Puteolo monachus noster contra eum, quod nichil juris, ipse vel uxor ejus, in eis haberet et quod ejus calumnia injusta esset. Sicque ille calumniam illam dimisit et donum supradictæ domus et vineæ ratum et stabile permansit. Cui rei interfuerunt testes hii : supradictus Ebrardus filius Hugonis de Puteolo, ipsius castri post obitum patris dominus, et mater ejus Adelicia nomine, et Hugo frater ipsius Ebrardi, qui totum suprascriptum donum fratris sui ibidem concessit et auctorizavit; Gilduinus quoque et Gualerannus fratres ipsorum, Gausfredus Brito cognatus eorum, Rotbertus Normannus, Berardus filius Bosonis, Albertus siniscalis de Halena, Tetbaldus filius Tedulli. De monachis : domnus Ebrardus de Puteolo, Bernardus Flagellus, Hildegarius prior cellæ de Puteolo, Gausfredus de Vilcello et famuli eorum, Herbertus presbyter de Puteolo, Algerius filius Arnulfi Gazelli, Rotbertus de Chinciaco et quartus famulus domni Gausfredi de Vilcello, nomine. . . . . . . et alii multi.

Archives de Loir-et-Cher. — Liasse du prieuré de Villeberfol.

XLII

GUERPITIO MAJORIÆ VILLÆ ETARDI, AB ALCHERIO EFFECTA.

1097.

Notum sit omnibus quod Alcherius miles, major noster de Villa Etarbi atque servus, venit in capitulum nostrum, id est monachorum Majoris Monasterii, anno secundo a dedicatione basilicæ nostræ a Romano papa Urbano secundo facta, et ibi accepto beneficio nostræ societatis, sibi et uxori suæ atque matri, guerpivit nobis amicabiliter et in pace majoriam Villæ Ettardi, quam de nobis tenuerat ea tenus, non ex aliquo jure propinquitatis aut successionis. Dedit etiam ibidem et guerpivit sed et vendidit nobis centum solidis, quicquid omnino de nobis tenebat apud eandem Villam Ettardi, nichil prorsus retinens inde sibi. Ubi et promisit quod semper recognosceret se esse servum beati Martini atque nostrum, et quamvis vellet habitare sub alterius domini dominio, numquam tamen noceret alicui nostrum aut rebus nostris, nec faceret in terram nostram ullum malum conductum. Quod si forte ab aliquo dominorum suorum cogeretur ire cum aliis in dempnationem terræ nostræ invitus, quantum posset res nostras et hominum nostrorum vitaret attingere, sociosque suos revocaret inde, et si forte inde caperet aliquid, non moraretur illud reddere. De quibus omnibus fecit prius donum in manu domni Radulfi prioris nostri, per unam virgulam, et deinde super altare ecclesiæ dominicum tulit et obtulit eam. Quod viderunt et audierunt testes isti : Galfredus de Oseniaco, Arnulfus cellararius, Johannes hospitalis, Petrus Barba, Petrus Burdonius, Galterius de Parciaco, Bernardus salnerius, Adam frater Othgerii mariscalis, Odo de Rupeculis, Herbertus de Rupeculis, Petrus Bonetus.

Archives de Loir-et-Cher. — Liasse du prieuré de Villeberfol.

XLIII

DE CLAMAHOCO ET DE ISEMBARDO SERVIS EFFECTIS.

1099.

Notum sit omnibus quod, cum domnus abbas noster Bernardus obedientias nostras peragrans et invisens, anno ab ordinatione sua XVI°, esset apud Villam Belfodii, duo quidam juvenes, Clamahocus scilicet, cognomento Belserius, et Isembardus de Ableni Villa, venerunt ad eum in domum nostram ejusdem videlicet obedientiæ, et sponte propria, ut in futura vita vera libertate a Deo donarentur, et a jugo et servitute peccati et mortis nunc et in æternum liberarentur, devenerunt servi beati Martini et omnium monachorum Majoris Monasterii, ante prefatum domnum abbatem nostrum super genua sua stantes, et, ut moris est, positis quatuor denariis ab eisdem super capita singulorum. Quod viderunt et audierunt testes isti de monachis : Ariprandus Hainricus; Gausfredus Vaslinus; Hugo, qui tempore illo regebat eandem obedientiam; Laurentius socius ejus. De famulis : Rotbertus de Guastina; Guarinus presbyter; Petrus Burdonius; Haimo de Dalmariaco, Hilduinus famulus; Hubertus capellanus Majoris Monasterii.

Bibl. imp., collect. Moreau, tom. 31., p. 132.

XLIV

NOTITIA DE MOLENDINO CHAPLETO ET DE DOMO MARCHASII ET ALIIS REBUS, QUAS DONAVIT STEPHANUS DOMINUS CASTRI MADUNI.

1102.

Notum sit universis, quod Stephanus de Maduno, karissimus noster, veniens per conductum fratris nostri, domni Christiani de Sancto Paladio prepositi, in capitulum nostrum, Majoris videlicet Monasterii fratrum, anno ab incarnatione Domini M CII, die sancto Penthecostes, petiit humiliter a domno abbate nostro Hilgodo et a nobis, societatem nostram et participationem totius benefacti nostri. Domnus autem abbas Hilgodus et nos, devotionem viri audientes, et antiquæ amiciciæ, tam patris ejus quam ipsius recolentes, petitioni ejus libenter annuimus, et tam ipsi, quam militi suo cuidam, Normanno nomine, et insuper cuidam ejus servo, Herberto nomine, quos secum adduxerat, societatem nostram et participationem totius benefacti nostri, per librum quendam, tradidimus. Quo ille devote suscepto, ut tanto dono remunerationem aliquantulam facere videretur, dedit ibidem Deo et beato Martino atque nobis ipsius loci monachis, facta donatione sollemni, prius in manu domni abbatis Hilgodi, et postea super dominicum altare nostri monasterii, memoratum Herbertum servum suum, qui inibi presens erat, cum universis filiis et filiabus suis quorum hæc sunt nomina : Isenbardus, Constantius, Stephanus, Adelaudus, Haimo, Umberga, Auburgis, Testha, item Umberga, Doda; cum duabus frustis terræ, ab omni consuetudine liberis, quorum unum, dominus suus, Petrus pater hujus Stephani, alterum vero idem Stephanus ipsi Herberto dederat, liberum a consuetudine omni. Addidit etiam inibi eidem donationi et dedit nobis molendinum Chapletum, et domum Marchasii, cum omnibus ad eadem loca pertinentibus, et insuper, ad augmentationem eorum locorum, quantumcumque, et nos potuerimus, et hospites nostri potuerint, extirpare et exartire de silva qua eadem memorata loca videntur circumdari. Dedit igitur nobis, boscum supradictis locis contiguum, tam ad extirpandum et exartiendum, ut dictum est, quam et ad universas necessarias usus nostras et hospitum nostrorum, excepto solo pastinatico porcorum hospitum nostrorum; jam enim pridem nobis dederat nostrorum propriorum porcorum pastinaticum, et decimationem totius pastinatici sui, per omnes forestas suas. Cujus totius donationis testes sunt, ex parte ejus: memoratus miles ejus Normannus et prefatus Herbertus; ex parte vero nostra, isti: Arnulfus cellararius, Gausbertus Gazel, Lambertus Bodinus, Gausbertus Fergan, Gaulterius Biturigensis, Constantius, Burchardus, Guimundus.

Sciendum sane quod tam superius descripta duo locella, quam universa exarticia quæ, vel nos fecerimus ad augenda ea, vel homines et hospites nostri in prefata silva fecerint, nostra ex ipsius domni Stephani dono erunt, sic libera et soluta ab omni prorsus consuetudine, quam libera et soluta ipse loca eadem eatenus habuit.

Archives du Cher. — Prieuré de Saint-Palais.

XLV

DE GAUFREDO ET DE MATRE EJUS ORGUEN SERVIS EFFECTIS.

1104 — 1124.

Notum sit universis successoribus nostris, quod Gaufredus, Roberti Marcheveelli filius, et mater ejus Orguen, venerunt in capitulum nostrum, et ut benignitas Dei, apud quem personæ nullius acceptio, sed unius cujusque respicitur meritum, sibi propitiari dignaretur, semetipsos tradiderunt in servos Sancto Martino et monachis Majoris Monasterii; ea videlicet ratione, ut non solum ipsi, verum etiam omnis ex eis nascitura progenies, jure perpetuo abbati Majoris Monasterii atque fratribus ejusdem loci, conditione servili famularentur. Ut autem hec sui traditio certior et evidentior appareret, pro recognitione servorum, IIII^{or} quisque de capite proprio denarios, ante domnum Willelmum abbatem, ex more deposuerunt, simulque donationem de omnibus rebus suis post obitum suum, si sine herede legali morerentur, nobis fecerunt.

Hujus rei sunt isti testes: Sancelinus, Arnulfus cellararius, Paganus camerarius, Hilgodus Parvus.

Bibl. imp., collect. Moreau, tom. 41., p. 222.

XLVI

A JOHANNE MARESCALLO SERVITUTIS RECOGNITIO.

1104 — 1124.

Notum vobis facimus, quod Johannes marescallus, quia se servum nostrum esse negaverat, quadam die, in capitulum nostrum satisfacturus nobis adveniens, se, coram omnibus, male egisse recognovit, et accedens, tradidit se domno abbati Willelmo, reddens quatuor denarios, ex more, de capite suo. Quod viderunt et audierunt, preter commune capitulum monachorum: Sancelinus cellararius; Guillelmus major de Ponte, qui de ipsis quatuor denariis unum habuit; Radulfus miles, domni abbatis coccus, qui etiam de denariis unum habuit; Gauterius Daniel, qui ex denariis similiter unum habuit; Arnulfus cellararius.

(Bibl. Imp., collect. Moreau, tomo 41, p. 231.

XLVII

DE LAURENTIO QUODAM SERVO EFFECTO.
1104 — 1124.

Cognitum fiat presentibus atque futuris quod Laurentius, Bella Caro cognomine, se beati Martini Majoris Monasterii et monachorum ejus servum recognoscens, in eorum cellario, tradidit se domno abbati Willelmo, reddens ei, pro ipsius rei recognitione, quatuor denarios quos super caput suum, ex more posuit, de quibus domnus abbas unum ei tribuit. Quod viderunt et audierunt, de monachis : ipse domnus abbas W.; Rivallonius, Adelardus subcamerarius; Rainaldus de Castro Gunterii, qui hoc scripsit; de famulis : Lisiardus Bona Mater, qui unum ex denariis habuit; Gosbertus Gazel, qui etiam alium denarium habuit; Guido de Monaia qui quartum nummum habuit; Radulfus miles, Sancelinus et Arnulfus cellerarii; Gosfredus Grignon et alii plures, tam de monachis quam de famulis.

Bib. imp., collection Moreau, tom. 41, p. 228.

XLVIII

DE HILDIARDE ANCILLA QUAM DEDIT NOBIS AGNES DE MONTINIACO.
1107.

Ex antiqua discretorum patrum traditione in consuetudinem retinemus, ut ea que ecclesiis conferuntur, etiam si parva vel pauca sint, scripto diligentissime commendemus, ut si forte opus sit, ut fit, contra injustos calumniatores cum testibus litteras proferamus. Unde nos fratres Majoris Monasterii, et nobis et successoribus nostris providentes, cartule huic tradidimus quod Agnes, Montiniaci castri domina, dedit

Deo et beato Martino et nobis, per manum domni Gausberti Ludovici, tunc temporis panetarii et monachi nostri, pro anima sua et parentum suorum, quandam suam ancillam, filiam Rainaldi de Montiniaco, Hildiardem nomine, uxorem Balduini de Rosdone. Cui tamen Agneti scilicet dedit prefatus Gausbertus monachus noster, hujus rei gratia, XV^{dm} solidos Dunensis monete. Huic rei faciende fuit, cum domno Gausberto, domnus Radulphus monachus noster, de Cantumerule dictus, et Rotbertus capellanus de Montiniaco, Ingelricus major de Camartio, Petrus Tedulfus famulus domni Gausberti, Balduinus ille qui erat maritus prenominate mulieris, Rainaldus pater ejusdem mulieris. Ex parte vero donne Agnetis : Gislardus de Cantosmo, Francisus de Montiniaco, Fulcaldus filius Segardi, Rainaldus filius Gaufredi majoris, Nevolo homo Gaufredi Normanni, Bovo de Lanerio. Hi omnes viderunt hæc et audierunt, et cum eis plures alii.

Actum dominice incarnationis MCVII°, id est, ordinationis domni abbatis Willelmi anno secundo.

Bibl. imp., Cart. Dunense Maj. Mon., carta LXXVIbis.

XLIX

DE HAIILDE COLIBERTA, LIBERA EFFECTA.

1108 — 1125.

Quiconque servicium jure sibi debitum pro Christi amore lauxat in presenti, gratiam qua nos redemit in futuro, pro servicio relauxo, eternam beatitudinem ab ipso Domino dicente consequetur, *dimittite et dimittetur vobis, date et dabitur vobis.* Quapropter, ego Hugo, filius Roberti, hanc colibertam meam Haiildem, pro Dei amore, et pro anima patris mei Roberti, Mascia matre mea et Gaufrido fratre meo, nec non etiam Odone de Frate Vallo, cujus hec supradicta coliberta dimidia erat, et Agatha uxore sua, et filiis suis Salomone et Ugone concedentibus, liberam facimus. Ita ut deinceps bene ingenua possit existere, tamquam ab ingenuis parentibus esset procreata, et nulli debeat aliquod servicium nec servitutis obsequium, nisi soli Deo cui omnia subjecta sunt. Si vero aliquis de parentibus meis vel nostris vel de heredibus nostris, seu aliqua intromissa persona, hujus elemosine libertatem frangere voluerit, ex divina auctoritate omniumque sanctorum excommunicetur, et sua repetitio nichil valeat, et centum libras auri persolvat, et cum proprii corporis duello hominem in ejus nomine adquirat. Hæc libertas fuit facta ad Montem Aureum ex parte Hugonis; ad Levarzinum ex parte Odonis. Leudovico rege Francorum imperante, Ildeberto sancte Dei Cenomannensis ecclesiæ pontificatum agente (1), Petro Montoriensium domino existente. Hujus libertatis sunt testes : Johannes presbiter, Mascelinus de Troo, Herveius de Marches, Guillelmus de Rupibus, Joduinus nepos defuncti Roberti, Teobaldus Corcons, Teodericus et uxor ejus Hermengardis, Paganus pretor, Gaufridus filius Raginaudi Pexxi, Leburgis mater ejus, Hengerbertus de Carleo, Corbinus venator, Puella filia Hernaudi Quochini, Garnerius, Paganus de Pinellis; de Lavarzino : Gaufridus piscator, Simon filius Guiberti, Fubertus Boeta. S. crus † Odonis. S. crus † Agathes. S. crus † Hugonis filii Odonis. S. crus † Hugonis filii Roberti. S. crus † Mascie. S. crus † Gaufridi. S. crus † Petri de Monte Aureo. S. crus † Philippi fili sui. S. † Salomonis. S. † Johannis fratris Pagani de Fracta Valle, qui Paganus concedit libere omnia esse data, voce absoluta. S. crus † Ade uxor Petri de Monte Aureo. Hoc signum † Hugonis filii Pagani Fracte

† † † † † †

Archives de Loir-et-Cher. — Liasse du prieuré de Lavardin.

(1) Louis VI, 1108 à 1131; Hildebert, 1097 à 1125.

L

ROTULUS QUORUMDAM SERVORUM MAJORIS MONASTERII.

1113.

In hoc rotulo continentur hi qui ab anno incarnationis dominicæ (MCXIII), ipse est annus concordiæ, H. regis Anglorum, cum F. Andegavensi comite, recognoscentes se servos beati Martini, recognita sua dederunt; alii in capitulo, alii in cellario, alii diversis locis prout unicuique assignabimus.

Gauterius ramarius, et Roaldus furnarius dederunt recognita sua domno abbati W. in capitulo : quod viderunt et audierunt Hubertus Guimundellus, cujus filiam Gauterius ipse habet uxorem, Arnulfus et Pancellinus cellerarii.

Hildeardis uxor Vuillelmi majoris de Ponte, veniens in capitulum, dedit similiter recognitum suum domno abbati W. videntibus istis : Arnulfo cellerario, Huberto cellerario et Adelina uxore sua.

Hugo Pilatus dedit recognitum suum in cellario, domno abbati W., quod viderunt : Guido filius Huberti cellerarii, Paganus camerarius, Gaufredus Marcha Vitulum qui prestavit ei ipsos denarios.

Due etiam mulieres sorores ad invicem et eodem nomine vocate, Renoldis scilicet maiorissa, uxor Bellihominis, et alia Renoldis, Poisila cognomine, uxor Pagani de Lavariaco, qui etiam mariti ad hoc ipsum eas adduxerant, dederunt recognita sua domno abbati W. ad capellam, videntibus et audientibus predictis maritis suis; et Rainaldo Russello patre earum, qui habuit unum ex denariis; et Helgoto Parvo, qui et ipse unum de nummis habuit; et Willelmo maiore de Ponte qui habuit tercium denarium; Pagano etiam Beliardo et Petro Burdone.

Alia vero mulier, Odelina nomine, uxor Richardi de Lalo, et ipsa in capitulum veniens, dedit recognitum suum domno abbati W. quod viderunt hi : Odo de Fontanis qui eam adduxerat; Hubertus cellerarius, Rotbertus Maltalant.

Rogerius etiam faber et ipse in cellarium veniens, dedit ibi domno abbati W. recognitionem suam quod homo noster esset, quod viderunt pariter et audierunt : Sancelinus et Arnulfus cellararii, Paganus camerarius et Willelmus major de Ponte, Petrus Guitons et Lisiardus Bona Mater.

Uxor quoque Achardi filia scilicet Mainardi Bovarii, et ipsa in capitulo recognitum suum dedit domno Willelmo priori tunc capitulum tenenti, ubi fuerunt atque viderunt : Hubertus cellararius, et Odo de Fontanis qui eam adduxerat.

Gauterius Aonius prima die quadragesime, quando distribuntur fratribus libri, venit in capitulum et in presentia domni W. abbatis, recognovit se esse hominem nostrum per testimonium Adelardi de Parciaco quem secum adduxit. Hoc viderunt et audierunt Arnulfus cellararius, Constantius cocus, Bernardus de Campo Cardonis, Bernardus ostiarius, Hubertus Archat.

Quidam homo de Fonte Merlandi, Odo nomine, venit in capitulum nostrum quem adduxit domnus Gaufredus ejusdem obedientiæ prior, et positis iiii^{or} denariis super caput ejus concessit se hominem esse nostrum, quos denarios suscepit de super ejus caput domnus Odo prior claustri tunc presidens capitulo. Hoc autem viderunt et audierunt : Vitalis paraster ejusdem Odonis, David Burgevin, Arnulfus cellararius, Benedictus de Murnaio, Algerius famulus prioris Villæ Berfodi, Olgerius Bruchart, Arnulfus coccus. Sciendum est quod inibi concessa est eidem Odoni quedam vinea, sed inde reddet omnes consuetudines.

Bibl. de Tours, à la fin du *De Servis*.

Au dos de la charte on voit en écriture du temps : *De servis.*

Cette charte ne faisait point originairement partie du *De servis*; elle est postérieure à toutes les pièces de ce cartulaire, d'une écriture moins ancienne (en 1113), et la feuille de parchemin a un autre format que celui du manuscrit.

Ce rôle (rotulus), comme il s'intitule lui-même, a 28 centimètres de longueur sur 13 centimètres de largeur et contient 49 lignes, il est rayé à la pointe sèche.

Comme la date de la pièce se trouve effacée dans le texte, une main toute moderne (19ᵉ s.) a mis au verso de cet acte cette note : « La paix entre « Henri roy d'Angleterre et Foulques comte d'Anjou se fit l'an 1113, la « 1ʳᵉ semaine de carême (art de vérifier les dates, t. II, p. 849, col. 2). L'abbé « de Marmoutier était alors Guillaume, qui le fut depuis 1104 jusqu'en 1124. »

LI

DE LEGERIO FACTO SERVO.

1113 — 1114.

Noverint fratres nostri habitatores loci Majoris scilicet Monasterii, hominem quendam, nomine Legerium, ex libero genere ortum, sponte sua servum esse factum S. Martini et nostrum, atque ob hoc, venisse in capitulum nostrum, et impositis ex more quatuor nummis super caput suum, et acceptis a domno Willelmo, tunc temporis priore, per eos, se, suamque, si qua fuerit posteritatem, sine parti pertinentem tradidisse in servitium nostrum perpetuum. Testibus istis : Arnulfo cellarario, Gaufredo Fergant, Rainaldum Passa Cocum, Bernardo Testart, Bodone.

Arch. de Maine-et-Loire. — Prieuré de Daumeray.

LII

LITTERA MANUMISSIONIS DE QUADAM PUELLA SERVITUTIS VINCULO INGENUA FACTA, ANNO MCXXV.

1125.

S. Gosberti   Ermenim   S. Achardi   S. Batehildis
                    S   Gosfredi

Quicumque sibi innexum pro Dei amore relaxerat servicium..... quapropter ego Gosbertus de Ponte et uxor mea Erminia et pueri nostri Gosfredus et Batchildis filia, pro remedio animarum parentum nostrorum et nostrarum, absolvimus istam nostram colibertam, nomine Constantiam, ab omni vinculo servitutis, ita ut deinceps ingenua permaneat.

Testes : Mauricius sacerdos, Stephanus nepos ejus, Odo de Fracte, Benedictus Martellus, Gosbertus Rex, Aimericus de Celle, Robertus Boena, Rainaudus Boena et alii ; Garenus de Curnocampo.

Anno MCXXV°, regnante Ludovico rege, Fulcone comite, Ildeberto archiepiscopo in cathedra Turonica existente.

Bibl. imp., Gaignières, n° 678, p. 18.

LIII

CARTA DE LIBERTATE BERTRANNI PRO REQUIE ANIMÆ SALOMONIS DEFUNCTI.

1136.

Quisquis sibi a Domino nexum peccaminum remitti desiderat, consequens est ut subditorum sibi debitæ vincula servitutis absolvat. Quocirca, in amore omnipotentis Dei, ego Haimmairicus, cognomine Gaimardus, de Lavarzino juvenilis dominus, assentiente mihi sorore mea Beatrice, pro anima patris mei Salomonis, huic famulo meo Bertranno libertatem concedo, quatinus ubicunque in quatuor mundi partibus voluerit, veluti liber et quietus, abeat. Si quis autem hanc libertatem quassare voluerit, iram Dei omnipotentis et beatæ Mariæ virginis omniumque sanctorum incurrat, auri centum libras examinati persolvat et nullum obtineat effectum. Data est autem hæc libertas apud Lavarzinum, super defuncti Salomonis tumulum, vivente Philippo rege Francorum, et Gaufrido comite Vindocinense ad Jerusalem abeunte.

His videntibus et audientibus : Salomone de Fracta Valle, Paulino, Hugone de Pontiaco, Euvrardo et filio ejus Giraudo, Ragenaudo Seseptimo, Golando et fratre ejus Gaufrido, Pagano de Bessiaco, Petro de Votluca, Gaufredo de Marriaco, Guillelmo de Buziaco, Gilduino, Hugone Nigra Boella, Gaufrido de Turmiaco, Hainrico de Cergis et fratre ejus Hildeberto, Fulcodio et fratre ejus Huberto, Caroo, Gaufrido, Richerio, Ulgerio sacerdote qui habuit inde quinque solidos de Bertranno propter xxx^{ta} missas ad animæ requiem defuncti Salomonis, Guillelmo sacerdote capellario, hujus vero cartulæ Arraudo sacerdote scriptore. Adhuc, Gibuinus, Gauterius.

Orig. arch. de Loir-et-cher. Cop. Martenne Hist. de M. Preuves, part. II, tom. 1, pièce 119e.

LIV

CUM BERTRANNO DE ALODO QUODAM CONCORDIA.

1142.

Existentium presentie et futurorum posteritati, ego Theobaldus Blesensis comes, notum fieri volo, quod Matildis, uxor Reirici, dedit Deo et beatæ Mariæ de Rameruco et monachis ibidem Deo servientibus totum alodum suum in terris, servis et ancillis. Quo comperto, Bertrannus frater ejus, scilicet filius Bertranni Sine Terra, auferens ipsum alodium, diu monachis injuriam fecit. Divino tandem munere tactus, errorem suum cognoscens, cum illis pacificavit ; et quoniam ipsum alodium in multis locis dispersum erat, monachis rogantibus, in uno loco videlicet apud Liciam, novem quarteria terre de ipso allodio ipsis concessit, Sei!endem etiam uxorem Johannis de Licia cum filiis et filiabus suis, et advocationem quam habebat in predicto Johanne, id est II denarios, apud etiam Vitriacum, Herveium et uxorem illius. Pro quorum concessiono VI libras Cathalaune monete ab ipsis monachis accepit, affirmans fide sua se hec omnia libere et absque ulla calumpnia servaturum et a cunctis hominibus pro posse suo deffensurum. Ne autem eidem Bertranno seu heredibus suis huic elemosine deinceps contraire liceret, ego Theobaldus comes, sicut Bertrannus eam ante presentiam meam concesserat, laudavi et concessi, et in manu mea quod ipsa irrefragabiliter teneretur suscepi, et ob hoc hanc cartulam sigilli mei auctoritate confirmari precepi.

Audientibus istis testibus : Guillelmo abbate Sancti Martini Trecensis, Johanne tunc priore de Rameruco, Lamberto et Rainerio monachis, Teobaldo furnerio, Oliverio de Droennaio et Achardo fratre ejus, Hugone preposito Rosnaii, Gauterio de Bernon, Milone de Maceriis; Gauterio Abram, Alberto famulis. Radulphus capellanus meus hanc sigillavit.

Actum est hoc Rosnaium, anno ab incarnatione Domini MCLXII°.

Bibl. imp., 5441². Cart. Maj. Monasterii, p. 384 et 385.

LV

INTER HUBERTUM DE CAMPANIA ET EMERICUM ABBATEM BURGULIENSEM, DE COLIBERTIS QUIBUSDAM CONVENTIO.

1163.

Quoniam quæ ab hominibus geruntur oblivione, aut negligentia, sito a memoria dilabuntur, placuit antiquitati ut quæ a memoria recesserunt, memoriali scripto mandarentur; nos igitur sequaces litterarum apicibus commendare decrevimus, quod altercatio non minima erat inter Emericum, abbatem Burguliensem et Hubertum de Campania, de quibusdam homi. nibus, Pipino scilicet et fratribus ejus. Dicebat enim predictus Hubertus eumdem Pipinum et fratres ejus colibertos suos esse, et eos sub servitutis jugo a proavis suis jure hereditario possedisse; contra abbas et monachi asserebant predictos quidem viros ejusdem Huberti colibertos esse ex matre, monachorum vero ex patre, terram quam a monachis habebant, monachis consuetudinariam esse affirmantes, et scripta sua et munimenta firmissima protendentes. Huic mutuæ contentioni sapientes viri, qui ab utraque parte advocati advenerant, finem ponere cupientes, utriusque partis assensu, predictos fratres partiri decreverunt, ita ut, Pipinus primogenitus cum matre sua in dominium Huberti succederet, et terram quæ monachis consuetudinaria erat relinqueret, alii vero duo, Herbertus scilicet et Vivianus frater ejus, sub dominio monachorum essent, et terram quam Pipinus et mater ejus relinquerent, debitum servicium reddendo possiderent. Ut autem conventio ista firmiter haberetur, Garnerius prior Niolii, Stephanus prior Sancti Leodegarii, jussu abbatis sui, predicto Huberto c solidos dederunt; uxori vero ejus, ut assensum preberet, xx solidos et duobus filiis ejus x solidos.

Hoc autem totum factum est apud Lausdunum, in domo Blandini, anno ab incarnatione Domini MCLXIII°, Henrico rege Anglorum comite Andegavorum et duce Aquitanorum, in presentia multorum testium quorum nomina subscribuntur. Hujus rei testes sunt : Garnerius prior Niolii, Stephanus prior Sancti Leodegarii, Vivianus presbyter, Aymericus Bernoini, Thomas Potet, Aymericus de Volort, Stephanus de Tarnai, Savaris Dainchay, Hubertus de Campania, Petrus Aufredi, Hugo Rigaut, Gaudins de Beignos, Petrus de Bornem, Johannes Odard, Gaufredus Botaraus, Borellus Blandins, Gausfredus et Simon filii eorum, Aimericus li Marchant,.... de Maiseme, Brunus Goberti, Gaufredus Tardivi, W. Gillemers, Hued Galerne, Maurins li Bouers, Vivianus Rantoni,... ricus presbyter, Fulco famulus Huberti.

Bibl. imp., Gaignières, n° 192, p. 150.

LVI

AB HENRICO REGE ANGLORUM, DONATIO LOCI DE POMERIO ACRI BONIS HOMINIBUS DE GRANDI MONTE.

1178-1199.

Henricus Dei gratia rex Angliæ, dux Normanniæ et Aquitaniæ, comes Andegaviæ, archiepiscopis, episcopis, abbatibus, comitibus, baronibus, justiciariis et aliis prepositis et omnibus ballivis et fidelibus suis, salutem. Sciatis me, pro Dei amore et pro salute animæ meæ et animarum antecessorum et successorum meorum, dedisse et concessisse in perpetuam et piam elemosinam, et presenti carta confirmasse Deo, priori et bonis hominibus de Grandimonte locum de Pomerio Acri et totum nemus liberum et quietum ad utendum pro voluntate sua, sicut distinguit via vetuta, quæ incipit a via Turonensi et venit in viam episcopalem, et fossata claudunt deversus Chinonem, et per totam forestam aliam, et universas forestas meas omnia necessaria ad edificationem et usus ejusdem domus et aliarum domorum ejusdem ordinis; terra mea dedi et concessi, et presenti carta confirmavi, duos solidos singulis diebus percipiendos, in perpetuum apud Chinonem de firma mea, et unum hominem in castro Chinonis et alium in villa de Azaio, ad serviendum domnis et fratribus de Pomerio Acri, liberos et quietos, in terra et aqua, ab omni servicio et tallia et exercitu et omni consuetudine et exactione et rebus aliis quæ ad me spectant. Sciatis etiam me singulis domibus Grandi Montis ordinis dedisse et concessine duos homines, in singulis civitatibus, et unum in castris, juxta quæ domus sunt positæ, predicto modo liberos et quietos ab omni servicio et tallia et exercitu et omni consuetudine et exactione. Quare volo et firmiter precipio quod predicti boni homines omnes predictas elemosinas meas habeant bene, libere, pacifice possidendas, integre et honorifice, sicut eas illis dedi et presenti carta confirmavi, T. Bartholomeo Turonensi archiepiscopo (1). Rad. episcopo Andegavensi (2). Apud Chinonem.

Bibl. imp., Dom Housseau, tom. v, n° 1926.

LVII

CARTA LIBERTATIS SERVORUM QUORUMDAM.
1184.

Nos fratres capituli Majoris Monasterii et ego Herveus, Dei gratia ejusdem ecclesie humilis minister, omnibus qui litteras istas viderint vel audierint, salutem in salutis auctore. Universitati vestre notum facimus quod nos, pari assensu, Hildeardim majorissam, et Matheum Girardum, et Ingelricum filios ejus, et eos qui de ipsis nascituri sunt, a servitute illa qua servi beati Martini Majoris Monasterii dicebantur et erant, absolvimus, retento in omnibus jure nostro et obsequio, ut non minus obnoxii nobis sint et successoribus nostris, occasione hujus libertatis, in omnibus redditibus et obsequiis et consuetudinibus, quas antea nobis et priori nostro de Chamartio persolvebant, sed jura ecclesie nostre illesa servare ac defendere, sicut prius ita et nunc et usque in seculum ipsi et filii eorum et filii filiorum, jure perpetuo tenebuntur; quod et se sicut diximus servaturos, prestito corporaliter juramento, promiserunt. Nos vero, in testimonium hujus libertatis a nobis eis concesse, litteras sigilli nostri munimine roboratas ad posterorum memoriam eis indulsimus.

Actum Majus Monasterium, in capitulo nostro, anno Verbi incarnati M°C°LXXX°IIII°.

Testibus hiis : Bernardo magistro priore, Gervasio bajulo, Haimone priore claustri et pluribus aliis.

Bibl. imp., collect. Moreau, Tome 88, p. 11.

(1) Barthélemy II, de 1174 à 1206.
(2) Raoul, 1178 à 1199.

LVIII

CARTA LIBERTATIS AMELINÆ SERVÆ.
1186.

Nos fratres capituli Majoris Monasterii, et ego Herveus ejusdem ecclesie humilis minister, notum fieri volumus tam presentibus quam futuris quod cum Amelina, quondam uxor Corriani, nobis jugo servitutis teneretur obnoxia, et copulatione matrimonii ejusdem Corriani, nos intuitu pietatis et ad preces karissimi nostri Henrici Aurelianensis electi et dilecti consanguinei nostri Buchardi, cancellarii Carnotensis ecclesie, eam a jugo servitutis manu misimus liberamque et ingenuam esse concessimus. Ipsa vero quidquid, jure dotalicii, a predicto Corriano possidebat nobis resignavit. Actum in presentia nostra, presentibus de personis ecclesie nostre: Willelmo magistro priore; Willelmo hospitalario; Anselmo panetario; Willelmo priore Boni Nuncii. Ex parte mulieris: Buchardo cancellario; Johanne de Merevilla.

Bibl. imp., ms. latin, n° 5441², p. 456 et 457. Extrait des archives de Bonnes Nouvelles d'Orléans.

LIX

MAJORI MONASTERIO PAGANUS SUA BONA ET SEMETIPSUM DONAT.
1195.

Noverint universi qui has litteras sunt audituri, quod nos, fratres capituli Majoris Monasterii et ego frater Gaufredus, Dei gratia eorum humilis minister, ad petitionem et preces dilecti amici nostri Gaufredi de Pereio et amicorum suorum, recepimus Paganum clericum nepotem ejus, in fratrem et condonatum nostrum et in beneficiorum ecclesie nostre participem. Quia vero, idem Paganus, se et cuncta que possesurus erat, nobis donavit, concessimus ei domum nostram de Fronciola cum pertinentiis suis, quoad vixerit possidendam, quam a debitis immunem servabit, et ejus possessiones omni posse augmentabit et in bono statu conservare studebit; ita tamen quod ei aliquid de nemore vendere vel dare, aut ex aliis possessionibus ad eamdem domum pertinentibus, aliquid subtrahere vel pignori obligare, seu alio modo alienare, minime licebit. Priori vero de Beriaco, singulis annis, in festivitate hyemali beati Martini, centum solidos Andegavensium, pro eadem domo pensionis nomine persolvet, et in estivali quinquaginta. Dum vero abbatem et magistrum priorem, atque nostros transeuntes monacos suscipiet, eis necessaria provisurus. Si vero, contra hoc pactum aliquid attemptare presumpserit, et ammonitus emendare noluerit, domum predictam, cum pertinentiis suis, nobis libere saisire licebit, quousque ad presentem formam pactionis redeat de transgressione satisfacturus. Presentis scripti tenorem, seu conventionem, in presentia totius capituli, se bona fide servaturum, tactis sacrosanctis evangeliis firmavit; id ipsum Gaufredus de Percio, Radulfus Aculeus et fratres ejusdem Pagani fideliter tenendum juraverunt et fidejussores extiterunt. Cum vero finem vite sue adesse presenserit, seu in vita, si petierit, habitum religionis nostre suscipiet, et domum predictam, cum omnibus pertinentiis suis et augmentationibus, et quicquid in ipso articulo possederit, sine fraude et diminutione aliqua, nobis fideliter resignabit, in manu prioris de Beriaco, vel alicujus ex nostris fratribus, qui presens adfuerit. Ut autem pactum penes nos et ipsum ratum habeatur, sub cirographo presentem cartam fecimus describi, et sigillo capituli munitam partem nobis retinuimus, partem ei tradidimus reservandam. Actum est hoc sollempniter, apud Majus Monasterium, presente capitulo, anno incarnati Verbi M°C°XC°V°, Philippo in Francia regnante, Richardo in Anglia regibus, in sede Turonum Bartholomeo.

Bibl. Imp., collect. Moreau, Tome 06, p. 199.

LX

CARTA LIBERTATIS MARTINI CUJUSDAM.

1199.

Ego Sulpitius dominus Ambaziæ, tam presentibus quam et futuris, notum facio, quod, Martinus Merceo, si ipse servitutis vinculo quocumque modo mihi obligatus fuerit, communi concensu Isabet, uxoris meæ, et fratrum meorum Hugonis, Johannis et Willielmi et sororum mearum, Isabet Comitissæ Engolismensis, et Dyonisiæ, pro amore Dei et remedio animæ dominæ Matildis, felicis memoriæ, karissimæ matris meæ, ipsum et ipsius heredes, cum universis rebus et possessionibus suis, ab omni servitute absolvo, et ubicumque terrarum abire voluerint, liberam eundi licentiam concedo; et ne libertas ista ab aliquo, in posterum, perturbari vel calumniari possit, ego hanc, ad ipsius Martini et amicorum suorum petitionem, litterarum memoriæ commendavi, et sigilli mei munimine communivi, et signo dominicæ crucis confirmavi. Quod viderunt et audierunt: Hamelinus episcopus Cenomanensis, Johannes episcopus Dolensis, Scincellus abbas de Pontilevio, Petrus abbas de Fontanis, G. abbas de Stella, Willielmus de Monte Leonis, Humbardus Jai, Hugo Jai. Actum publice apud Fontanas, die qua ibidem sepulta fuit domina Matildis venerabilis memoriæ mater mea, anno gratiæ M°C°XC°IX°, Philippo rege Francorum, Johanne rege Anglorum, Arturo comite Andegaviæ, Bartholomeo Turonensi archiepiscopo.

Sig. † Sulpitii. Sig. † Hugonis. Sig. † Johannis. Sig. † Willielmi. Sign. † Isabet dominæ Ambasiæ. Sig. † Isabet comitissæ Engolismensis. Sig. † Dionisiæ.

Bib. imp., Dom Housseau, v. 2121. Extrait des archives de Pontlevoy.

LXI

SERVI CUJUSDAM ET HEREDUM SUORUM DONATIO.

Circa 1208.

Notum sit omnibus, tam presentibus quam futuris, quod ego, Bartholomeus dominus Insulæ Buchardi, cum assensu Bucardi filii mei, et aliorum heredum meorum, abbatiæ misericordiæ Dei dedi, et in elemosinam concessi, Petrum Lemozicum et omnes heredes suos, jam natos vel nascituros, eternaliter liberos et ab omni consuetudine absolutos. Hujus rei testes sunt: Andreas de Vereze, Gaufridus de Turre, Hugo de Boceia, milites, Johannes Saracenus, Guillelmus Flandrensis, Haimericus de Surmaises, Lucas de Lameriaco, tunc prepositus et multi alii.

Bibl. imp., Dom Housseau, vi, 2258. Extrait du cartulaire de la Merci-Dieu.

LXII

DE GAUFRIDO BAIER, CARTUSIÆ DE LIGETO, A DROCONE DE MELLOTO, DATO.

1223.

Ego Droco de Melloto dominus Locharum et Meduanæ, universis abbatibus, baronibus, justiciariis, senescallis, prepositis et omnibus ballivis et fidelibus meis terræ meæ et aliis omnibus presentes litteras inspecturis, salutem in Domino. Sciatis me concessisse, et dedisse, et presenti carta mea confirmasse, domui ordinis Cartusiæ de Ligeto et viris religiosis ejusdem ordinis ibidem Deo servientibus, Gaufridum Raier de Belloloco, liberum et quietum ad servicium eorum, cum omnibus rebus suis, quantum inde ad me pertinet; et ideo percipio quod ipse eum bene, et in pace, et quietum habeant ad servicium suum, et quod ipse quietus sit et pacem firmam habeat, de theloneo, et passagio, et paagio, et tailliatia, et pannagio porcorum nutriturœ suœ, et exercitibus, et auxiliis, et clausturis villarum, et operationibus, et omnibus consuetudinibus, quœ ad me pertinent per totam terram meam; et prohibeo ne quis et super hoc, vexationem, vel molestiam, aut gravamen, inferre presumat. Actum anno gratiœ M°CC°XX°III°.

Bibl. Imp., Dom Housseau, VI, 2572.

LXIII

CHARTA PRO CLERICATU.

20 apr. 1259.

Viris venerabilibus et discretis decano et capitulo beati Martini Turonensis, R. ejusdem loci thesaurarius, salutem et sinceram in Domino caritatem. Noveritis quod ad divini cultus augmentum et in favorem ordinis clericalis nobis placet quod Johannes filius Gilonis Rani, qui de Domna Maria extitit oriundus, clericus fiat et habitum accipiat clericalem, ita tamen, quod si clericatum dimiserit, ad conditionem pristinam revertatur; unde dictum Jacobum ad vos mittimus ut eidem super hoc vestras, si placet, patentes litteras concedatis. Valete. Datum anno Domini M CC LIX, die jovis post Pascha.

Bib. Imp., Baluze, arm. III, paq. 2, n° 3, f° 250, d'après une copie ancienne de la pancarte blanche de Saint-Martin, f° 76.

LXIV

ITEM ALIA.

Jun. 1259.

Viris venerabilibus et discretis et in Christo sibi carissimis G. decano et capitulo beati Martini Turonensis Radulphus thesaurarius ejusdem loci salutem et sinceram in Domino caritatem. Noveritis quod nobis placet quod Jacobus Quelive lator præsentium de terra de Domna Maria, clericus fiat, ita tamen quod si clericatum dimiserit, in conditionem pristinam revertatur. Unde dictum Jacobum ad vos mittimus, ut eidem super hoc vestras, si placet, patentes litteras concedeatis. Valete. Datum anno Domini M CC LIX, mense junio.

<small>Bib. imp., Baluze, arm. III, p. 2, n° 3, f° 250, d'après une copie ancienne de la pancarte blanche de saint-Martin, f° 76.</small>

LXV

ITEM ALIA.

Feb. 1268.

Viris venerabilibus et discretis et amicis suis in Christo carissimis G. decano et capitulo beati Martini Turonensis, R. thesaurarius ejusdem ecclesiæ salutem in Domino. Noveritis quod bene placet nobis quod Jacobus Le Merat de Rampellino lator præsentium, de servili conditione ad statum veniat libertatis, et clericus fiat; ita tamen, quod si contrahet matrimonium, vel alias clericatum dimitteret, quod ad statum servitutis pristinæ revertatur; et super hoc faciatis ut videretis expedire. Datum Parisius, anno Domini M CC LXVIII, mense februario.

<small>Bib. imp., Baluze, arm. III, paq. 2, n° 3, f° 250; d'après une copie ancienne de la pancarte blanche de saint Martin, f° 80.</small>

LXVI

ITEM ALIA.

31 mart. 1269.

Viris venerabilibus et discretis decano et capitulo beati Martini Turonensis ejusdem loci thesaurarius salutem et sinceram in Domino caritatem. Noveritis quod ad divini cultus augmentum et in favorem ordinis clericalis nobis placet quod Theobaldus filius Raginaldi Le Dain, qui de Domna Maria extitit oriundus, clericus fiat et habitum accipiat clericalem, ita tamen quod si clericatum dimiserit, ad conditionem pristinam revertatur, et vos, si placet eidem vestras super hoc litteras concedentes. Valete. Datum anno Domini M CC LXIX, die jovis post Pascha.

Bib. imp., Baluze, arm. III, paq. 2, n° 3, f° 250; d'après une copie ancienne de la pancarte blanche de saint Martin, f° 76.

INDICES CHARTULARII.

INDEX CHRONOLOGICUS

CHARTARUM

Per numerales litteras ordo chartarum designatur. Littera A appendicem denotat.

SÆCULUM X.

958 — 987. De Ainardo coliberto, libero facto, LXXIII.
980 — 1032. Cartæ Durandi, LIV.
980 — 1032. De Hilduino servo, libero effecto, LIX.
980 — 1032. De ancilla, Constantia nomine, CXXII.
980 — 1040. De hominibus quos dedit Adricus Sancto Martino, XCV.
985, 1 et 2 Augusti. Carta Fulcradi vice comitis, quam sancto Martino dedit de quadam femina, nomine Ermengarde, I.
990 — 1000. De servis quos dedit Gualterius Turonensis, LXXII.

SÆCULUM XI.

1000 — 1100. De Heldiarde de Loratorio, libera facta, LVIII.
1000 — 1100. De Ledaldo coliberto dato, LX.
1007, vel 1008 vel 1009. De Heriberto servo, libero effecto, XIII.
1007 — 1010. De Durando et Letuisa uxore ejus, nec non Herbaldo et Ebrardo consanguineis ejus, X.
1007 — 1010. De Durando vel Guarino et uxore ejus, servis effectis Sancti Martini, LXIII.
1015 — 1032. Denotatio Balduini de Osberto, LVI.
1022, vel 1023 vel 1024. De Raindinco servo, libero facto, LII.

1023 — 1032. De Rainerio, Lamberto mulnerio, Rotberto Ferio, servis Sancti Martini, LXIV.

1023 — 1064. De eo quod Hamelinus et Lodonius dimiserunt calumniam de Rainerio de Belvidere, CIX.

1029, vel 1030 vel 1031. De Seherio servo, libero facto, L.

1032 — 1032. De commutatione duorum servorum facta cum canonicis Sancti Mauricii, XV.

1032 — 1060. De Ulgerio et Otberto servis, quos calumniabatur Gaufredus Corvesinus, IX.

1032 — 1060. De Guitberto servo, quem dedit Airardus prepositus Sancto Martino, XIV.

1032 — 1064. De Baldoneto, servo effecto Sancti Martini, II.

1032 — 1064. De Raherio et Fulcone colibertis, IV.

1032 — 1064. De Archenbaldo vacherio, VII.

1032 — 1064. Concordia Alberti abbatis cum abbate Ingelbaldo, de duobus servis, Boscilino et fratro ejus Ottrando, XII.

1032 — 1064. Notitia de Graneto servo effecto, XVII.

1032 — 1064. De Otgerio nepote Martini, XVIII.

1032 — 1064. De Odilone servo effecto, XIX.

1032 — 1064. De quadam coliberta Rotbergi nomine, quam vendidit Gausbertus Sancto Martino, XXI.

1032 — 1064. De quadam coliberta, nomine Rainilde, quam vendidit Letbertus de Blesis, XXIII.

1032 — 1064. De servis Archenbaldo, Constantio et Arraldo, XXIV.

1032 — 1064. De tribus famulis Andraldo, Rainaldo, Herveo, servis effectis, XXV.

1032 — 1064. De Roberto cognomento Animalia, XXVI.

1032 — 1064. De Tetbaldo Barone, servo effecto, XXVII.

1032 — 1064. De Gerlenda coliberta, à Godefredo nobis vendita, XXVIII.

1032 — 1064. De Rogerio, XXIX.

1032 — 1064. De Guilielmo fratre Rainaldi, XXX.

1032 — 1064. De Fulberto coliberto, XXXI.

1032 — 1064. De Rainaldo, XXXII.

1032 — 1064. De Girardo fabro, XXXIII.

1032 — 1064. De Hilduino furnario, XXXIV.

1032 — 1064. De Lamberto Brunello, XXXV.

1032 — 1064. De Ingelberto servo, XXVI.

1032 — 1064. Notitia Gualfredi servi effecti, XXXVII.

1032 — 1064. Notitia Fulberti servi effecti, XXXVIII.

1032 — 1064. De Guinefredo porcario et Tetlende uxore ejus, XXXIX.
1032 — 1064. De Gualterio et Ledearde uxore ejus, servis effectis, XL.
1032 — 1064. De Hilgodo servo, XLI.
1032 — 1064. Noticia de Gualterio servo, XLV.
1032 — 1064. De Rainaldo servo effecto, XLVI.
1032 — 1064. Noticia Rainaldi Dodonis de Frotmundo et Berta colibertis, XLVII.
1032 — 1064. De Archemberto et Hubaldo colibertis, XLVIII.
1032 — 1064. De Radulfo libero, servo effecto, XLIX.
1032 — 1064. De Hermando servo Fontaneti, LIII.
1032 — 1064. De Gualdrico coliberto, LV.
1032 — 1064. De Durando servo, LVII.
1032 — 1064. De duobus colibertis quos dedit Giraldus Batailla, LXII.
1032 — 1064. De Berduino servo effecto, LXIV.
1032 — 1064. De Geraldo nepote Raimundi Pictavensis, servo effecto, LXVIII.
1032 — 1064. De Acfredo et uxore et liberis ejus, servis effectis, LXIX.
1032 — 1064. De Guiberto pellitario, servo effecto, LXXVII.
1032 — 1064. De Harduino servo effecto, LXXVIII.
1032 — 1064. Notitia Odilonis servi effecti, LXXIX.
1032 — 1064. Notitia Michaelis cementarii, servi effecti, LXXX.
1032 — 1064. Notitia Martini mulnerii, servi effecti, LXXXI.
1032 — 1064. Notitia Aremberti servi effecti, LXXXII.
1032 — 1064. Notitia Ascelini servi effecti, LXXXIII.
1032 — 1064. De Raherio, LXXXIV.
1032 — 1064. De Arnulfo fratre Fulcherii, LXXXV.
1032 — 1064. De Fulcherio servo effecto, LXXXVI.
1032 — 1064. De Halbaldo servo effecto, LXXXVII.
1032 — 1064. Donatio Mauricii filii Gelduini de Firmato et sororibus ejus, LXXXVIII.
1032 — 1064. De Ansquitino servo effecto, XC.
1032 — 1064. De Ingelbaldo servo, quem dedit Guillelmus Sancto Martino, XCI.
1032 — 1064. Notitia Girardi servi effecti, XCII.
1032 — 1064. De Guillelmo servo effecto, XCIII.
1032 — 1064. De Ebrulfo libero, servo effecto, XCIV.
1032 — 1064. De Johanne servo effecto, XCVI.
1032 — 1064. De Vitale servo effecto, XCVIII.
1032 — 1064. De Rainberto servo effecto, XCIX.

1032 — 1064. De Benedicto servo effecto, c.
1032 — 1064. De Engelrico sartore, cii.
1032 — 1064. De Uncberto de Vestenno, servo effecto, cvii.
1032 — 1064. Villæ Berfodii donatio, i A.
1032 — 1064. Noticia Sancti Medardi de alodiis de Villariis, ii A.
1032 — 1064. Notitia de Mainfredo salnario, iii A.
1032 — 1064. Notitia de Tetbaldo filio Leterii et Hilduino sartore, iv A.
1032 — 1084. De Bertranno Agnello, servo effecto, iii.
1032 — 1084. De Aremburge uxore Vitalis et filiis ejus quos reclamavit Gimo de Ambaziaco, xcvii.
1032 — 1084. De Ingelrico sartore et fratribus ejus, ci.
1032 — 1084. De Otberto bergerio, servo facto, cviii.
1032 — 1084. De Rainaldo Belino donato nobis a Hugone Preside, v A.
1032 — 1084. Notitia de Stephano Cambacanis de Ferraria, vi A.
1032 — 1100. De Halmerico servo, lxv.
1032 — 1100. De servo Adelelmo, quem dedit Lancelinus de Vindocino Sancto Martino, lxx.
1032 — 1100. De Vitale coliberto, quem donavit Drogo de Monte Aureo, lxxiv.
1040 circà. Notitia de Ascelino Ohelmi filio, vii A.
1040 — 1044. Præceptum de ecclesia Sancti Ilarii, quam dedit Majoris Monasterii monachis Guanilo thesaurarius Sancti Martini, viii A.
1040 — 1060. De Guismando coliberto, lxxxix.
1040 — 1075. Notitia de Guismando et filio ejus, quos dedit Gauscelinus Bodellus Sancto Martino, ix A.
1040 — 1080. Gasbertæ colibertæ donatio, x A.
1046 — 1048. Carta de colibertis de Cassiniaco, quos dedit Girardus Borrellus Sancto Petro, xi A.
1046 — 1064. De Alberto libero facto, li.
1048 — 1062. De Fulcherio servo, libero facto, lxxi.
1050 — 1060. Notitia de tribus quarteriis terre Archembaldi prepositi vindocinensis, xii A.
1050 — 1060. Notitia de xxx^{ta} terre arpennis in Vindocinensi sitis, quos emit domnus Germundus de Girberga femina Ulrici, xiv A.
1050 — 1064. Notitia de convenientia Hamelini clerici, xiii A.
1050 — 1070. Landrici comparatio, xvi A.
1050 — 1084. Notitia de vineis Randeni, xv A.

1053 — 1064. De Petro Hanard, servo effecto, XLIII.

1053 — 1068. De servis Uneberto et Huberto, quos dedit Stephanus nepos archiepiscopi, LXXV.

1053 — 1088. De eo quod Turbatus recognovit se servum et de concordia cum eo, XI.

1056. Ainardi cujusdam ab Henrico rege manumissio, XVII A.

1060 circà. Notitia de auctoramento Rotberti de Villenolio et Guillelmi clerici, de libertate uxoris Ohelmi matris Ascelini, XVIII A.

1061. De Johanne piscatore de Fonte Caro, XVI.

1061. De Rainaldo servo effecto, XX.

1061. A Gausfredo comite Andegavensium coliberti cujusdam donatio, XIX A.

1062. De Lamberto furnerio et Rotberto Blaineto, servis effectis, XXII.

1062. De Hilgodo servo effecto, XLII.

1062. De Hugone coliberto, quem donavit Fulcherius de Turre et Annes soror ejus, LXVI.

1062. De Ingelbaldo Blancardo, servo effecto, LXVII.

1062. De Radulfo et Gaufredo et Constantino, servis effectis, CV.

1063. De colibertis quos donavit Guanilo nepos domni Guanilonis monachi, CIII.

1063. De auctoramento Floriani presbiteri et Fulconis filii sui, super Berta coliberta uxore Guaninci, CIV.

1063 circà. De Andrea servo, quem reddidit nobis Guanilo de Montiniaco, XX A.

1064. De Viviano caprario, servo effecto, CXI

1064. De Landrico, effecto servo Majoris Monasterii, XXI A.

1064. De servis de Cernaico quos Bardunus de castro Noastri calumniabatur, XXII A.

1064. De Rainaldo servo, quem donavit Odo de Fonte, XXIII A.

1064 — 1084. De decem servis, quos dedit seu vendidit nobis Ainardus de Sancta Maura, habitantes apud Loratorium, V.

1064 — 1084. De Arnulfo Gazello, VI.

1064 — 1084. De Rainardo servo et sorore ejus, VIII.

1064 — 1084. De uxore Adelardi quæ fuit ancilla Gualoli, LXI.

1064 — 1084. De Gandelberto servo et Girberga ancilla uxore illius, CVI.

1064 — 1084. De Mauricio filio Ingelbaldi de Ponte, clerico effecto, CXII.

1064 — 1084. Notitia de concordia cujusdam domus nostræ, quam vendidit Guillelmus servus noster apud Chamartium, XXIV A.

1064 — 1084. Quomodo Eleazarus de Faia et uxor ejus dimiserunt Gausfredum de Sonziaco, XXV A.

1064 — 1100. Notitia de servis comitis Hilduino, Guidone et Herberto, CXVI.

1065. Rainaldo coterello et Alberga uxore ejus, servis effectis, CX.

1066. De infantibus Ernaldi de Feligniaco quos Odo Censold calumniabatur, XXVI A.

1067 jun. Notitia de auctoramento Girardi de Balgenciaco super rebus Ohelmi et Ascelini, XXVII A.

1069 22 jan. Cyrographum de filia Conversæ, libera facta, LXXVI.

1069 feb. Auctoramentum Rotberti de Villenolio et sororum ejus, de rebus Ohelmi servi nostri de Chamartio, XXVIII A.

1070. De calumnia super Hildradum servum et filios ejus, XXIX A.

1074 circà. Concordia cum Tetbaldo filio Leterii de Navolio, XXX A.

1077. De servis de Villa Nantulfi, quos dedit Valerannus de Bretulio, XXXI A.

1080 — 1097. Coliberti cujusdam donatio, XXXII A.

1080 — 1111. Peloquini, Insulæ domini, donatio villæ de duobus Luciis, XXXIII A.

1081. De quodam juvene, Adam nomine, servo facto, CXXV.

1081 — 1096. De Rainaldo Doardo, et Herveo, et Gaufredo factis servis, CXXI.

1081 — 1096. De Christiano Britone servo facto, et de Galcherio, CXXIV.

1081 — 1096. De Giraldo et uxore ejus Doda, CXXVI.

1084 — 1100. Notitia de Pinello facto servo, CXIX.

1084 — 1100. Notitia de Benedicto facto servo, CXX.

1084 — 1100. De servitute Rotberti de Dalmeriaco, XXXIV A.

1084 — 1100. De Gausfredo servo, clerico effecto, XXXV A.

1087 6 jun. Partitio servorum inter Majus Monasterium et Gualterium Rimandum, XXXVI A.

1087 7 novemb. De Lamberto coliberto, libero effecto, XXXVII A.

1088. Carta Rainaldi, Berte, Ermensendis et Guntildis, CXVII.

1089 circà. Donatio ecclesiæ, nomine Perusiæ, Sancto Petro Burguliensi, XXXVIII A.

1091 15 august. Liberatio Rotberti filii Odenis Scoti, a jugo servitutis, CXIV.

1092. De Mainardo et uxore sua servis factis Sancti Martini, cxiii.
1092. Servorum quorumdam donatio, xxxix A.
1093. Notitia de Fulcrado Doblelo et Galterio fratre ejus, recognoscentibus se servos Sancti Martini, cxxiii.
1095. De domo Raherii piscatoris servi effecti, xl A.
1095. Servorum et colibertorum cum terris ab Ebrardo de Puteolo donatio effecta, xli A.
1096 12 jul. De Ermelina ancilla quam Rotbertus de Rupibus nobis dedit, cxv.
1096 circà. Recognitio Galterii Ermontrudis servi nostri, cxviii.
1097 3 jan. Notitia de Vitali servo, cxxvii.
1097. Guerpitio majoriæ Villæ Etardi, ab Alcherio effecta, xlii A.
1099. De Clamahoco et de Isembardo servis effectis, xliii A.

SÆCULUM XII.

1102. Notitia de molendino Chapleto et de domo Marchasii et aliis rebus, quas donavit Stephanus dominus castri Maduni, xliv A.
1104 — 1124. De Gaufredo et de matre ejus Orguon, servis effectis, xlv A.
1104 — 1124. A Johanne marescallo servitutis recognitio, xlvii A.
1104 — 1124. De Laurentio quodam servo effecto, xlvii A.
1107. De Hildiarde ancilla quam dedit nobis Agnes de Montiniaco, xlviii A.
1108 — 1125. De Halilde coliberta, libera effecta, xlix A.
1113. Rotulus quorumdam servorum Majoris Monasterii, l A.
1113 — 1114. De Legerio facto servo, li A.
1125. Littera manumissionis de quadam puella servitutis vinculo ingenua facta, anno mcxxv, lii A.
1136. Carta de libertate Bertranni, pro requie animæ Salomonis defuncti, liii A.
1142. Cum Bertranno, de alodo quodam concordia, liv A.
1163. Inter Hubertum de Campania et Emericum abbatem Burguliensem, de colibertis quibusdam conventio, lv A.
1178 — 1199. Ab Henrico rege Anglorum, donatio loci de Pomerio Acri hominibus de Grandi Monte, lvi A.

1184. Carta libertatis servorum quorumdam, LVII A.
1186. Carta libertatis Amelinæ servæ, LVIII A.
1195. Majori Monasterio Paganus sua bona et semetipsum donat, LIX A.
1199. Carta libertatis Martini cujusdam, LX A.

SÆCULUM XIII.

1208 circà. Servi cujusdam et heredum suorum donatio, LXI A.
1223. De Gaufrido Baier, cartusiæ de Ligeto à Drocone de Melloto, dato, LXII A.
1259 20 apr. Charta pro clericatu, LXIII A.
1259 jun. Item alia, LXIV A.
1268 feb. Item alia, LXV A.
1269 31 mart. Item alia, LXVI A.

FINIS INDICIS CHRONOLOGICI.

INDEX ONOMASTICUS.

ABRAMMIUS, ostiarius, testis, CXXV.
ACFEDUS CENTUM SOLIDOS, testis, CXXII.
ACFREDUS, de Luzone, servus effectus, LXIX.
ACFRIDUS, filius Rainardi salnerii, III A.
ACHARDUS, L A.
ACHARDUS, frater Oliverii de Droennaio, testis, LIV A.
ACHARDUS, homo sancti Martini, LVIII.
ACHARDUS, nepos Dernaldi, testis, CXI.
ACHARDUS DE RUPIBUS, testis, XXIX A.
ACHARFUS, filius Adelardi Barduni de castro Noastri et Hersendis, XXII A.
ADA, testis, X, LXIII
ADA, uxor Petri de Monte Aureo, testis, XLIX.
ADALA, conjux Gaufredi, LXXIII.
ADALARDUS, testis, X, LXIII.
ADALGERIUS, testis, I.
ADALGISUS, testis, XXIV.
ADAM, carpentarius, servus factus, CXXV.
ADAM, frater Othgerii mariscalis, testis, XLII A.
ADELADIS, filia Floriani, CIV.
ADELADIS, filia Gualdrici, colliberta, LV.
ADELADIS, filia Landrici Balbi, uxor Girardi de Balgenciaco, XXVII A.
ADELADIS, soror Ebrardi et Hugonis, testis, LI.
ADELADIS, uxor Gauscellini Bodelli, IX A.
ADELADIS, uxor Giroardi, serva effecta, XXXIII.
ADELADIS, uxor Guascelini, LXXXIX.
ADELADIS, uxor Rainaldi de Spieriis, testis, VIII A.
ADELAIDIS, filia Hildeburgis et Landrici, testis, XVIII A.
ADELARDUS, homo Huberti, testis, XLIII.
ADELARDUS, prepositus de Carnoto, XLI A.
ADELARDUS, servus Sancti Martini, LXI.
ADELARDUS, subcamerarius, testis, XLVII A.
ADELARDUS DE PARCIACO, testis, L A.
ADELARDUS BARDUNUS, de castro Noastri, auctor, XXII A.
ADELAUDUS, servus, filius Herberti servi, XLIV A.
ADELELMUS, filius Bernardi Cauda Vaccæ et Sophiæ, XXII A.
ADELELMUS, prior Majoris Monasterii, XXX A.
ADELELMUS, servus, LXX.
ADELELMUS, de Vindocino, testis, CI.
ADELENDIS, mater Giraldi, LXVIII.
ADELICIA, mater Ebrardi filii Hugonis de Puteolo, testis, XLI A.
ADELINA, uxor Huberti cellararii, testis, L A.
ADELITIA, filia Rotberti Chiopardi, serva, XXXVI A.

14

ADELMUS, monachus de Lozorio, testis, LVIII.
ADELO, testis, XIII.
ADEMARUS, presbyter de Rubeis Maceriis, testis, XXXVIII A.
ADEMARUS DE RANCER, testis, XXXVIII A.
ADIBERGA, uxor Hervizi de Lazai, auctor, LX.
ADIERNA, soror Rotberti de Villenolio, XXVIII A.
ADILOIS, mater Gausberti, testis, XXI.
ADIMARUS, fidejussor, VII A.
ADRICUS, auctor, XCV.
ADVIS, soror Waufridi, testis, XVI A.
ÆLIA, uxor Tetbaldi, militis, filii Leterii, IV A.
AGATHA, uxor Odonis de Frate Vallo, XLIX A.
AGILO, monachus, testis, XV.
AGNA, uxor Uneberti Infunduti, testis, XXI.
AGNES, filia Tetbaldi et Eliæ, XXX A.
AGNES, uxor Gilduini de Malliaco, LXVI.
AGNES, uxor Hugonis Presidis, V A.
AGNES, uxor Rotberti de Villenolio, XXVIII A.
AGNES DE MONTINIACO, auctor, XLVIII A.
AGOBERTUS, carnotensis episcopus, LXXI.
AIGA, filia Girardi et Adeladis, XXVII A.
AIMERICUS, testis, LVIII.
AIMERICUS, cellararius, testis, XC, IV A.
AIMERICUS, filius Ivonis, testis, XXXIII A.
AIMERICUS, major, testis, XXXIII A.
AIMERICUS, monachus, testis, XIV.
AIMERICUS DE CELLE, testis, LII A.
AIMERICUS DE TAVENTO, testis, XXXVI A.
AIMERICUS LI MARCHANT, testis, LV A.
AIMO BETNOSA, testis, CXVI.
AINARDUS, bucherius, testis, XLIII.
AINARDUS, capellanus, testis, XXXV A.
AINARDUS, collibertus, liber factus, LXXIII.
AINARDUS, servus, liber factus, XVII A.
AINARDUS DE SANCTA MAURA, auctor, V.
AINRICUS, testis, LXIII.
AINRICUS DE FALGERIIS, testis, XLIII.
AINSBERTUS, testis, XLVI.
AIRALDUS FEIREUS, testis, CXVII.
AIRARDUS, auctor, LXXIII.
AIRARDUS, testis, X, LI, LXIII.
AIRARDUS, pater Theodelini, VIII A.
AIRARDUS, prepositus, auctor, XIV.
ALBERGA, uxor Rainaldi, serva effecta, CX.
ALBERICUS, testis, XIII, XXX A.
ALBERICUS, pater Simonis, VIII A.
ALBERICUS, præcentor, testis, XV.
ALBERTUS, abbas Majoris Monasterii, XII, XIV, XV, XVI, XVII, XX, XXI, XXII, XXIII, XXIV, XXV, XXVI, XXVII, XXIX, XXXIX, XLI, XLII, XLIII, XLV, XLVI, XLIX, LI, LVII, LXIV, LXVI, LXVII, LXVIII, LXIX, LXXI, LXXVII, LXXVIII, XC, XCIII, XCIV, XCIX, C, CIII, CIV, CV, CVII, I A, XIII A, XIX A.
ALBERTUS, famulus, testis, LIV A.
ALBERTUS, filius Hubaldi, collibertus, datus Sancto Martino, XLVIII.
ALBERTUS, pater Bernardi, VIII A.
ALBERTUS, pistor, testis, CXIII, XXXIX A.
ALBERTUS, prepositus, testis, XVI, XIX A.
ALBERTUS, servus, liber factus, LI.
ALBERTUS, siniscalcus de Halena, testis, XLI A.
ALBERTUS, talemerarius, testis, LXXXIX, IX A.
ALBERTUS BRITO, testis, XXIX.
ALBERTUS LORIPEDIS, de Castro Duni, testis, XXIII A.
ALBERTUS PES ANSERIS, testis, XXV.
ALBURGIS, filia Gualdrici et Richildis, colliberta, LV.
ALBURGIS, uxor Bernardi de Sancto Aniano, XXXI.

INDEX ONOMASTICUS.

Alcherius, testis, x, lxiii.
Alcherius, carpentarius, testis, lxiv.
Alcherius, fidejussor, xlix.
Alcherius, filius Guitberti, servus effectus, lxxvii.
Alcherius, miles, major de Villa Etardi et servus, xlii a.
Alcherius, prepositus, testis, xxviii a.
Alcherius de Rupibus, testis vi.
Alcherius de Villa Rebla, xxix a.
Aldebertus, comes Lemovicensis, testis, xxxviii a.
Alefridus, sacerdos et canonicus Sancti Leti, testis, xcv.
Alerius, homo Giraldi, buccarii de Turonis, testis, xiii a.
Alexander de Lemovicis, testis, xxxviii a.
Alexander de Rupibus, testis, cxv, cxvii
Alfredus, testis, x, lxiii.
Alfredus, monachus, testis, xxx a.
Algerius, testis, xxxv a.
Algerius, famulus prioris Villæ Berfodi, testis, l a.
Algerius, filius Arnulfi Gazelli, testis, xli a.
Algerius, frater Hersendis, lxxiii.
Algerius, pater Hersendis, lxxiii.
Algerius, sacrista, testis, cxiv.
Algerius de Ristega, testis, cxxi.
Algerius de Tristo, testis, cix.
Algerius Petrarius, collibertus cognatus Gaufredi campionis et carpentarii, ciii.
Algisus, coquus, testis, cxxi, cxxv.
Alguinus, levita, testis, xxvii a.
Alguinus, scriptor cartæ, testis, lxv.
Almodis, uxor Gausfridi, senioris de Prulliaco, testis, xxi.
Alo Silvanus, testis, xi a.
Alricus, testis, liv.
Amadilis, uxor Archembaldi, xi a.
Amalgerius, servus Sancti Martini, testis, ii a.

Amalguinus, testis, xxv a.
Amalricus, filius Berengerii, testis, cix.
Amalricus, de Blesi, testis, lxxiv.
Amarricus, donator, xxii a.
Amelina, uxor Corriani, serva libera effecta, lviii a.
Amelinus, frater Huberti, lv.
Anastasius, testis, x, lxiii.
Andraldus, testis, x, lxiii.
Andraldus, coquus, testis, xlvviii, lxxv, xciii.
Andraldus, filius Nainfredi de Sancto Petro Villecivilei, servus effectus, xxv.
Andraldus, monachus, testis, xcii, xciii, xviii a.
Andraldus, portarius, testis, iii a.
Andrea, servus, filius Guarini servi, xx a.
Andreas, fidejussor, vii a.
Andreas, prepositus, testis, lxxxix, ix a.
Andreas de Verfze, miles, testis, lxi a.
Ansaldus, vicarius, testis, li.
Ansaldus Normandus, testis, xviii a.
Ansberga, colliberta, uxor Johannis, colliberti, xvi, xix a.
Ansbertus, testis, xcvi.
Anscherius, testis, cxxii.
Anscoldus de Firmitate, testis, viii a.
Ansegisus, testis, vii.
Ansegisus, bocherius, testis, xl a.
Ansegisus, bucherius, testis, cxxii.
Ansegisus, cellararius, testis, xviii, xxiv, xxx, xxxii, xxxiii, xxxiv, xxxv, xli, xlv, xlvi.
Ansegisus, homo Sancti Martini, testis, xcvii.
Ansegisus, major, testis, xxxix.
Anseisus, cellararius, testis, lxxxiv, lxxxv, lxxxvi, lxxxvii, lxxxviii, xciv.
Anseisus de Ponte, testis, xxxvi a.

Anselmus, testis, LIV.
Anselmus, panetarius, testis, LVIII A.
Archembaldus, testis, VIII, XXI, XLVI.
Archembaldus, cellararius, testis, V.
Archembaldus, filius Almalgisi, testis, XXIII.
Archembaldus, filius Girardi Borrelli, XI A.
Archembaldus, filius Ulgerii, XXVI A.
Archembaldus, frater Landrici, testis, XVIII A.
Archembaldus, major de Monte Loil, testis, XLIV.
Archembaldus, pater Hugonis Presidis, V A.
Archembaldus, pistor, testis, VII, XLII, CXI.
Archembaldus, prepositus, testis, CI, XIV A.
Archembaldus, prepositus de castro Vindocino, auctor, XII A.
Archembaldus, servus, XXIV.
Archembaldus de Anzia, XXVI A.
Archembaldus de Fraxino, testis, XXVIII.
Archembaldus Borrellus, pater Bartholomei et Peloquini, XXXIII A.
Archembardus, nepos Garini, testis, CXXI, CXXVI.
Archembaudus Bodinus, LVIII.
Archembertus, filius Frotmundi et Hildeburgis de Albariis, collibertus datus Sancto Martino, XLVIII.
Archenbaldus, vacherius, collibertus datus Sancto Martino, VII.
Archenfredus, testis, XI.
Archengerius, nepos Guillelmi, testis, XCI.
Archengerius, pater Guillelmi, XCI.
Archerius, filius Ingelberti, testis, CXVII.
Arderadus, testis, CXXII.
Arembertus, servus effectus, LXXXII.

Arembertus, vicarius, testis, XI, XLIII.
Arembertus, vicarius de Rupibus, testis, XLVIII.
Arembertus Malus Finis, testis, XXX A.
Aremburgis, filia Acfridi, serva effecta, LXIX.
Aremburgis, filia Guascelini, serva, XXXVI A.
Aremburgis, filia Tetbaldi militis et Æliae, IV A.
Aremburgis, mater Gausberti clerici de Sancta Maura, XVII A.
Aremburgis, uxor Vitalis sutoris, XCVII.
Aremburgis, uxor Viviani Brochardi, XLVIII.
Ariprandus Hainricus, testis, XLIII A.
Arnardus, frater Galchirii de Orcasa, liber factus, XXXV A.
Arnulfus, testis, X, LXIII.
Arnulfus, archiepiscopus Turonensis, XV, XLIV, L.
Arnulfus, cellararius, testis, CXXVII, XLII A, XLIV A, XLV A, XLVI A, XLVII A, L A, LI A.
Arnulfus, cementarius, testis, LXVIII.
Arnulfus, coquus, testis, II, L A.
Arnulfus, famulus de Capella, testis, CXXVI.
Arnulfus, famulus, frater Fulcherii, servus effectus, LXXXV.
Arnulfus, filius Tetbaldi, militis, IV A, XXX A.
Arnulfus, frater Juneti, testis, XLVIII, LVII.
Arnulfus, monachus, testis, XXVII, I A.
Arnulfus, precentor, LXXI.
Arnulfus, prepositus, testis, CXVI.
Arnulfus, sartor, testis, XXIV, XXV, XXXIX, XLI, XCIV, XCIX, CV, III A.
Arnulfus, sartor, junior, testis, LXXXVIII.

ARNULFUS, sartor, senior, testis, LXXXVIII.
ARNULFUS DE BUZIACO, testis, CI.
ARNULFUS DE CONDEI, I A.
ARNULFUS DE RELLIACO, testis, CXXVI.
ARNULFUS DE VADO, VIII A.
ARNULFUS FRUMENTINUS, testis, LXIX, CIV.
ARNULFUS GAZEL, testis, XI.
ARNULFUS GAZELLUS, servus Majoris Monasterii, VI.
ARNULFUS GAZELLUS, testis, CXXI, XLI A.
ARNULFUS MATHO, testis, LXVII.
ARNULFUS PENTED, frater Galoii, testis, XI.
ARNULFUS PLEINTEIT, testis, XLIII.
ARRALDUS, cellararius, testis, XXV.
ARRALDUS, clericus, testis, XXVIII.
ARRALDUS, frater Archembaldi, servus effectus, XXIV, LXXII.
ARRALDUS, nepos Odonis, testis, LXV.
ARRALDUS DE BROSTELIO, LX.
ARRAUDUS, sacerdos, scriptor cartulæ, testis, LIII A.
ARTURUS, comes Andegaviæ, LIX A, LX A.
ASCELINA, uxor Guineberti, LXXXVIII.
ASCELINUS, testis, VIII A.
ASCELINUS, famulus, servus effectus, LXXXIII.
ASCELINUS, filius Radulfi, testis, LXX.
ASCELINUS, monachus, testis, IV A.
ASCELINUS, monachus prepositus obedientiæ Buziaci, XXIX A.
ASCELINUS, serviens, testis, CII.
ASCELINUS, servus, filius Ohelmi servi et Hilduciæ, VII A, XVII A, XVIII A.
Aszo, filius Acfredi, servus effectus, LXIX.
AUDURGIS, serva, filia Herberti servi, XLIV A.
AUFREDUS, collibertus, XIII A.
AUFREDUS, frater Huberti, testis, LV.

AURANDUS, frater Petri Bonardini colliberti, testis, XLIII.
AVELINA, filia Huberti Mordentis et Rensuisæ, testis, VIII A.
AVELINA, uxor Hervei de Lavarzino, testis, XV A.
AVESGALDUS, frater Huberti, XLIV.
AVESGALDUS, de Vindocino, XLIII.
AVESGODUS, frater Huberti, LV.
AVISGALDUS, pater Huberti, XIII A.
AVISGODUS, pater Hamelini de Vindocino, auctor, CIX.
AYMERICUS, filius Guidonis Cati, testis, XXXVIII A.
AYMERICUS BERNOINI, testis, LV A.
AYMERICUS, de Cassanico, collibertus, XI A.
AYMERICUS DE MONTE CUCULI, testis, XXXVIII A.
AYMERICUS DE ROCA COIZARDI, testis, XXXVIII A.
AYMERICUS DE VOLORT, testis, LV A.
AZELINUS, testis, I.

BALDONETUS, servus S. Martini, II.
BALDUINUS, testis, LXX.
BALDUINUS, cancellarius, XVII, A.
BALDUINUS, clericus, auctor, LVI.
BALDUINUS, mercator, testis, XXIV A.
BALDUINUS DE MALLIACO, testis, CI.
BALDUINUS DE ROSDONE, maritus Hildiardis ancillæ, XLVIII A.
BALDUINUS GROSSUS, testis, XXIV A.
BARTHOLOMEUS, abbas Majoris Monasterii, V, LXXVI, CX, CXI, CXII, CXVI, XXI A, XXIII A, XXVII A, XXIX A, XXX A, XXXI A.
BARTHOLOMEUS, archiepiscopus Turonensis, XLIII, LXXV, LVI A, LIX A, LX A.

BARTHOLOMEUS, dominus Insulæ Buchardi, auctor, LXI A.
BARTHOLOMEUS, filius Rainaldi de Villana, servus, XXXVI A.
BARTHOLOMEUS, frater Peloquini domini Insulæ, XXXIII A.
BATEHILDIS, filia Gosberti de Ponte et Erminiæ, LII A.
BEATRIX, soror Haimerici de Lavarzino, LIII A.
BELINUS, homo Bernardi Tironis, testis, IV.
BELINUS, joculator, testis, CII
BELLUSHOMO, L A.
BENEDICTA, serva, CIX.
BENEDICTUS, canonicus Sanctæ Mariæ, testis, CII.
BENEDICTUS, cellararius, testis, XIV A.
BENEDICTUS, famulus, testis, CXVI.
BENEDICTUS, famulus, servus effectus, CXX.
BENEDICTUS, pater Joannis, XIII A.
BENEDICTUS, sartor, testis, XXVI, CV.
BENEDICTUS DE MURNATO, testis, A.
BENEDICTUS DE SPINOCHIS, testis, V A.
BENEDICTUS BLANCARDUS, major, testis, XXIX A.
BENEDICTUS BLANCHARDUS, testis, CI, CII, IX A, XXIX A, XXX A.
BENEDICTUS Blesensis, servus effectus, C.
BENEDICTUS MARTELLIS, testis, LII A.
BERARDUS, testis, LIV.
BERARDUS, filius Bosonis, testis, XLI A.
BERBERTUS MALUS RATUS, testis, CXIII, XXXIX A.
BERENGERIUS, testis, X, LXIII.
BERENGERIUS, cellararius, testis, XVII, XXV, LXVIII.
BERENGERIUS, decanus, testis, CI.
BERENGERIUS, filius Lamberti furnerii, servus effectus, XXII.
BERENGERIUS, filius Lisoii de Rupibus, testis, XLIII.

BERENGERIUS, monachus, testis, XLVIII, LXIV, XCIII.
BERENGERIUS, panetarius, testis, XC.
BERLADIUS, filius Landrici Balbi, testis, XVIII A.
BERLAICUS DE MONTE SORELLO, auctor, X A.
BERLANDUS, presbyter, testis, LIX.
BERNARDUS, testis, XVIII, XXIV, XXX, XXXII, XXXIII, XXXIV, XXXV, XLI, XLV, XLVI, LXXXIV, LXXXV, LXXXVII, LXXXVIII, CXIV.
BERNARDUS, abbas Majoris Monasterii, CXIII, CXIV, CXVI, CXIX, CXX, XXXIV A, XXXV A, XXXVI A, XXXIX A, XL A, XLIII A.
BERNARDUS, capellanus, testis, XXXV A.
BERNARDUS, clericus de Sancto Juliano, testis, XLIV.
BERNARDUS, clericus, testis, V A, XXX A.
BERNARDUS, coquus, testis, XX, XCVII, CX, CXXV, VI A, XIII A, XV A.
BERNARDUS, famulus prioris, testis, XXVII A.
BERNARDUS, fidejussor, VII A.
BERNARDUS, filius Alberti, testis, VIII A.
BERNARDUS, filius Bernardi et Alburgis, XXXI.
BERNARDUS, filius Eleazari de Faia et Luciæ, XXV A.
BERNARDUS, hospitalarius, testis, XXXI, LXXVIII, LXXXVI, C.
BERNARDUS, major, testis, VI, CVIII, XXX A.
BERNARDUS, mariscalcus, testis, XL.
BERNARDUS, nepos Gaufredi corvesarii, testis, CXXIII.
BERNARDUS, ostiarius, testis, L A.
BERNARDUS, pater Rainaldi salnerii, III A.
BERNARDUS, prior, testis, CXXIII, VII A.
BERNARDUS, salnerius, testis, CXV, XLII A.
BERNARDUS, serviens, testis, XXIV A.
BERNARDUS, servus, V.

BERNARDUS DE BAINOLIS, testis, LVIII.
BERNARDUS DE CAMPO CARDONIS, testis, L A
BERNARDUS DE NAVOIL, testis, III A.
BERNARDUS DE PAIRAS, testis, XXXVIII A.
BERNARDUS DE SANCTO ANIANO, XXXI.
BERNARDUS BLOIUS, testis, XI.
BERNARDUS BLOIUS DE RUPIBUS, testis, XCVI.
BERNARDUS BRITO, testis, X A
BERNARDUS BURELLUS, testis, XL, III A.
BERNARDUS CAUDA VACCÆ, XXII A.
BERNARDUS FLAGELLUS, monachus panetarius, XLI A.
BERNARDUS TESTART, testis, LI A.
BERNARDUS TIRO DE RUPIBUS, donator, IV.
BERNERIUS, testis, XXVII A.
BERNERIUS, abbas Majoris Monasterii, LXXII.
BERNERIUS, frater Lancionis clerici, XXI A.
BERNERIUS, pater Lamberti testis, XX A.
BERNERIUS, piscator, testis, CIX.
BERNILDIS, colliberta, LXXXVIII.
BERNOINUS, molendinarius, servus effectus, LXIV.
BERTA, ancilla, libera facta, CXVII.
BERTA, colliberta, XLVII.
BERTA, colliberta, uxor Guaningi furnarii, CIV.
BERTA, regina, mater Odonis comitis, XVIII A.
BERTRANNUS, testis, LVIII.
BERTRANNUS, filius Bertranni Sine Terra, LIV A.
BERTRANNUS, liber factus, LIII A.
BERTRANNUS AGNELLUS, servus effectus, III.
BLANDINUS, LV A.
BOBO, testis, LI A.
BONELLUS, filius Frotmundi, testis, CXVI.
BORELLUS BLANDINUS, testis, LV A.
BOSELINUS, filius Constantii Bacca Acuta, testis, CXIV.

BOSELINUS, pistor, testis, II, XXXVI, XXXVII, LV, LXXIX, LXXX, LXXXI, LXXXII, LXXXIII, CIV.
BOSELINUS, servus, XII.
BOSO, pater Berardi, XLI A.
BOSONUS LAVELLUS, testis, XXXVIII A.
BOYO DE LANERIO, testis, XLVIII A.
BRICTIUS, filius Gauscelini, testis, XCVII.
BRITO CHRISTIANUS, servus effectus, CXXIV.
BRUNINGUS, monachus, testis, XX.
BRUNUS GOBERTI, testis, LV A.
BUCARDUS, filius Bartholomei domini Insulæ Buchardi, LXI A.
BUCHARDUS, cancellarius, testis, LVIII A.
BURCHARDUS, testis, I, XLIV A.
BURCHARDUS, comes, testis, I, XXX A.
BURCHARDUS, filius Adelardi Barduni de castro Noastri et Hersendis, XXII A.
BURCHARDUS, filius Ernaldi de Brisaico, XLVIII.
BURCHARDUS, filius Tetbaldi, militis et Æliæ, IV A, XXX A.
BURCHARDUS, frater Mauritii, LIII.
BURCHARDUS, monachus, testis, XXVII.
BURCHARDUS, nepos Gausfredi Foelli, testis, XXII A.
BURCHARDUS, pater Guarini, XXXII A.
BURCHARDUS DE FIRMITATE, testis, XXVIII A.
BUSELINUS, pistor, testis, LXXVII.

CADELO, testis, LXIII.
CAROUS, testis, LIII A.
CECILIA, libera facta, LXXVI.
CHOTARDUS, filius Gauscelini, LXXXIX.
CHOTARDUS, filius Gauscelini Bodelli, IX A.
CHRISTIANUS, testis, LVIII.
CHRISTIANUS, propositus de Sancto Paladio, XLIV A.

CLAMOHOCUS BELSERIUS, servus effectus, XLIII A.
CLAVELLUS, servus Jordanis, testis, XXXVIII A.
CLEMENS, carpentarius, testis, XXXIII A.
CLEMENS, presbyter, testis, XCVI.
CLEOPAS, testis, XV.
CLEOPAS, filius Malranni de Castro Noiastro, VIII A.
CONSTABULUS, pater Uncberti, CVII.
CONSTANTIA, ancilla, CXXII.
CONSTANTIA, colliberta, libera facta, LII A.
CONSTANTINUS, canonicus, testis, XIV A.
CONSTANTINUS, canonicus Sancti Georgii, testis, IX A.
CONSTANTINUS, levita, testis, XCV.
CONSTANTINUS, servus effectus, CV.
CONSTANTINUS BASTARDUS, filius Archemberti, collibertus, XLVIII.
CONSTANTINUS HARDREIUS, testis, CIX.
CONSTANTIUS, testis, XXXII, XXXIII, XXXIV, XXXV, LXVIII, LXXXIV, LXXXV, LXXXVI, LXXXVII, LXXXVIII.
CONSTANTIUS, canonicus, testis, XLVIII.
CONSTANTIUS, canonicus Sancti Georgii, testis, LXXXIX.
CONSTANTIUS, collibertus, LXII.
CONSTANTIUS, coquus testis, XV A, L A.
CONSTANTIUS de Blesis, testis, C.
CONSTANTIUS, filius Herberti, servus, XLIV A.
CONSTANTIUS, filius Mainardi de Ferraria, testis, XXX A.
CONSTANTIUS, frater Archembaldi, servus, XXIV.
CONSTANTIUS, monachus, testis, XCII, XCIII.
CONSTANTIUS, servus, LXIV.
CONSTANTIUS BACEA ACUTA, CXIV.
CONSTANTIUS BRIENTIUS, testis, VI A.
CONSTANTIUS CHAINNO, testis, XVII, XXVI.
CONSTANTIUS CHAINONS, testis, LXXVII.
CONSTANTIUS INCIDE FERRUM, testis, XLVIII.
CONSTANTIUS TAILLA FER, testis, XVII, XXVI.
CONSTANTIUS TALLIT FERRUM, testis, XCVII, CIV.
CORBINUS, venator, testis, XLIX A.
CORBO DE ROCCAS, testis, LVI.
CORRIANUS, LVIII A.

DACFRIDUS, famulus, testis, I A.
DACFRIDUS, servus, LXXII.
DACFRIDUS TROSSA BOTUS, testis, LXIX.
DANCEILINUS, cellararius, testis, L A.
DAVID, testis, X, LXIII, LXX, XXX A.
DAVID, cellararius, monachus, testis, LXVII.
DAVID, filius Guismandi colliberti, LXXXIX, IX A.
DAVID, major, testis, IV.
DAVID, vicarius, testis, LXXXIX, IX A.
DAVID DE MONTE SORELLO, maritus Erminildis, CIV.
DAVID de PORTA, testis, CXVII.
DAVID BURGEVIN, testis, L A.
DENSBERTUS DE BRITIACO, testis, CXXIII.
DODA, uxor Giraldi, molendinarii, CXXVI
DODA, serva, XLIV A.
DODO, testis, X, LXIII.
DODO, decanus, testis, X, LXIII.
DODO, famulus, testis, XCVIII.
DODO, piscator de Chinzlaco, testis, LV.
DODO ANSQUITINUS, servus effectus, XC.
DOMINICA, colliberta, LV.
DOMINICUS, pater Landrici servi, XVI A.
DORANNUS, homo archiepiscopi, testis, LXXV.
DROCO DE MELLOTO, dominus Locharum et Meduanæ, auctor, LXXII A.
DROGO, testis, XXXIX A.

DROGO, frater Constantii canonici, testis, LXXXIX, IX A.
DROGO, frater Mathei de Monte Aureo, testis, XV A.
DROGO, miles de Monte Aureo, auctor, LXXIV, IX A.
DROGO, monachus, testis, XXVII A.
DROGO, pellitarius, testis, III A.
DROGO DE BURGO NOVO, testis, XXVI A.
DROGO DE RIVERIA, testis, CXVI.
DROGO DE TAVENNO, testis, CVI.
DURANDUS, testis, X, LXIII, XXXIV A.
DURANDUS, coquus, testis, XVI, CXXIV, CXXV, XIX A, XXXV A.
DURANDUS, de Eleinosina, testis, XCI.
DURANDUS, filius Galoii, testis, CXVII.
DURANDUS, forestarius, testis, XLIII, LXII, XCI, CVII, CXI.
DURANDUS, frater Tetbaldi sanguinarii, testis, LXXXVIII.
DURANDUS, homo Guascelini, testis, LXXIV.
DURANDUS, mariscalcus, testis, VIII, CVI, XXX A.
DURANDUS, molendinarius de Vindocino, servus, LVII.
DURANDUS, servus effectus, XXXIII.
DURANDUS, vicarius comitis Gausfredi, testis, XIV A.
DURANDUS CALVELLUS, testis, XI.
DURANDUS CALVUS, testis, XXVIII A.
DURANDUS CORSONUS, testis, XIV.
DURANDUS GUARINUS, auctor, X.
DURANDUS vel GUARINUS, servus, LIV, LXIII.
DURANDUS RISELLUS, testis, XL, III A.
DYONISIA, soror Sulpitii Ambaziæ, LIX A, LX A.

EBLO, nepos Gualterii Turonici, testis, LVI.

EBO, testis, XXXIV A.
EBO, clericus, testis, VIII.
EBRARDUS, testis, X, LXIII, XXXIV A.
EBRARDUS, abbas Majoris Monasterii, LVI.
EBRARDUS, avunculus Ebrardi de Puteolo, XLI A.
EBRARDUS, canonicus Sancti Karilcffi, testis, CII.
EBRARDUS, consanguineus Durandi Guarini, X.
EBRARDUS, coquus, testis, XCI.
EBRARDUS, famulus, testis, XXX A.
EBRARDUS, filius Ebrardi, testis, LI.
EBRARDUS, filius Gerduini, testis, LI.
EBRARDUS, filius Hugonis de Puteolo, testis, XLI A.
EBRARDUS, filius Rainaldi de Spleriis, testis, VIII A.
EBRARDUS, frater Waleranni, monachus, XXXI A.
EBRARDUS, ostiarius, testis, XXII.
EBRARDUS DE PUTEOLO, monachus, XLI A.
EBRARDUS DE PUTEOLO, nepos Ebrardi de Puteolo monacho, XLI A.
EBROINUS, testis, XXV A.
EBROINUS BACONUS, testis, CII.
EBRULFUS, cellararius, testis, IV, XVII, XXV, XXXIX, XL, XLVIII, LV, LXII, XC, CVII, III A.
EBRULFUS, famulus, servus effectus, XCIV.
EBRULFUS, filius Mariæ, testis, XXXV A.
EBULONUS, testis, LXXVI.
ELEAZARUS DE FAIA, XXV A.
ELIA, testis, XXXI A.
ELIA, uxor Tetbaldi filii Leterii de Navolio, XXX A.
ELIAS, frater Chotardi, IX A.
ELISABETH, soror Rotberti de Villenolio, XXVIII A.
EMERICUS, abbas Burguliensis, LV A.
ENARDUS DE MALI CORNU, testis, LVIII.

ENGELAIDIS, uxor Marapni, testis, CXXII.
ENGELARDUS MESPLENERIUS, testis, XIV.
ENGELREA, mater Rainaldi salnerii, III A.
ENGELRICUS, sartor, CJ, CII.
ENGENULFUS DE PROVINIS, testis, VIII A.
ENORISMA, serva, XLIII.
ERBALDUS, LXIII.
ERBALDUS, servus, XCV.
ERCEMBALDUS, corvosarius, testis, CXXIII.
ERCHEMBALDUS BORELLUS, testis, CXXIII.
ERCHEMBALDUS DE FONTENEDO, testis, CXIX.
ERFREDUS DE CHAMARTIO, testis, XXVIII A.
ERMELINA, ancilla, CXV.
ERMENARDUS, closarius, testis, CIX.
ERMENFREDUS DE COLUMBARIIS, testis, VI.
ERMENGARDA, colliberta, I.
ERMENGARDIS, comitissa, testis, LI.
ERMENGARDIS, uxor Bernoini molendinarii, serva, LXIV.
ERMENILDIS, filia Floriani, CIV.
ERMENSENDIS, ancilla, libera facta, CXVII.
ERMENTRUS, serva, III.
ERMENTRUS, uxor Rainaldi de Rupibus, XVI, XIX A.
ERMINIA, uxor Gosberti de Ponte, LII A.
ERNALDUS, famulus, testis, LXV.
ERNALDUS, monachus, LV, XCVIII.
ERNALDUS, pater Tetbaldi, testis, XXIV A.
ERNALDUS, prepositus Fontis Merlanni, LV.
ERNALDUS, servus, XXVI A.
ERNALDUS DE BALGENTIACO, testis, XXVIII A.
ERNALDUS DE MONTE FORTI, XVIII A.
ERNALDUS GUIDO, testis, XXXVIII A.
ERNEISUS, testis, I.
ERNULFUS, testis, LII,
ERNULFUS, pater Tetbaldi, testis, XXIV A.

ERNULFUS, pistor, testis, XXIV A.
ERNULFUS DE RUILLACO, testis, XL A.
ERFULFUS FRUMENTINUS, testis, XCIII.
ESGAREDUS, filius Gaulterii portarii, testis, III.
EUDO, monachus, testis, XVI A.
EUDO DE BLAZONE, testis, XCVII.
EUCHERIUS, filius Nivelonis, testis, VIII A.
EUSEBIA, filia Drogonis, LXXIV.
EUVRARDUS, testis, LIII A.
EUVRANDUS, servus, XCV.
EVELINA, soror Rainaldi Salnerii, III A.
EVRARDUS, abbas, testis, L.

FALCO DE MONTE FULCONIS, testis, XXXII A.
FIRMATUS, testis, XLIII.
FIRMATUS, collibertus, LXXXVIII.
FLORIANUS, presbiter de vico condatensi, auctor, CIV.
FRANCISUS DE MONTINIACO, testis, XLVIII A.
FREDALDUS, testis, X, LXIII.
FREDEBERTUS, testis, X, LXIII.
FREDEBERTUS JOTANZ, testis, CVII.
FREDEBERTUS, serva, LXIV.
FREDELO DE BORDIS, testis, XXXVIII A.
FREDERICUS, testis, XV, LXX.
FREDERICUS, filius Galterii Tizonis, testis, XI A.
FREDERICUS, monetarius, testis, LIX.
FREDERICUS, servus, XII.
FRODELINUS, testis, XXIV, XLI, XLV, XLVI.
FRODELINUS, filius Tedmari, testis, VIII A.
FRODO, testis, CVII, CIX, III A.
FRODO, famulus, testis, LV.
FRODO, medicus, testis, XC, CV, XV A.

INDEX ONOMASTICUS.

FROGERIUS, hospitalis, testis, LXXVIII.
FROTGERIUS, testis, XVI, XVIII A, XIX A.
FROTGERIUS, mariscalcus, testis, XVIII, XXX, XXXII, XXXIII, XXXIV, XXXV, LXXXV, LXXXVI, LXXXVII, LXXXVIII, I A.
FROTGERIUS DE SANCTO FLODOVEO, testis, LXXV.
FROTMUNDUS, testis, I.
FROTMUNDUS, collibertus, XLVII, XLVIII.
FROTMUNDUS, matricularius, testis, CXII.
FROTMUNDUS DE MEMBEROLIS, testis, XXVII A.
FROTMUNDUS DEARTIUS, testis, XXIX A.
FUBERTUS BOETA, testis, XLIX A.
FUCAUDUS, vicarius cabanensis, testis, XXXVIII A.
FULBERTUS, bergerius de Fraxino, testis, CXXVI.
FULBERTUS, collibertus, XXXI.
FULBERTUS, famulus Hugonis, testis, XXVII A.
FULBERTUS, famulus, servus effectus, XXXVIII.
FULBERTUS, filius Petri, testis, CI, XIII A.
FULBERTUS, monachus, testis, XXVII A.
FULBERTUS, pater Godefredi de Blesis, CII.
FULBERTUS, telonearius, testis, LXXXIX, CI, IX A, XV A.
FULBERTUS, telonearius Vindocinensis, testis, XXX A.
FULBERTUS DE ORCASA, testis, XXVII A.
FULBERTUS, de Vindocino, CI.
FULBERTUS CAMPIO, testis, XVI, XIX A.
FULBERTUS TROSSELLUS, testis, XXX A.
FULCALDUS, filius Segardi, testis, XLVIII A.
FULCARDUS DE ARROU, testis, VIII A.
FULCERIUS, vicarius, testis, X A.
FULCHERIUS, testis, LII, LIX.

FULCHERIUS, clericus, testis, LXV.
FULCHERIUS, famulus, servus effectus, LXXXVI.
FULCHERIUS, filius Girardi Budelli, testis, LI.
FULCHERIUS, filius Ingelbaudi Britonis de Vindocino, XV A.
FULCHERIUS, filius Rotberti, XXXI.
FULCHERIUS, frater Guismaldi, testis, LXXXIX.
FULCHERIUS, frater Guismandi colliberti, testis, IX A.
FULCHERIUS, frater Ilberti, testis, LI.
FULCHERIUS, monachus, testis, VIII A.
FULCHERIUS, nepos Simonis, XXIII A.
FULCHERIUS, scriptor, L.
FULCHERIUS, servus, liber factus, LXXI.
FULCHERIUS DE SANCTO YLARIO, testis, XX A.
FULCHERIUS DE TURRE, auctor, LXVI, IX A, XIV A.
FULCHERIUS FORFACTUS, testis, CIX.
FULCHO DE CICONIIS, testis, CXVII.
FULCHO DE MURIS, testis, XXXII A.
FULCO, auctor, LIV.
FULCO, testis, XXXVIII A.
FULCO III, comes Andecavensis, LII.
FULCO IV, comes Andecavensis, CXVI, XIX A.
FULCO V, comes Andecavensis, LII A.
FULCO, comes Vindocinensis, XIII A, XIV A.
FULCO, famulus Huberti, testis, LV A.
FULCO, filius Floriani, CIV.
FULCO, filius Frodonis, testis, CI.
FULCO, filius Godefridi comitis Engolismorum, XXXVIII A.
FULCO, filius Gaufredi testis, I.
FULCO, frater Raherii, collibertus, IV.
FULCO, monachus, testis, XIV, XX, XXII, XXV, XLII, XLVIII, LV, LVII, LXIV, LXVII, LXIX, LXXV, LXXXVII, XCIII, CV, IV A.
FULCO, vice-comes, testis, LIV.

FULCO DE NAVOLIO, testis, V A.
FULCO, de Valeia, maritus Gasbertæ, colliberlæ, X A.
FULCODIUS, testis, LIII A.
FULCODIUS, filius Gaufredi prepositi, testis, XXVIII A.
FULCODIUS, monachus, testis, LXXVII.
FULCODIUS, presbiter, testis, XVIII A.
FULCODIUS, prior Sancti Martini, XVII, XLIII, LXVIII.
FULCOIUS, testis, I.
FULCRADUS, testis, X, XXI, LXIII, VIII A.
FULCRADUS, filius Gauscelini, testis, XV A.
FULCRADUS, presbiter, testis, LI.
FULCRADUS, vico comes, auctor cartæ, I.
FULCRADUS DE RUA VASSALORUM, testis, XXX A.
FULCRADUS CLAVUS MORTALIS, testis, LXXXIX, IX A.
FULCRADUS DOBLETUS, servus CXXIII.

GADILO, testis, X.
GAIARINUS, clericus, testis, IV.
GALCHERIUS DE ORCASA, frater Arnaldi, XXXV A.
GALDRICUS, collibertus, XIII A.
GALFREDUS DE OSENIACO, testis, XLII A.
GALOIUS, testis, XI.
GALTERIUS, testis, XVIII A.
GALTERIUS, filius Arnulfi de Vado, testis, VIII A.
GALTERIUS, filius Gradulfi Bastardi, testis, VIII A.
GALTERIUS, filius Salomonis, testis, CXVII.
GALTERIUS, frater Fulcradi Dobleti, servus, CXXIII.

GALTERIUS, presbiter, testis, XXIII A.
GALTERIUS DE CASTRO BUSLO, testis, VIII A.
GALTERIUS DE PARCIACO, testis, XLII A.
GALTERIUS AREMTRUDIS, de Relliaco, servus, CXVIII.
GALTERIUS CAMAILARDUS, testis, CXX.
GALTERIUS CANARDUS, testis, XIV A.
GALTERIUS PANIS PARATUS, testis, XXVII A.
GALTERIUS PIELLUS, testis, XXIII A.
GALTERIUS TIZO, testis, XI A.
GANDELBERTUS, servus, CVI.
GANDELBERTUS DE SOLOMIS, testis, IX A.
GARENUS DE CURNOCAMPO, testis, LII A.
GARNALDUS, tannator, testis, CX.
GARNERIUS, testis, XLIX A.
GARNERIUS, prior Niolii, LV A.
GASBERTA, uxor Fulconis de Valeia, colliberta, X A.
GAUBERTUS, mancipium monachorum, testis, LIX.
GAUCHERIUS, famulus de Tavento, testis, XXV A.
GAUCHERUS, servus factus, CXXIV.
GAUDEFREDUS, filius Rainaldi Jeusæ, testis, XLIII.
GAUDIUS DE BEIGNOS, testis, LV A.
GAUFREDUS, testis, XXX A.
GAUFREDUS, carpentarius, testis, XIX A.
GAUFREDUS, testis, XIII, LIV, XXX A.
GAUFREDUS, campio, testis, XI.
GAUFREDUS, campio, CIII.
GAUFREDUS I, comes Andecavensis, auctor, I, LXXIII.
GAUFREDUS II, comes Andecavensis, XIV, VIII A, IX A, XIII A.
GAUFREDUS II, comes Vindocinensis et Andecavensis, LXXXIX.
GAUFREDUS III, comes Andecavensis et Turonensis, auctor, XVI.

GAUFREDUS, coquus, testis, IV, XXXVIII, XCIII.
GAUFREDUS, corvesarius, testis, V, CXVII.
GAUFREDUS, famulus, testis, VIII A.
GAUFREDUS, filiaster Letberti, testis, XXIII.
GAUFREDUS, filius Bernardi Tironis, IV.
GAUFREDUS, filius Galterii de Castro Buslo, testis, VIII A.
GAUFREDUS, filius Huberti et Tescelinæ, XLIII.
GAUFREDUS, filius Roberti Marchevcolli, servus effectus, XLV A.
GAUFREDUS, frater Ansegisi, testis, CXXIII.
GAUFREDUS, frater Bernardi Bloil, testis, XI.
GAUFREDUS, frater Fulconis, LIV.
GAUFREDUS, frater Stephani Bartholomei, LXXV.
GAUFREDUS, major, XLVIII A.
GAUFREDUS, minister Majoris Monasterii, LIX A.
GAUFREDUS, prepositus, testis, XXVIII A.
GAUFREDUS, prior Fontis Merlandi, L A.
GAUFREDUS, senescalcus, testis, XI.
GAUFREDUS, servus effectus, LV, CXXIV.
GAUFREDUS, servus, monachus factus, XXV A.
GAUFREDUS DE BINES. famulus, servus effectus, XXXVII.
GAUFREDUS DE CHAURCIS, testis, XXVIII A.
GAUFREDUS DE MARRIACO, testis, LIII A.
GAUFREDUS DE PEREIO, LIX A.
GAUFREDUS DE PRULIACO, thesaurarius Sancti Martini, testis, XVI.
GAUFREDUS DE TREVIS, auctor, VII.
GAUFREDUS DE VIRSONE, monachus, testis, XVIII A.
GAUFREDUS ABJECTATUS, testis, CXIII, CXXIV, XXXIX A.

GAUFREDUS BOTARAUS, testis, LV A.
GAUFREDUS CAULIS, testis, XXIX A.
GAUFREDUS CORVESINUS, miles, auctor, IX.
GAUFREDUS FERGANT, testis, LI A.
GAUFREDUS LUPELLUS, testis, CXVII.
GAUFREDUS MALUS FINIS, testis, LIII.
GAUFREDUS MARCHA VITULUM, testis, L A.
GAUFREDUS NORMANNUS, XLVIIII A.
GAUFREDUS PONFOLA, testis, CI.
GAUFREDUS REUNDINUS, testis, XIV.
GAUFREDUS TARDIVI, testis, LV A.
GAUFRIDUS, testis, LIII A.
GAUFRIDUS, , comes Vindocinensis, LIII A.
GAUFRIDUS, filius Huberti Cuza Denarii, de Lingeacis, XVI A.
GAUFRIDUS, filius Raginaldi Pexxii, testis, XLIX A.
GAUFRIDUS, frater Golandi, testis, LIII A.
GAUFRIDUS, frater Hugonis, XLIX A.
GAUFRIDUS, piscator, testis, XLIX A.
GAUFRIDUS DE SANCTO AMANDO, testis, CXVII.
GAUFRIDUS DE TURMIACO, testis, LIII A.
GAUFRIDUS DE TERRE, testis. LXI A.
GAUFRIDUS LUDOVICUS, testis, CXVII.
GAUFRIDUS HAIER, XLII A.
GAULTERIUS, archidiaconus, testis, LXXVI.
GAULTERIUS. monachus, testis, XIV.
GAULTERIUS, prepositus Villæ Nantulfi, testis, XLI A.
GAULTERIUS DE BEZIACO, testis, V A.
GAULTERIUS BITURIGENSIS, testis. XLIV A.
GAUSBERTUS, camberlencus Guanilonis thesaurarii, testis, I A
GAUSBERTUS, carnifex. testis, LVIII.
GAUSBERTUS, cartularius, testis, XVII
GAUSBERTUS, clericus de Sancta Maura, auctor, XVII A.

GAUSBERTUS, coquus, testis, LXI, LXXVI.
GAUSBERTUS, filius Haimerici, XCVI.
GAUSBERTUS, filius Mariæ conversæ, servus, LXXVI.
GAUSBERTUS, frater Adelardi, testis, LXI.
GAUSBERTUS, major, testis, IX.
GAUSBERTUS, monachus, XLVIII A.
GAUSBERTUS, scriptor cartæ, testis, XXI.
GAUSBERTUS, vicarius de Monte Laudiaco, XLIII.
GAUSBERTUS DE FALGEROLIS, testis, XLIII.
GAUSBERTUS DE PRULLIACO, auctor, XXI.
GAUSBERTUS FERGAN, testis, XLIV A.
GAUSBERTUS GAZEL, testis, XLIV A.
GAUSBERTUS LUDOVICUS, panetarius, monacus, XLVIII A.
GAUSBERTUS PAGANUS, testis, CXVI.
GAUSCELMUS, testis, XLIV.
GAUSCELMUS, clericus, testis, II.
GAUSCELMUS, filius Guitberti, servus, LXXVII.
GAUSCELMUS, mercator, testis, CII.
GAUSCELMUS LOTHARIUS, testis, LXVIII.
GAUSCELINUS, testis, LXVIII.
GAUSCELINUS, buellus, testis, XIV A.
GAUSCELINUS, collibertus, XXXII A.
GAUSCELINUS, frater Ademari, monachus, testis, LXVII.
GAUSCELINUS, monachus de Buziaco, testis, XV A.
GAUSCELINUS, pater Fulcradi, XV A.
GAUSCELINUS, rasorius, testis, XCVII.
GAUSCELINUS DE FRANVILLA, testis, LI.
GAUSCELINUS BODELLUS, miles de castro Vindocino, donator, IX A.
GAUSCELINUS LONGUS, XVIII A.
GAUSFREDUS, testis, XXXIV A.
GAUSFREDUS, campio, testis, XIII A.
GAUSFREDUS II, comes Andegavensium, XIV A.
GAUSFREDUS III, comes Andecavensis et Turonensis, nepos Fulconis, quondam comitis Andecavensis, XIX A.

GAUSFREDUS, filius Gaufredi Botaraus, testis, LV A.
GAUSFREDUS, frater Fulcradi, testis, XV A.
GAUSFREDUS, frater Rainardi, XXXIV A.
GAUSFREDUS, nepos episcopi, testis, LXXII.
GAUSFREDUS, scutellarius, servus factus, CXXI.
GAUSFREDUS, servus, XXIV A.
GAUSFREDUS, servus, clericus effectus, XXXV A.
GAUSFREDUS DE BAIOCIS, testis, CXXIII.
GAUSFREDUS DE CREDONA, testis, XXVI A.
GAUSFREDUS DE GRISLOMONTE, testis, XXVI A.
GAUSFREDUS DE MEDUANA, CXVI.
GAUSFREDUS DE MONCIACO, XXIII.
GAUSFREDUS DE PRULLIACO, thesaurarius Sancti Martini, testis, XIX A.
GAUSFREDUS DE SANCTO AMANDO, testis, V A.
GAUSFREDUS DE VISCELLO, testis, XLI A.
GAUSFREDUS BRITO, cognatus Ebrardi de Puteolo, miles, XLI A.
GAUSFREDUS CATTUS, XXVI A.
GAUSFREDUS FOELLUS, testis, XXII A.
GAUSFREDUS PANIS ANTE AQUAM, XIV A.
GAUSFREDUS PUNGE FOLLEM, testis, XIII A.
GAUSFREDUS RUCEVALLUS, testis, XXII A.
GAUSFREDUS VASLINUS, testis, XLIII A.
GAUSFRIDUS, senior de Prulliaco, XXI.
GAUSFRIDUS DE LACELLA, testis, LVIII.
GAUSLINUS, foristarius, testis, XL, XLVIII, LV, LVII, IV A.
GAUSLINUS DE CAINONE, testis, XVI, XIX A.
GAUSMARUS, clericus, testis, II, XVIII, XXIV, XXX, XXXII, XXXIII, XXXIV, XXXV, XXXVI, XXXVII, XLI, XLV, LXXXI, LXXXIII, LXXXV, LXXXVI, XCI.
GAUSMARUS, prior, CXVI.

INDEX ONOMASTICUS.

GAUSMERICUS, clericus, testis, XCIV.
GAUSO, clericus, testis, I.
GAUSOLINUS, testis, I.
GAUTERIUS, testis, XXIX A, LIII A.
GAUTERIUS, famulus, testis, CII.
GAUTERIUS, filius Gualerii portarii, testis, CIX.
GAUTERIUS, monachus, testis, VIII A.
GAUTERIUS, ramarius, servus, L A.
GAUTERIUS DE BERNON, testis, LIV A.
GAUTERIUS DE CHINSI, testis, III, CVIII.
GAUTERIUS ABRAM, famulus, testis, LIV A.
GAUTERIUS AONIUS, homo Majoris Monasterii, L A.
GAUTERIUS DANIEL, testis, XLVI A.
GAUTERIDUS, presbyter, testis, III A.
GAUZBERTUS RUFUS, testis, LXXII.
GAUZCELINUS, testis, XXIX.
GAUZLINUS, conjux Constantiæ, CXXII.
GAUZLINUS, fidejussor, VII A.
GELDUINUS, filius Girardi et Adeladis, XXVII A.
GELDUINUS, filius Mauricii, LXXXVIII.
GELDUINUS, pater Mauricii, LXXXVIII.
GELDUINUS, vicecomes, auctor, LI, CII.
GELDUINUS ESCHERPELLUS, auctor, LIII.
GEMMO, testis, I.
GENZO, testis, XLVI.
GENZO, monachus, testis, LI, I A, VIII A, XVIII A.
GEORGIUS, testis, LXV.
GERALDUS, testis, L, XXX A.
GERALDUS, fidejussor, XLIX.
GERALDUS, filius Geraldi Mali Clavi, servus, LXVIII.
GERALDUS MALUS CLAVUS, pater Geraldi, LXVIII.
GERLENDA, colliberta, filia Gumbaldi forestarii et Guitburgis, XXVIII.
GERLENDIS, testis, LIX.
GERLENDIS, uxor Michaelis, CXVI.
GERMUNDUS, monachus, auctor, XIV A.

GERMUNDUS, monachus, testis, II A, XII A.
GERMUNDUS, monachus, regens locum Sancti Medardi, II A.
GERMUNDUS, presbiter, testis, XXIII A.
GERTRANNUS, testis, X, LXIII.
GERVASIUS, bajulus, testis, LVII A.
GERVASIUS, filius Lancelini, testis, XXVIII.
GERVASIUS DE VINDOCINO, testis, XXX A.
GIDUINUS, testis, LIII A.
GILA, soror Rotberti de Villenolio, XXVIII A.
GILBERTUS LEURELLUS, testis, LXII.
GILDUINUS, testis, XIII, XXVIII, L A, LIII A.
GILDUINUS, filius Hugonis de Puteolo, testis, XLI A.
GILDUINUS, vicecomes, XXVIII.
GILDUINUS BOCELLUS, testis, XXVIII.
GILLEMENS (W), testis, LV A.
GILO RANUS, pater Johannis, LXIII A.
GIMO DE AMBAZIACO, auctor, XCVII.
GIRALDUS, testis, XVII, XXIV, XXXII, XXXIII, XXXIV, XXXV, XLV, LXXXIV, LXXXV, LXXXVI, LXXXVII, LXXXVIII, XCIV.
GIRALDUS, buccarius de Turonis, testis, XIII A.
GIRALDUS, collibertus, LXII.
GIRALDUS, coquus, testis, III, VIII, XX, XXII, LXI, LXXVI, XCVII, CIII, CIV, CVI, CX, VI A, XIII A, XXVII A.
GIRALDUS, famulus, testis, LXIV.
GIRALDUS, filius Lamberti, testis, CVI.
GIRALDUS, filius Viviani, XLVIII.
GIRALDUS, frater Gualterii, testis, LXXVII.
GIRALDUS, hospitalarius, testis, IV A.
GIRALDUS, miles, XCVI.
GIRALDUS, molendinarius, servus factus, CXXVI.
GIRALDUS, nepos Raimundi, hostiarius, testis, LXIX.

INDEX ONOMASTICUS.

GIRALDUS, piscator, testis, CVI.
GIRALDUS, sagittarius, testis, XXIII A.
GIRALDUS, sartor, testis, LXI, CXI.
GIRALDUS DE CASTRIS, testis, LXXVII.
GIRALDUS DE MONTE LAUDIACO, testis, XCVII.
GIRALDUS DE SAGIACO, testis, XXXV A.
GIRALDUS ADEMARUS, testis, XXXVIII A.
GIRALDUS BATAILLA, miles, auctor, LXII.
GIRALDUS CAUTUS, testis, XXVIII A.
GIRALDUS LONGA EDOGMADA, testis, XXV A.
GIRALDUS MANANS, testis, XVI, XIX A.
GIRALDUS MUCELLUS, testis, XV A.
GIRALDUS MUCIOLUS, testis, XCVII, CXI, IX A.
GIRARDUS, armiger, testis, XLIII.
GIRARDUS, famulus, servus effectus, XCII.
GIRARDUS, famulus de Lavarzino, testis, CVI.
GIRARDUS, fidelis Odonis, XIII.
GIRARDUS, filius Alduini, testis, CXVI.
GIRARDUS, filius Frotmundi, testis, XIV.
GIRARDUS, filius Girardi Borrelli, XI A.
GIRARDUS, filius Herberti de Balgenciaco, auctor, XVIII A, XXVII A.
GIRARDUS, filius Lancelini, testis, LXX.
GIRARDUS, filius Rotberti de Sancto Leodegario, testis, LI.
GIRARDUS, frater Fulcherii, testis, LI.
GIRARDUS, homo Mauritii, testis, LIII.
GIRARDUS, homo vicecomitis, testis, XVI.
GIRARDUS, homo vicecomitis Rodulfi, testis, XIX A.
GIRARDUS, monachus, testis, XXIII, CII.
GIRARDUS, piscator, testis, CIX, XL A.
GIRARDUS, presbiter, testis, XXIII, XXIII A.
GIRARDUS, sartor, testis, XII.
GIRARDUS DE BERNETIACO, testis, XIX A, XXVI A.
GIRARDUS DE BERNICIACO, testis, XVI.

GIRARDUS DE SALICE, testis, XIV.
GIRARDUS BORRELLUS, auctor, XI A.
GIRARDUS BUDELLUS, testis, LI.
GIRALDUS, filius Euvrardi, testis, LIII A.
GIRBALDUS, testis, XVIII A.
GIRBERGA, ancilla, uxor Gandelberti, CVI.
GIRBERGA, colliberta, soror Algerii Petrarii, CIII.
GIRBERGA, uxor Ulrici Burgundionis, XIV A.
GIRBERTUS, major, testis, VIII A.
GIRBERTUS, monachus, testis, XXV A.
GIRBERTUS, pistor Odonis, testis, LXV.
GIROARDUS, faber, servus effectus, XXXII, XXXIII.
GIROARDUS, servus Sancti Martini, testis, XII A.
GIROGIUS, filius Ivonis de Curba Villa, I A.
GIRRUS DE VEIRAC, testis, XXXVIII A.
GISLARDUS DE CANTOSMO, testis, XLVIII A.
GISLEBERTUS, testis, LVIII.
GISLEBERTUS, famulus, testis, LXX.
GISLEBERTUS, miles Tetbaldi, testis, LI.
GISLEBERTUS, presbyter, testis, LXXV.
GISLEBERTUS, prior, CXV.
GISLEBERTUS, vicarius, XXIV A.
GODEFREDUS, testis, XXI, XII A.
GODEFREDUS, clausarius, testis, LXIX.
GODEFREDUS, frater Antelmi, testis, XIII A.
GODEFREDUS, homo Gilduini vicecomitis, auctor, XXVIII, CII.
GODEFREDUS DE RUPIBUS, testis, XLIII.
GODEFREDUS DE SECHENEIO, avunculus Raimberti, XCIX.
GODEFREDUS DE SPATAI, testis, XXVIII A.
GODEFRIDUS, testis, XI.
GODEFRIDUS, comes Engolismorum, XXXVIII A.
GODEFRIDUS DE BELLO MONTE, testis, LXV.

GODEFRIDUS DE ORCASA, testis, CXIII, XXXIX A.
GODEVERTUS, testis, LIII.
GODEVERTUS, frater Guarini, servus, LIII.
GOLANDUS, testis, LIII A.
GOLRICUS, filius Andreæ, testis, LXV.
GONUERIUS, faber, testis, I A.
GOSBERTUS DE PONTE, LII A.
GOSBERTUS GAZEL, testis, XLVII A.
GOSBERTUS REX, testis, LII A.
GOSCELINUS, testis, LVIII.
GOSCELINUS DE BAUSSANTO, testis, XXIV A.
GOSFREDUS, filius Eleazari de Fala et Luciæ, XXV A.
GOSFREDUS, filius Gosberti de Ponte et Erminiæ, LII A.
GOSFREDUS GRIGNON, testis, XLVII A.
GOSFRIDUS, comes, XXVI A.
GOSLINUS, testis, I.
GOSLINUS, filius Rainaldi Manigot, testis, CXVI
GOSMERUS, cellararius, testis, V A.
GOSMERUS, pater Landrici, V A.
GOSZELINUS BRITO, testis, XI A.
GOSZELINUS MALUM MINANS, XI A.
GOZBALDUS, testis, X, LXIII.
GRADULIUS, filius Isembardi, testis, XX A.
GRADULIUS, pater Guarini, XXVII A.
GRADULIUS, pater Petri et Guidonis, I A.
GRADULIUS DE VILLENA, testis, VIII A.
GRADULFUS BASTARDUS, pater Galterii, VIII A.
GNOSSINUS, homo Hamelini, testis, XXX A.
GUAFREDUS NAFRACULUM, testis, XXXVI A.
GUALCHERIUS, testis, XIII.
GUALCHERIUS, presbiter, testis, IV, LXXV.
GUALDRICUS, molendinarius, collibertus, LV.

GUALERANNUS, filius Hugonis de Puteolo, testis, XLI A.
GUALO, prior sancti Martini, testis, XV, XLVI.
GUALOIUS, LXI.
GUALTERIUS, testis, X, XIII, LII, LXIII.
GUALTERIUS, coquus, testis, IV.
GUALTERIUS, famulus, testis, LXX.
GUALTERIUS, famulus, servus effectus, XLV.
GUALTERIUS, fidejussor, XLIX.
GUALTERIUS, filius Amelini, testis, LXX.
GUALTERIUS, filius Bernadi et Alburgis, XXXI.
GUALTERIUS, filius Gualcherii, testis, V.
GUALTERIUS, filius Guanilonis, testis, LXXII.
GUALTERIUS, filius Guascelini, servus, XXXVI A.
GUALTERIUS, filius Hugonis, testis, VIII A.
GUALTERIUS, filius Johannis, testis, XV.
GUALTERIUS, filius Mathei, testis, LXXIV.
GUALTERIUS, gener Hervei sartoris, testis, XLIII.
GUALTERIUS, homo Letberti, testis, XXIII.
GUALTERIUS, miles de Laivero, testis, LXXV.
GUALTERIUS, miles et provisor civitatis Turonensis, auctor, LXXII.
GUALTERIUS, monachus, testis, I A.
GUALTERIUS, pistor, testis, XVII, XXXIX, XLVIII, LXXVII, XCIX, C.
GUALTERIUS, presbiter de Clota, testis, I A.
GUALTERIUS, tannator, testis, CXVI.
GUALTERIUS DE BESLO, testis, LI.
GUALTERIUS DE CAPELLA GUILLELMI, testis, III A.
GUALTERIUS DE LORATORIO, testis, III A.
GUALTERIUS DE MONTAURO, testis, XXXVI A.

GUALTERIUS DE SOLDUNO, testis, LX.
GUALTRIUS DE VILLA MALORUM, testis, I A.
GUALTERIUS ALBANUS, testis, LXX.
GUALTERIUS BOTINUS, testis, XCVI.
GUALTERIUS ESOAREZ vel ESQUARET, testis, LVII, III A, IV A.
GUALTERIUS HILGODUS, testis, XLIII.
GUALTERIUS QUACETUS, testis, XV, XCI.
GUALTERIUS RIMANDUS, auctor, XXXVI A.
GUANDELBERTUS, testis, LXX.
GUANDELBERTUS, conjux primus Aremburgis, XCVII.
GUANDELBETUS, frater Fulconis, LIV.
GUANDELBERTUS DE SOLOMIS, testis, LXXXIX.
GUANILO, filius Gauscelini, I A, VIII A.
GUANILO, filius Gualterii, testis, LXXII.
GUANILO, filius Hugonis Balbi, testis, XLIII.
GUANILO, filius Malranni de castro Noiastro, VIII A.
GUANILO, filius Maranni, testis, CXXII.
GUANILO, frater Huberti, XLIV.
GUANILO, miles de castro Lucacensi, auctor, CIII.
GUANILO, monachus sancti Martini, XLVII.
GUANILO, monachus, testis, LV, LXVI, CIII.
GUANILO, prior, testis, XVIII A.
GUANILO, thesauracius sancti Martini, donator, I A, VIII A, XX A.
GUANILO DE MONTINIACO, auctor, XX A.
GUANINCUS, testis, XXI.
GUARECUS, testis, I.
GUARINUS, testis, X, XLVII, LXIII.
GUARINUS, camberlencus, testis, I A.
GUARINUS, clericus, testis, II, XVIII, XXI, XXXII, XXXIII, XXXIV, XXXVII, LIII, LXX, LXXXI, LXXXII, LXXXIII, LXXXIV, LXXXV, LXXXVI, LXXXVII, LXXXVIII, XCI, CV, III A.
GUARINUS, clericus de Semita, testis, IV A.
GUARINUS, coquus, testis, XXXVI, XXXVII, XLVII, LXXX, LXXXI, LXXXII, LXXXIII, XCI, CII.
GUARINUS, filius Burchardi, testis, XXXII A.
GUARINUS, filius Gradulfi, testis, XXVII A.
GUARINUS, filius Heinrici, VII.
GUARINUS, filius Losmeri, testis, XXX A.
GUARINUS, filius Raimbaldi, testis, V.
GUARINUS, filius Tyrensis, testis, LI.
GUARINUS, major de Sancto Ylario, testis, I A.
GUARINUS, medicus monachus, testis, CI.
GUARINUS, monachus, LX.
GUARINUS, pater Engelrici sartoris, collibertus, CI.
GUARINUS, presbiter, testis, XLIII A.
GUARINUS, privinnus Airardi, LXXIII.
GUARINUS, sacerdos, testis, XXVII A.
GUARINUS, senescal, testis, LI.
GUARINUS, servus, LIII, LXXII, II A, VIII A, XX A.
GUARINUS, vicarius, testis, XVI, CII, XIX A.
GUARINUS DE BALNESSA, testis, XLIII.
GUARINUS DE VILLA LENDA, testis, XXIII A.
GUARINUS BORBELLUS, testis, XXIV A.
GUARINUS FRANCISCUS, testis, XVI, XIX A.
GUARINUS SINE BARBA, pater Nivelonis, I A.
GUARNALDUS, tanator, testis, XCVII.
GUARNERIUS, de Elemosina, testis, LXVI, C.
GUARNERIUS, famulus, testis, XLIII.
GUARNERIUS, fidelis Adrici, XCV.
GUARNERIUS, frater Dodonis, testis, LV.
GUARNERIUS, major, testis, XVIII, XXX, XXXI, XXXII, XXXIII, XXXIV, XXXV.

INDEX ONOMASTICUS.

LXXXIV, LXXXV, LXXXVI, LXXXVII, LXXXVIII, XCVI, XCVII.
GUARNERIUS, monachus, testis, XXVII.
GUARNERIUS, presbiter, testis, LI.
GUARNERIUS, sacerdos, testis, XXVII A.
GUARNERIUS DE BELLOFORTI, conjux Adelaidis, CIV.
GUARNERIUS DE VIRIDIARIO, testis, XVIII A.
GUARNERIUS BODINUS, testis, XXXIV A.
GUARNERIUS OCULIS CANIS, testis, VIII A.
GUASCELMUS, presbiter, testis, LI.
GUASCELINUS, capellanus, testis, LXXII.
GUASCELINUS, servus, XXXVI A.
GUASCELINUS DE CALNIACO, testis, VIII A.
GUASCELINUS BODELLUS, miles de castro Vindocino, auctor, LXXXIX.
GUASFREDUS, coquus, testis, LXXXVIII.
GUASMARUS, clericus, testis, LXX, LXXXII, LXXXIV, LXXXVII, LXXXVIII.
GUERRICUS, filius Galterii de castro Buslo, testis, VIII A.
GUIBERTUS, pater Simonis, XLIX A.
GUICHANDUS, testis, CXVII.
GUICHERIUS, testis, LXIII.
GUICHERIUS, filius Letberti, XXIII.
GUIDO, testis, XXI
GUIDO, abbas monasterii Cormaricensis, XXXIII A.
GUIDO, clericus, testis, LI.
GUIDO, comes vindocinensis, IX A, XXX A.
GUIDO, comes Suessionis, testis, VIII A.
GUIDO, filius Aremberti carpentarii, testis, XVI.
GUIDO, filius Gauscelini, testis, LI.
GUIDO, filius Huberti cellararii, testis, L A.
GUIDO, frater Hersendis, testis, XCVI.
GUIDO, frater Petri, testis, I A.
GUIDO, major, testis, III, XXXV A.
GUIDO, nepos Ademari de Rancer, testis, XXX A.
GUIDO, prepositus, XXVI A.
GUIDO, servus, CXVI.
GUIDO DE MONAIA, testis, XLVII A.
GUIDO CATUS, testis, XXXVIII A.
GUIDO NUNNENSIS, CXVI.
GUILLELMUS, testis, XCII.
GUILLELMUS, abbas sancti Martini Treconsis, testis, LIV A.
GUILLELMUS IX, Aquitanorum dux, testis, XXXVIII A.
GUILLELMUS, armiger, testis, XXX A.
GUILLELMUS, citarista, testis, LXV.
GUILLELMUS, clericus, testis, LI.
GUILLELMUS, clericus, filius Herbaldi militis, XVIII A.
GUILLELMUS, fidejussor, VII A.
GUILLELMUS, filius Archengerii, IV, XCI, CXVI.
GUILLELMUS, filius Ascelini, vicarii de Castello Rainaldi, testis, XLIII.
GUILLELMUS, filius Eleazari de Faia et Luciæ, XXV A.
GUILLELMUS, filius Ernaldi de Monte Forti, testis, XVIII A.
GUILLELMUS, filius Fucandi, vicarii Cabanensis, testis, XXXVIII A.
GUILLELMUS, filius Guillelmi et Hadebergis, XCI.
GUILLELMUS, filius Hugonis, LVIII, XXIX A.
GUILLELMUS, frater Fulberti, testis, XXXI.
GUILLELMUS, infirmarius, testis, CX.
GUILLELMUS, major de Ponte, testis, XLVI A.
GUILLELMUS, pater Stephani Bartholomei, LXXV.
GUILLELMUS, presbiter, testis, XXXII A.
GUILLELMUS, sacerdos capellarius, testis, LIII A.
GUILLELMUS, servus Majoris Monasterii, XXIV A.
GUILLELMUS DE BEZIACO, testis, LIII A.
GUILLELMUS DE GUINESII CASTRO, testis, VIII A.

GUILLELMUS DE PRANZACO, testis, XXXVIII A.
GUILLELMUS DE RUPIBUS, testis, XLIX A.
GUILLELMUS DE RILLIACO, testis, LXXIV.
GUILLELMUS DE VILLA SENATORIS, testis, V A.
GUILZELMUS BLOIUS, famulus, servus effectus, XCIII.
GUILLELMUS BECLARUS, testis, V A.
GUILLELMUS FLANDRENSIS, testis, LXI A.
GUILLELMUS GUINNAMORUM, testis, XXX A.
GUIMUNDUS, testis, XLIV A.
GUIRANDUS, testis, LIV.
GUINEBALDUS, testis, CXIX, XXXIV A.
GUINEBERTUS, testis, LIII.
GUINEREDUS, homo Mauricii, LXXXVIII.
GUISELBERTUS, servus, frater Guarini, LIII.
GUINEBERTUS DE SANCTO JULIANO, testis, XXVII.
GUINEBERTUS CHOCHIAUS, LIII.
GUINEFREDUS aut WINEFREDUS, porcarius, servus effectus, XXXIX.
GUISTERIUS DE FIRMITATE, testis, XXVIII A.
GUISCELINUS, capellanus, testis, VIII A.
GUISWANDUS, collibertus, LXXXIX, IX A.
GUISMANDUS, famulus, testis, XIV A.
GUISMANDUS, homo Sancti Martini, testis, XII A.
GUISMANDUS DE SANCTO MEDARDO, testis, V A.
GUITBERGIA, filia Raindinei, libera facta, LII.
GUITBERTUS, testis, LII.
GUITBERTUS, diaconus et scholæ magister B. Martini, scriptor, 1.
GUITBERTUS, filius Guarnerii, XCV.
GUITBERTUS, pellitarius, servus effectus, LXXVII.
GUITBERTUS, servus, nepos Engelardi Mesplenerii, XIV.
GUITBERTUS GRANLIUS, famulus, servus effectus, XVII.

GUITBURGA, uxor Aefredi, serva effecta, LXIX.
GUITBURGIS, ancilla, XI A.
GUITBURGIS, filia Tetbaldi et Æliæ, IV A.
GUITBURGIS, uxor Tetbaldi Baronis, serva effecta, XXVII.
GUITTERIUS, testis, LI.
GUNDACRIUS BASTARDUS, testis, XV A.
GUNDACRIUS GUARINUS, servus, CI.
GUNDACRUS, testis, LII.
GUNDACRUS, de Vindocino, CI.
GUNDREA, mater Odonis, VIII A.
GUNTERIUS, frater Bernerii Polzeti, testis, IV.
GUNTILDIS, ancilla, libera facta, CXVII.

HADEBERGIS, uxor Guillelmi, XCI.
HADEBRANDUS, filius Richardi, testis, XVIII A.
HADEBRANNUS, filius Richardi Insani, testis, XXVIII A.
HADELMARUS, monachus, testis, XVIII A.
HADEMARUS, servus, III.
HADVISA, soror Hugonis, II A.
HAENBERGIS, mater Teudonis, LIX.
HAHILDIS, colliberta, libera facta, XLIX A.
HAIMELINUS, collibertus, servus effectus, LXV.
HAIMERICUS, infirmarius, testis, CXV, CXIX.
HAIMERICUS, maritus Bonæ Matris, testis, CXIV.
HAIMERICUS, monachus, testis, XCIII.
HAIMERICUS DE FAGIA, V.
HAIMERICUS DE SURMAISUS, testis, LXI A.
HAIMERICUS FASCINANS VITULAM, testis, XXV A.
HAIMERICUS TINNIOSUS, XCV.
HAIMMERICUS GAIMARDUS, cum Marzino, auctor, LIII A.

INDEX ONOMASTICUS.

Haimo, testis, xii a.
Haimo, coquus, testis, xx, xcvii, cv, cviii.
Haimo, prior claustri, testis, lvii a.
Haimo, servus, xliv a.
Haimo de Dalmariaco, testis, xliii a.
Hainricus, testis, x, cxvi.
Hainricus, filius Girardi et Adeladis, xxvii a.
Hainricus, filius Rotgerii, testis, ix a.
Hainricus de Balgentiaco, testis, xxvii a.
Hainricus de Cergis, testis, liii a.
Haldaldus, famulus, servus effectus, lxxxvii.
Hamelina, filia Drogonis, lxxiv.
Hamelinus, clericus, auctor, xiii a.
Hamelinus, episcopus Cenomanensis, testis, lix a, lx a.
Hamelinus, filius Gualterii de Vindocino, auctor, ci, xiv a.
Hamelinus, filius Hamelini, testis, xiii a.
Hamelinus, frater Drogonis, clericus, testis, lxxxix, ix a.
Hamelinus, frater Huberti, xliii, xliv.
Hamelinus, major, testis, xxix, xlvii.
Hamelinus de Lingiacis vel de Monte Aureo, xxx a.
Hamelinus, de Vindocino, filius Avisgodi, cix.
Hamelinus Bigotus, testis, viii a.
Harduinus, testis, i, xxix, lii, lviii.
Harduinus, famulus, servus effectus, lxxviii.
Harduinus, filius Aremburgis, xcvii.
Harduinus, filius Gelduini, li.
Harduinus, homo Sancti Juliani, testis, cxvii.
Harduinus, thesaurarius, avunculus Rotberti, cxvii.
Harinedus, famulus Odonis monachi, testis, xxviii a.

Hato, prior Rolliaci, cxviii.
Haviscus, telemerarius, testis, xv a.
Heinricus, frater Hernaldi, xviii a.
Heinricus, presbiter de Vindocino, iii.
Heldo, filius Rainaldi, testis, xxxi a.
Helena, ancilla, mater Engelrici sartoris, ci.
Helgodus, filius Arnulfi de Condei, testis, i a.
Helgotus Parvus, testis, l a.
Helia, uxor Tetbaldi, xxx a.
Helinandus de Fracta Valle, testis, xxix a.
Hengerbertus de Carleo, testis, xli a.
Henricus, Aurelianensis, lviii a.
Henricus I, rex Francorum, viii a, xvii a.
Henricus II, rex Angliæ, dux Normanniæ et Aquitaniæ, comes Andegaviæ, lv a, lvi a.
Henricus Dapifer, testis, xxx a.
Herbaldus, avus Adeladis, uxoris Girardi, xxvii a.
Herbaldus, consanguineus Durandi Guarini, servus, x.
Herbaldus, homo Letberti de Blesis, xxiii.
Herbaldus, miles Rotberti vicecomitis Blesensis, xviii a.
Herbertus, collibertus, lv a.
Herbertus, filius Fulberti Trosselli, testis, xxx a.
Herbertus, gener Bernardi, iv.
Herbertus, monachus de Tavenno, testis, xlviii.
Herbertus, prepositus, testis, liii.
Herbertus, presbyter de Puteolo, testis, xli a.
Herbertus, servus, cxvi, xliv a.
Herbertus de Balgentiaco, pater Girardi, xxvii a.
Herbertus de Ripulis, testis, xiii a.

HERBERTUS DE SANCTO MICHAELE, testis, XVI A.
HERBERTUS BARBA, testis, XXX A.
HERBERTUS BRITO, testis, XCVII.
HERBERTUS BUCELLUS, V A.
HERBRANNUS, testis, LI.
HERENBURGIS, filia Eleazuri de Faia et Luciæ, XXV A.
HERFRIDUS, testis, XXX A.
HERIBERTUS, famulus, liber factus, XIII.
HERIVEUS, fidelis Maranni, CXXII.
HERIVEUS ALCHERIUS, testis, CXXII.
HERLUINUS, testis, LXX.
HERMANDUS, frater Guarini, servus, LIII A.
HERMANDUS DE PONTE, testis, XCVI, CV.
HERMEMARUS, filius Tetbaldi Baronis et Guitburgis, servus effectus, XXVII.
HERMENGARDIS, uxor Tetbaudi Pagani, testis, XXXVII A.
HERMENGARDIS, uxor Teoderici, testis, XLIX A.
HERMENSENDIS, colliberta, CIII.
HERMENSENDIS, filia Viviani, CXI.
HERMOINUS, mediator, testis, XII A.
HERMOINUS, pater Ingelbaldi, V A.
HERNALDUS, filius Hugonis Balbi, testis, XVIII A.
HERNAUDUS QUOCHINES, XLIX A.
HERSENDIS, testis, LIX.
HERSENDIS, filia Huberti Mordentis et Rensuisæ, testis, VIII A.
HERSENDIS, uxor Adelardi Barduni de castro Noastri, XXII A.
HERSENDIS, uxor Airardi, XIV, LXXIII.
HERSENDIS, uxor Gualterii, testis, LXXII.
HERSENDIS, uxor Haimerici, XCVI.
HERSENDIS, uxor Mainardi, serva, CXIII.
HERSINDIS, filia Malranni de castro Noiastro, uxor Adelardi Barduni, VIII A.

HERSINDIS, filia Rajnaldi de Villana, serva, XXXVI A.
HERSINDIS, mater Nivelonis, I A.
HERVEIUS, LIV A.
HERVEIUS DE MARCUES, testis, XLIX A.
HERVELINUS, testis, LXXV.
HERVEUS, testis, VII, XVIII, XXIV, XXX, XXXII, XXXIII, XXXIV, XXXV, XLI, XLV, LII, LXXXIV, LXXXV, LXXXVII, XCIV, CXVI, CXXII, II A.
HERVEUS, coquus, testis, III, XVII, XXVI, LXVIII, CVIII.
HERVEUS, decanus, testis, XV, XLIV.
HERVEUS, filiolus Hildeberti Boguerelli, XIV A.
HERVEUS, filius Beraldi de Villena, testis, LXII.
HERVEUS, filius Gaufredi Corvesini, IX.
HERVEUS, filius Milesendis, testis, CXVII.
HERVEUS, filius Tetbaldi, testis, XVIII A.
HERVEUS, frater Landrici, testis, V A.
HERVEUS, frater Rotberti, testis, CIV.
HERVEUS, minister ecclesiæ Majoris Monasterii, XXIV A, LVII A, LVIII A.
HERVEUS, monachus Majoris Monasterii, CXVI.
HERVEUS, pistor, servus factus, CXXI.
HERVEUS, prepositus de Capella, CXVI.
HERVEUS, sartor, testis, XLIII, LXXVII, CIII.
HERVEUS, viriderius, testis, LXV.
HERVEUS DE LAVARZINO, testis, XV A.
HERVEUS DE MODENACO, testis, XLIII.
HERVEUS DE MONEACO, testis, IV.
HERVEUS DE MONEDIACO, testis, CXXVII.
HERVEUS DE PONTE, testis, C.
HERVEUS DE VULGET, testis, CXVI.
HERVEUS BOSO, testis, LXXXVI.
HERVEUS BRITO, testis, XLI A.
HERVEUS CALLIDUS, testis, CXIV.
HERVEUS CONVESINUS, testis, VIII A.
HERVEUS FRANCUS SALIDUS, servus effectus, XXV.

INDEX ONOMASTICUS.

HERVISUS, testis, X, LXIII.
HERVISUS, filius Humbaldi, LX.
HERVISUS CAMPANIOLA, testis, LIII.
HESCELINUS, frater Hervei, testis, CXXII.
HILDEARDA, filia Arraldis, libera facta, LVIII.
HILDEARDIS, filia Guitberti, serva effecta, LXXVII.
HILDEARDIS, majorissa, serva, LVII A.
HILDEARDIS, uxor Bernardi de Pairas, testis, XXXVIII A.
HILDEARDIS, uxor Vuillelmi majoris de Ponte, serva, L A.
HILDEBERTUS, collibertus, I A.
HILDEBERTUS, comes Lemovicensis, LXXV.
HILDEBERTUS, coquus, testis, II, XVIII, XXX, XXXII, XXXIII, XXXIV, XXXV, XXXVI, XXXVII, XXXVIII, LXXVIII, LXXX, LXXXI, LXXLII, LXXXIII, LXXXIV, LXXXV, LXXXVI, LXXXVII, LXXXVIII, XCI, C, I A.
HILDEBERTUS, frater Hainrici de Cergis, testis, LIII A.
HILDEBERTUS, monachus, CII.
HILDEBERTUS BOGUERELLUS, frater Girbergæ, XIV A.
HILDEBURGIS, filia Guitberti, serva effecta, LXXVII.
HILDEBURGIS, filia Hubaldi colliberti, XLVIII.
HILDEBURGIS, genitrix Odonis, LXV.
HILDEBURGIS, uxor Landrici Balbi, testis, XVIII A.
HILDEBURGIS, uxor Orici servi, CXVI.
HILDEGARDIS, uxor Ingelbaudi Britonis de Vindocino, XV A.
HILDEGARDIS, uxor Lamberti furnerii, serva effecta, XXII.
HILDEGARIUS, testis, XXIV, XLI, XLV, XLVI.
HILDEGARIUS, canonicus, testis, XI A.
HILDEGARIUS, elemosinarius, testis, XXIII, XXVII, XXVIII, XLIII.

HILDEGARIUS, mariscalcus, testis, II, XVIII, XXX, XXXII, XXXIII, XXXIV, XXXV, LXXXIV, LXXXV, LXXXVI, LXXXVII, LXXXVIII.
HILDEGARIUS, monachus, CII.
HILDEGARIUS, presbiter, testis, LI.
HILDEGARIUS, prior cellæ de Puteolo, testis, XLI A.
HILDEGARIUS CARO LEPORIS, testis, CI.
HILDEGARIUS DIABOLUS, testis, V A.
HILDEGODUS, filius episcopi, testis, LI.
HILDEARDIS, filia Fulcherii, testis, LII.
HILDEIARDIS, mater Fulcherii, auctor, LII.
HILDEMA, uxor Rainardi salnerii, III A.
HILDEMARUS, testis, X, LXIII.
HILDEMARUS, coquus, testis, XXXV A, XL A.
HILDEMARUS, sanguinator, testis, CX.
HILDIARDIS, ancilla, XLVIII A.
HILDRADUS, testis, IX A.
HILDRADUS, famulus, testis, CII.
HILDRADUS, servus, XXIX A.
HILDRADUS DE BUZIACO, testis, XXIX A.
HILDRALDUS FULBELINUS, testis, XXIX A.
HILDUCIA, ancilla, uxor Ohelmi servi, XVIII A, XXVII A.
HILDUINUS, testis, XXIV, XXXVI, XXXVII, XLI, XLV, LXXX, LXXXI, LXXXII, LXXXIII, XCIV.
HILDUINUS, famulus, testis, XLIII A.
HILDUINUS, filius Durandi, testis, V, XIII A.
HILDUINUS, filius Michaelis, servus, CXVI.
HILDUINUS, furnarius, servus effectus, XXXIV.
HILDUINUS, homo Letberti, testis, XXIII.
HILDUINUS, prepositus, testis, XIV.
HILDUINUS, sartor, testis, CIII, CV, CX, III A, IV A.
HILDUINUS, servus, IV A.
HILDUINUS, servus, liber factus, LIX.
HILDUINUS DE SARTRINO, XXX A.

HILGALDUS, testis, L.
HILGAUDUS, testis, LII.
HILGAUDUS, coquus, testis, LXXXVIII.
HILGODUS, auctor, LXX.
HILGODUS, testis, CXX.
HILGODUS, abbas Majoris Monasterii, XLIV A.
HILGODUS, cocus, testis, LXVIII.
HILGODUS, famulus, servus effectus, XLI, XLII.
HILGODUS, famulus, testis, XLIII.
HILGODUS, miles, testis, XXX A.
HILGODUS PARVUS, testis, XLV A.
HILGODUS, servus effectus, XLII.
HILGODUS SECURIS, testis, IX.
HUBALDUS, collibertus, XLVIII.
HUBALDUS, major, testis, CII.
HUBELINA, uxor Mauritii, LIII, LXXXVIII.
HUBERTUS, testis, XIII.
HUBERTUS, avunculus Balduini, LVI.
HUBERTUS, camerlenus, testis, CV.
HUBERTUS, capellanus Majoris Monasterii, testis, XLIII A.
HUBERTUS, cellararius, testis, CXIII, CXIV, CXX, XXXVI A, XL A, L A.
HUBERTUS, episcopus, testis, L, LII.
HUBERTUS, famulus, testis, CVI.
HUBERTUS, filius Avisgaldi, XIII A.
HUBERTUS, filius Avesgaudi de Vindocino, auctor, XLIII, XLIV.
HUBERTUS, filius Hildeburgis, LXV.
HUBERTUS, filius Jozonis militis, CXIII, XXXIX A.
HUBERTUS, filius Rotberti militis de castro Lavarzino, auctor, XXXI.
HUBERTUS, frater Fulcodii, testis, LIII A.
HUBERTUS, miles, auctor, LV.
HUBERTUS, miles, filius Avesgodi de Vindocino, auctor, LV.
HUBERTUS, presbiter, testis, VII.
HUBERTUS, presbiter Guastinæ vel de Guastino, testis, II, LXXVII.

HUBERTUS, serviens, testis, VIII A.
HUBERTUS, servus, XV.
HUBERTUS, servus, LXXV.
HUBERTUS DE CAMPANIA, LV A.
HUBERTUS DE PARCIACO, testis, LXXVII.
HUBERTUS ARCHAT, testis, L A.
HUBERTUS CUZA DENARIUS, XVI A.
HUBERTUS GUIMUNDELLUS, testis, CXIII, XXXIX A, L A.
HUBERTUS GUZEGRES, testis, CXVII.
HUBERTUS LOETIUS, testis, I A.
HUBERTUS MISCIPLENA, testis, XXIX A.
HUBERTUS MORDENS, testis, VIII A.
HUBERTUS DE BANAIAS, testis, XI A.
HUED GALERNE, testis, LV A.
Hugo, testis, L, LII.
Hugo, armiger Rotberti, testis, XXVIII A.
Hugo, cellararius, testis, XXIV A.
Hugo, cellararius de Novo Vico, XLI A.
Hugo, collibertus, LXVI.
Hugo, dominus Archembaudi Bodini, LVIII.
Hugo, filiaster Letherti, testis, XXIII.
Hugo, filius Drogonis, LXXIV.
Hugo, filius Guarnerii, testis, IX.
Hugo, filius Haimonis de Rupibus, testis, CII.
Hugo, filius Hainrici, testis, LXXIV.
Hugo, filius Hugonis de Puteolo, testis, XLI A.
Hugo, filius Ingelbaudi Britonis de Vindocino, XV A.
Hugo, filius Ivonis de Curba Villa, I A.
Hugo, filius Milonis de Monte Leherico, testis, VIII A.
Hugo, filius Odonis, testis, XLIX A.
Hugo, filius Pagani Fracto, XLIX A.
Hugo, filius Ratherii de Montiniaco, VIII A.
Hugo, filius Rotberti, testis, CXVII.
Hugo, filius Rotberti militis de castro Lavarzino, auctor, XXXI, XLIX A.
Hugo, filius Tedasil, testis, XLIII.

INDEX ONOMASTICUS.

Hugo, filius Teudelini, testis, XIII A.
Hugo, filius Teudonis, LIX, II A, XXIX A.
Hugo, filius Viviani, XLVIII.
Hugo, frater Ebrardi, testis, LI.
Hugo, frater Gausberti clerici de Sancta Maura, XVII A.
Hugo, frater Hervei, testis, LXV.
Hugo, frater Sulpitii Ambaziæ, LIX A, LX A.
Hugo, monachus, testis, LXVI, LXXVII, XCII, CXVI, XXVII A.
Hugo, nepos Leodegarii, testis, XXIX A.
Hugo, pater Gualterii, VIII A.
Hugo, pater Teudonis, LIX.
Hugo, pellitarius, testis, XXIV A.
Hugo, pincerna regis, testis, VIII A.
Hugo, prepositus, testis, CII, XXVII A.
Hugo, prepositus de Capella, CXVI, CXXIII.
Hugo, prepositus Rosnaii, testis, LIV A.
Hugo, prior, testis, CIII.
Hugo, prior de Lavarzino, testis, XXX A.
Hugo, regens obedientiam Villæ Belfodii, testis, XLIII A.
Hugo, vicecomes, testis, LI.
Hugo, vicecomes Milidunensis, testis, VIII A.
Hugo, vicedominus de Carnoto, testis, VIII A.
Hugo Apuliæ, testis, LIX.
Hugo de Bana, testis, XXXII A.
Hugo de Boceia, miles, testis, LXI A.
Hugo de Calvo Monte, testis, CXVI.
Hugo de Pontiaco, testis, LIII A.
Hugo de Puteolo, frater Ebrardi de Puteolo, XLI A.
Hugo de Teri, CXVI.
Hugo de Villa Malorum, testis, XXIX A.
Hugo Baldus, XVIII A.
Hugo Chadebertus, testis, XII A.
Hugo Chaebertus, testis, LXXIV.
Hugo Grancia, testis, XXIII A.
Hugo Jai, testis, LIX A, LX A.

Hugo Manduca Britonem, testis, XCVII.
Hugo Nigra Boella, testis, LIII A.
Hugo Pectrina, testis, CXV.
Hugo Pilatus, servus, L A.
Hugo Pneses, donator, V A.
Hugo Pullus, testis, V A.
Hugo Rigaut, testis, LV A.
Hugolinus, filius Rainerii, testis, XCI.
Humbaldus, filius Adibergæ, LX.
Humbardus Jai, testis, LX A.
Humbertus, vicarius, testis, LXXII.
Humbertus Rufus, testis, XXXVIII A.

Ildebertus, filius Nivelonis, testis, LI.
Ildebertus, archiepiscopus Turonensis, LII A.
Ildebertus, coquus, testis, XXV.
Ildebertus, episcopus cenomannensis, XLIX A.
Ildicius, sartor, testis, XXII.
Ilsindis, filia Petri Bonardini colliberti, serva effecta, XLIII.
Ingelbaldus, abbas monasterii Resbatiacensis, auctor, XII.
Ingelbaldus, filius Hermoini, testis, V A.
Ingelbaldus, servus, XCI.
Ingelbaldus de Ponte, testis, XCVII, CXXIV.
Ingelbaldus Blanchardus, servus effectus, LXVII.
Ingelbaldus Brito, testis, IX A, XIV A.
Ingelbaudus, pater Vulgrini, XXX A.
Ingelbaudus Brito, de Vindocino, XV A.
Ingelbertus, testis, X, LXIII.
Ingelbertus, famulus, servus effectus, XXXVI.

INGELBERTUS, filius Richardi, testis, LXVII, XIII A.
INGELBERTUS, major, testis, III, CVIII.
INGELBERTUS FELION, testis, CXV, CXVII.
INGELGERIUS, pater Sanctionis, XXXIII A.
INGELGERIUS, scutellarius, testis, CV.
INGELGERIUS ADIDOS, senior, XI A.
INGELRANNUS, testis, LIX.
INGELRICUS, testis, CXXIV.
INGELRICUS, filius HILDEARDIS, servus, LVII A.
INGELRICUS, major de Camartio, testis, XLVIII A.
INGELRICUS, sartor, testis, XIII A.
INGELRICUS, sutor, testis, XCVII.
INGELRICUS DE MONTE TRICHARDI, testis, XVI, XIX A.
INIHELGERIUS, testis, XI A.
ISABET, comitissa Engolismensis, soror Sulpitii Ambaziæ, LIX A, LX A.
ISABET, domina Ambaziæ, uxor Sulpitii, LIX A, LX A.
ISEMBARDUS, testis, XCII.
ISEMBARDUS, filius Adrici, XCV.
ISEMBARDUS, filius Hervei, testis, IV, LVII, CXII.
ISEMBARDUS, filius Rainaldi, testis, CXVII.
ISEMBARDUS, frater Raimberti, testis, XCIX.
ISEMBARDUS, pater Gradulfi, testis, XX A.
ISEMBARDUS DE ERDLAMVILLA, testis, XXVIII A.
ISEMBERTUS, famulus, testis, XCVIII.
ISEMBERTUS, monachus, testis, LVII, LXV, XXVII A.
ISEMBERTUS, monachus conversus, testis, LV.
ISENBARDUS, filius Herberti, servus, XLIV A.
ISENBARDUS, servus effectus, XLIII A.
ISRAHEL, testis, I.

ISZELO, frater Stephani Bartholomei, LXXV.
ISTERIUS, episcopus Lemovicensis, testis, XXXVIII A.
ITERIUS, filius Guineberti, LXXXVIII.
ITERIUS DE SANCTO JULIANO, testis, CXVII.
IVIO, de Vindocino, testis, CI.
IVO, famulus de Tavento, testis, XXV A.
IVO, filius Ivonis comitis de Bello Monte, testis, VIII A.
IVO, filius Ivonis de Curba Villa, I A.
IVO, frater Ansaldi, testis, LI.
IVO, pater Aimerici, XXXIII A.
IVO, pater Salomonis, XXX A.
IVO DE BELLO MONTE, VIII A.
IVO DE CURBA VILLA, I A, VIII A.

JACHELINA, soror Gausberti clerici, XVII A.
JACOBUS, armiger Eleazari, testis, XXV A.
JACOBUS, filius Lisiardi de Ambaziaco, XXXII A.
JACOBUS, monachus, CXVI.
JACOBUS LE MERAT, servus, clericus factus, LXV A.
JACOBUS QUELIVE, servus, clericus factus, LXIV A.
JAQUELINUS, testis, XXXIV A.
JARNEGO, monachus, V A.
JODUINUS, nepos Roberti, testis, XLIX A.
JOHANNA, filia Tetbaldi et Eliæ, XXX A.
JOHANNES, testis, X, LXIII.
JOHANNES, abbas Burgulionsis, XI A.
JOHANNES, conversus, testis, VI, VIII, LV, LXXVI, VIII A, XIII A, XXV A, XXVIII A.
JOHANNES, episcopus Dolensis, testis, LIX A, LX A.

JOHANNES, filius Benedicti, testis, XIII A.
JOHANNES vel JACOBUS, filius Gilonis Rani, servus, clericus factus, LXIII A.
JOHANNES, filius Ivelini, testis, CXXIII.
JOHANNES, filius Viviani, CXI.
JOHANNES, frater Marcherii, testis, CXVII.
JOHANNES, frater Pagani de Fracta Valle, testis, XLIX A.
JOHANNES, frater Sulpitii Ambaziae, LIX A, LX A.
JOHANNES, hospitalarius, testis, CIX, CXV, CXVIII, XL A, XLII A.
JOHANNES, marescallus, servus, XLVI A.
JOHANNES, pater Gausberti, XXI.
JOHANNES, piscator, testis, CIX.
JOHANNES, piscator, collibertus, XVI, XIX A.
JOHANNES, presbiter, testis, XCII, XIX A.
JOHANNES, prior de Rameruco, testis, LIV A.
JOHANNES, rex Anglorum, LX A.
JOHANNES, scriptor, LII.
JOHANNES, servus, XCVI.
JOHANNES DE BLESI, testis, CXII.
JOHANNES DE CAINONE, testis, XVI, LIII, XIX A.
JOHANNES DE LICIA, LIV A.
JOHANNES DE MEREVILLA, testis, LVIII A.
JOHANNES DE PONTIBUS, testis, XX A.
JOHANNES DE SANCTO HILARIO, testis, XI A.
JOHANNES DE VERNO, testis, IV.
JOHANNES BELLUS, testis, CXIII, XXXIX A.
JOHANNES LANGOBARDUS, monachus, XXIII A.
JOHANNES ODARD, testis, LV A.
JOHANNES SARACENUS, testis, LXI A.
JOITUS, monachus, scriptor cartulae, testis, XXI.
JONA, canonicus, testis, LXXII.

JORDANUS, filius Jordani Cabanensis, XXXVIII A.
JORDANUS CABANENSIS, donator, XXXVIII A.
JOSBERTUS, testis, LII, LIV, XXX A.
JOSBERTUS, coquus, testis, V.
JOSCELINUS DE RUPECULIS, parens Turbati, XI.
JOSEPH, faber, testis, LXIV.
JOSLENUS, forestarius, testis, LXII.
JOZO, miles, auctor, CXIII, XXXIX A.

LAMBERTUS, testis, XV, LXIII,
LAMBERTUS, collibertus, liber factus, XXXVII A.
LAMBERTUS, fidejussor, VII A.
LAMBERTUS, filius Bernerii, testis, XX A.
LAMBERTUS, furnerius, servus effectus, XXII.
LAMBERTUS, monachus, testis, LIV A.
LAMBERTUS, mulnerius, servus, XLIV.
LAMBERTUS, piscator, testis, XLII.
LAMBERTUS, vicarius, XXIV A.
LAMBERTUS DE CALVO MONTE, testis, LI.
LAMBERTUS DE FONTIBUS, testis, CVIII.
LAMBERTUS DE TAVENNO, testis, XXII A, XXVI A.
LAMBERTUS BODINUS, testis, XLIV A.
LAMBERTUS BRUNELLUS, famulus, servus effectus, XXXV.
LANCELINUS, testis, LII.
LANCELINUS, socer Rotberti de Villenolio, XXVIII A.
LANCELINUS DE BALGENTIACO, testis, XXVIII A.
LANCELINUS, de Vindocino, auctor, LXX.
LANCIO, clericus, frater Bernerii, XXXI A.
LANDRICUS, testis, L, IX A.
LANDRICUS, cellararius, testis, XV A.

LANDRICUS, coquus, testis, CXV, CXXI, XL A.
LANDRICUS, famulus, testis, LXIV, XXX A.
LANDRICUS, filius Dominici, servus, XVI A.
LANDRICUS, filius Girardi et Adeladis, XXVII A.
LANDRICUS, filius Gosmeri, testis, V A.
LANDRICUS, filius Hildeburgis, LXV.
LANDRICUS, filius Otberti Chanterelli, testis, LXII.
LANDRICUS, homo Archembaldi prepositi, testis, XII A.
LANDRICUS, servus effectus, XXI A.
LANDRICUS BALBUS, testis, XVIII A.
LANDRICUS BALBUS, pater Adeladis uxoris Girardi, XXVII A.
LANDRICUS BIBE SARPAM, testis, CXIII, XXXIX A.
LANDRICUS PERTUSUS, testis, CXIII, XXXIX A.
LANTBERTUS, testis, X.
LAUDRICUS, coquus, testis Gaucherii servi, CXXIV.
LAURENTIUS, socius Hugonis, testis, XLIII A.
LAURENTIUS BELLA CARO, servus effectus, XLVII A.
LEALDUS, cubicularius, testis, CVI.
LEALDUS, famulus, testis, VIII.
LEALDUS BODINUS, testis, CXIII, XXXIX A.
LEALDUS vel LEAUDUS GODINUS, testis, CIX, XXXVI A.
LEARDUS DE PARTIACO, testis, CXXIII.
LABURGIS, mater Gaufredi, testis, XLIX A.
LEDALDUS, camerlencus vel camerlenus, testis, CXXV, XXI A.
LEDALDUS, collibertus, LX.
LEDALDUS GODINUS, testis, XXX A.
LEDEARDIS, filia Aremburgis, XCVII.
LEDEARDIS, uxor Walterii porcarii, serva effecta, XL.

LEGERIUS, servus factus, LI A.
LEODEGARIUS, avunculus Hugonis, XXIX A.
LEODEGARIUS DE RUPIBUS, testis, XXIX A.
LESCELINUS, de Ambaziaco, testis, LIII.
LETALDUS, testis, X, LXIII.
LETALDUS, filius Archembaldi Blesensis, testis, LXII.
LETARDUS, bubulcus, auctor, XCVIII.
LETARDUS, carpentarius, testis, XXV.
LETARDUS, filius Alfredi, servus, XV.
LETARDUS, major, testis, CXXIV.
LETBERTUS, de Blesis, auctor, XXIII.
LETERIUS, filius Humbaldi, LX.
LETERIUS, pater Tetbaldi militis, IV A, XXX A.
LETGARDIS, filia Giroardi et Adeladis, serva effecta, XXXIII.
LETGARDIS, filia Rainaldi, serva, XXXVI A.
LETGARDIS, uxor Raherii famuli, serva effecta, LXXXIV.
LETUSA, serva, X.
LETUSA, uxor Durandi, serva effecta, LXIII.
LEUFREDUS, forestarius, testis, XXX A.
LISIARDUS, testis, LIV.
LISIARDUS, de Ambaziaco, donator, XXXII A.
LISIARDUS DE CAPELLA, testis, CXXVII.
LISIARDUS DE MONTE FREDULFI, testis, XXXII A.
LISIARDUS BONA MATER, testis, XLVII A, L A.
LISIVA, filia Adeladis uxoris Gauscelini Bodelli, IX A.
LISOIUS, clericus, CXV.
LISOIUS, frater Rotberti, CXVII.
LISOIUS DE CALVO MONTE, testis, XVI, XIX A.
LISOIUS DE RUPIBUS, testis XLIII.
LISUSIA, filia Adeladis, LXXXIX.
LODOXIUS, CIX.
LODOXIUS, testis, XLIV.

INDEX ONOMASTICUS.

LOONIUS, miles, consanguineus Bernardi Tironis, IV.
LOSMERUS, pater Guarini, XXX A.
LOSMERUS, de Vindocino, testis, XXX A.
LOTHARIUS, rex, I.
LUCAS, de Lamoriaco, prepositus, testis, LXI A.
LUCIA, uxor Eleazari de Faia, XXV A.
LUDOVICUS VI, rex Francorum, XLIX A, LII A.

MADALBERTUS, testis, X, LXIII.
MADALRICUS, testis, I.
MAGNUS WIDO, de Monte Letherici, XXXVII A.
MAHILDIS, filia Drogonis, LXXIV.
MAHILDIS, uxor Drogonis, LXXIV.
MAIENTIA, soror Rotberti de Villenolio, XXVIII A.
MAINARDUS, testis, LXX.
MAINARDUS, bergerius, servus, CXIII.
MAINARDUS, bovarius, L A.
MAINARDUS, collararius, testis, LXVI, CV.
MAINARDUS, filiolus Hildeberti Boguerelli, XIV A.
MAINARDUS, filius Galcherii testis, CVIII.
MAINARDUS, hospitalarius, testis, III A.
MAINARDUS, major, testis, LVIII.
MAINARDUS, presbiter, testis, X A.
MAINARDUS, sanguinator, testis, CXXI, CXXIV, XXXV A.
MAINARDUS DE FERRARIA, pater Constantii, XXX A.
MAINARDUS DE LORATORIO, testis, XXVI A.
MAINERIUS, testis, LI.
MAINERIUS, famulus, testis, XLI A.

MAINFREDUS, salnerius, collibertus effectus, III A.
MALGERIUS, gener Drogonis, testis, XXXIX A.
MALRANNUS, de castro Noiastro, pater Guanilonis, VIII A.
MARANNUS, testis, CXXII.
MARANNUS, miles, auctor, CXXII.
MARBURGIS, filia Girardi et Adeladis, XXVII A.
MARCALINIA, filia Alradi, LXXIII.
MARCHERIUS, testis, CXVII.
MARIA CONVERSA, uxor Otberti, serva, libera facta, LXXVI.
MARIA, filia Petri Bonardini colliberti, serva effecta, XLIII.
MARIA, mater Ebrulli, XXXV A.
MARRICIS, filius Maranni, testis, CXXII.
MARTINUS, collararius, testis, LX, CXXV, CXXVI.
MARTINUS, famulus, testis, LXIV, CXVI.
MARTINUS, famulus, servus effectus, LXXXI.
MARTINUS, filius GALONI, testis, CXVII.
MARTINUS, filius Otberti, testis, XXXV A.
MARTINUS, miles, testis, CXVII.
MARTINUS, pater Dodonis, Ansquitini, XC.
MARTINUS, presbiter, testis, XCVIII.
MARTINUS DE BOERIA, testis, XXXV A.
MARTINUS DE CAPELLA, testis, CXIX.
MARTINUS LORINUS, testis, XXIX A.
MARTINUS MERCEO, servus, liber factus, LX A.
MASCELINA, filia Huberti Mordentis et Rensuisæ, testis, VIII A.
MASCELINUS DE TROO, testis, XLIX A.
MASCIA, mater Hugonis, XLIX A.
MATHEUS, filius Tetbaldi et Eliæ, XXX A.

MATHEUS DE MONTE AUREO, testis, XV A.
MATHEUS DE MONTORIO, testis, XXIX A.
MATHEUS GIRARDUS, filius Hildeardis, servus, LVII A.
MATHIA, filius Viviani, XLVIII.
MATILDIS, mater Sulpitii Ambaziæ, LIX A. LX A.
MATILDIS, uxor Reirici, LIV A.
MAURICIUS, miles, filius Gelduini, auctor, LXXXVIII.
MAURICIUS, sacerdos, testis, LII A.
MAURICIUS, servus, clericus effectus, CXII.
MAURINS LI BOUERS, testis, LV A.
MAURINUS, testis, XVIII A.
MAURITIUS, testis, CXXIV.
MAURITIUS, filius Gerduini Escherpelli, auctor, LIII.
MEHELINA, uxor Teudonis, LIX.
MICHAEL, cementarius, servus effectus, LXXX.
MICHAEL, coquus, testis, XXV.
MICHAEL, filius Orici, servus Fulconis comitis, CXVI.
MICHAEL ROSELLUS, testis, XCIII.
MICHAEL RUFUS, testis, XVII, XLIII, LXVIII, XC, XCIX, CV, CVII, XXVII A.
MILESENDA, uxor Raginaldi Belini colliberti, V A.
MILESENDIS, filia Rainaldi, de Villana, serva, XXXVI A.
MILESENDIS, uxor Rotberti vicecomitis Blesensis, XVIII A.
MILO, filius Magni Widonis de Monte Letherici, XXXVII A.
MILO DE MACERIIS, testis, LIV A.
MILO DE MONTE LEHERICO, VIII A.
MIRO, testis, X, LXIII.
MORANDUS, famulus, testis, VIII A.
MORGANDUS, carpentarius, testis, XXIX A.
MORINUS, collibertus, XXXIII A.
MORINUS, famulus, testis, CI.

MORINUS, filius Vicentii Lavandarii, testis, CXXVI.

NANTILDIS, uxor Guilberti, serva effecta, LXXVII.
NAZARIA, filia Huberti Mordentis et Rensuisæ, testis, VIII A.
NICHARDUS, coquus, testis, CXI.
NIHARDUS, coquus, testis, XVII, XX, XXII, XCVII, CIV, XV A, XIX A.
NIHARDUS DE MONTE AUREO, nepos Guanilonis thesaurarii, VIII A.
NIHARDUS DE RUGA VASSALORIA, testis, LXVI.
NIHARDUS RUFUS, testis, XXX A.
NIVARDUS, major, testis, XXIV A.
NIVELO, testis, LIII.
NIVELO, filius Guarini sine Barba, donator, I A.
NIVELO, homo Gaufredi Normanni, testis, XLVIII A.
NIVELO, pater Eucherii, VIII A.
NIVELO SINE BARBA, testis, XX A.
NORMANNUS, miles Stephani de Maduno, XLIV A.
NOTBERTUS, testis, LIII.

ODELERIUS, testis, XXXIV A.
ODELINA, serva, L A.
ODILA, filia Guilberti, serva effecta, LXXVII.
ODILARIUS, famulus, testis, XXX A.
ODILO, famulus, servus effectus, XIX, LXXIX.
ONO, testis, LIX.
ONO, canonicus et archipresbiter, LXXI.

INDEX ONOMASTICUS.

Odo, cellararius, testis, LXI, CXXI, CXXV, VI A.
Odo, clericus, testis, LII, XLI A.
Odo II, comes Blesensis, XIII, L, LVI, XVIII A.
Odo, coquus, testis, III, VI, LXXVI, CVI.
Odo, decanus, frater Helnrici, VII.
Odo, famulus, testis, CXVI, XXXIV A.
Odo, filius Gundreæ, testis, VIII A.
Odo, filius Hildeburgis, LXV.
Odo, frater Fulcherii, testis, LXXIV.
Odo, homo Alcherii, testis, VI.
Odo, monachus, XXIV A.
Odo, monachus, testis, XXVIII A, XXX A.
Odo, nauta, testis, XLII.
Odo, prepositus apud Chamartium, XXIV A, XXVIII A.
Odo, prepositus Fontis Merlandi, testis, LXIX.
Odo, prior Balesmensis, CXVI.
Odo, prior Majoris Monasterii, VI, XCVII, CVI, CVIII, XXVII A, XXX A, L A.
Odo, prior Majoris Monasterii apud Balgentiacum, XXVIII A.
Odo, prior Majoris Monasterii apud Vindocinum, IX A.
Odo, coquus, testis, XV A.
Odo, sartor, testis, LXXVIII.
Odo, secretarius, testis, XIV A.
Odo, senescalcus, testis, XXIII A.
Odo, servus, LXXII.
Odo de Chamartio, testis, CXXIII.
Odo de Columbers, testis, XXXIII A.
Odo de Dongiolo, testis, XXVIII A.
Odo de Fontanis, testis, L A.
Odo de Fonte, miles, donator, XXIII A.
Odo de Fonte, testis, VIII A.
Odo de Fonte Merlandi, homo Majoris Monasterii, L A.
Odo de Fracte, testis, LII A.
Odo de Frate Vallo, XLIX A.
Odo de Rupeculis, testis, XLII A.
Odo Cessold, auctor, XXVI A.

Odo Cornuellus, testis, XXVI, c.
Odo Hureldus, testis, VIII A.
Odo Landanus, testis, IX.
Odo Malis Herbis, miles Ebrardi de Puteolo, XLI A.
Odo Parvus, testis, XXVIII A.
Odo Rufus, XV A.
Odo Rufus, testis, IX A.
Odo Rufus, dominus Tetbaldi militis, testis, IV A.
Odolinus, homo David vicarii, testis, LXXXIX, IX A.
Odulgerius, testis, I.
Oggerius, de Elemosina, testis, LXII, VI A.
Ohelmus, servus, VII A, XVIII A, XXVII A, XXVIII A.
Oliverius de Droennaio, testis, LIV A.
Orouen, serva effecta, XLV A.
Oricus, servus, CXVI.
Orricus Os Orlatum, testis, XXXII A.
Osanna, filia Viviani, XLVIII.
Osbertus, servus, LVI.
Otbertus, testis, X, XXIX.
Otbertus, bergerius, servus factus, CVIII, CXXVII.
Otbertus, camerarius, testis, XIX, XXXVI, XXXVII, XXXVIII, LXXIX, LXXX, LXXXI, LXXXII, LXXXIII.
Otbertus, canonicus, testis, VIII A.
Otbertus, cellararius, testis, II, XII, XIX, XXXVI, XXXVII, XXXVIII, LXVII, LXXIX, LXXX, LXXXI, LXXXII, LXXXIII, XCI.
Otbertus, decanus, testis, XXIII, XXVIII, CII.
Otbertus, filius Sevuini, testis, XII A, XIV A.
Otbertus, homo Hugolini, testis, XCI.
Otbertus, junior, testis, XXIV, XXX, XXXII, XXXIII, XXXIV, XXXV, XLI, XLV, LXXXIV, LXXXV, LXXXVI, LXXXVII, LXXXVIII, XCIV.

Otbertus, major, testis, LXII.
Otbertus, major et servus, LXXVI.
Otbertus, pater Martini, XXXV A.
Otbertus, senior, testis, VII, XVIII, XXIV, XXX, XXXII, XXXIII, XXXIV, XXXV, XLI, XLV, LXXXIV, LXXXV, LXXXVI, LXXXVII, LXXXVIII, XCIV.
Otbertus, servus, IX.
Otgerius, carpentarius, testis, V.
Otgerius, famulus de elemosina, testis, XVI, XXVII, XLIII, CXI, XIX A.
Otgerius, famulus, servus effectus, XVIII.
Otgerius, fidejussor, VII A.
Otgerius, presbiter, testis, CXII.
Otgerius, sutor, testis, XLIII.
Otgerius Bruchart, testis, L A.
Othgerius, mariscalis, testis, CXV, XLII A.
Othtrandus, servus, XII.
Otredus, testis, LII.

Paganellus, filius Ingelbaudi Britonis, XV A.
Paganus, camerarius, testis, XLV A, L A.
Paganus, clericus, LIX A.
Paganus, pretor, testis, XLIX A.
Paganus de Bessiaco, testis, LIII A.
Paganus de Fracta Valle, XLIX A.
Paganus de Spinellis, testis, XLIX A.
Paganus de Lavariaco, L A.
Paganus Beliardus, testis, L A.
Paganus Fracta, XLIX A.
Paulinus, testis, LIII A.
Peloquinus, dominus castri Insulæ, auctor, XXXIII A.
Petronilla, uxor Archembaldi prepositi, XIV A.
Petronilla, uxor Hugonis, LVIII.

Petronilla de Archiaco, uxor Godefridi, comitis Engolismorum - XXXVIII A.
Petrus, abbas de Fontanis, testis, LIX A, LX A.
Petrus, coquus, testis, VIII, LXVII, LXXVII, CVI, XXI A.
Petrus, dominus Montoriensium, XLIX A.
Petrus, filius Adelelmi, testis, CXVII.
Petrus, filius Cadilonis de Blazone, testis, XCVII.
Petrus, filius Gradulfi, testis, I A.
Petrus, filius Jozonis militis, CXIII, XXXIX A.
Petrus, filius Petri de Consulenti, testis, XXXVIII A.
Petrus, filius Richildis, testis, XXIX A.
Petrus, frater Fredelonis de Bordis, testis, XXXVIII A.
Petrus, pater Stephani de Maduno, XLIV A.
Petrus, vicarius de Rupibus, testis, XLVIII.
Petrus de Bornem, testis, LV A.
Petrus de Consulenti, testis, XXXVIII A.
Petrus de Glanders, stis, CXVII.
Petrus de Metriaco, testis, LXVI.
Petrus de Monte Aureo, testis, XLIX A.
Petrus de Partiaco, testis, CXXIII.
Petrus de Prisac, testis, XXXVIII A.
Petrus de Votluca, testis, LIII A.
Petrus Aufredi, testis, LV A.
Petrus Barba, testis, XLII A.
Petrus Barba, frater Raherii piscatoris, testis, XL A.
Petrus Bonardinus, colliberius, XLIII.
Petrus Bonetus, testis, XLII A.
Petrus Burdo, testis, L A.
Petrus Burdonius, testis, XLII A, XLIII A.

PETRUS GUITONS, testis, L. A.
PETRUS LEMOZICUS, servus, LXI A.
PETRUS MALILOQUUS, testis, CXII.
PETRUS TEDULFUS, famulus domni Gausberti, testis, XLVIII A.
PETRUS WIRCHERA, X A.
PHILIPPUS, filius Petri de Monte Aureo, testis, XLIX A.
PHILIPPUS I, rex Francorum, CXIII, XXXVII A, XXXIX A.
PINELLUS, nutritus, servus effectus, CIX.
PIPIXUS, colliberius, LV A.
PLACENTIA, filia Viviani, XLVIII.
PLACENTIA, uxor Letberti, XXIII.
PLECTRUDIS, uxor Otberti, CVIII.
PLETRUDIS, serva, CXXVII.
PRIMOLDUS, testis, LVI.
PUELLA, filia Hernaudi Quochini, testis, XLIX A.

RADULFUS, testis, XV, XLI, LII, XXX A.
RADULFUS, episcopus Andegavensis, LVI A.
RADULFUS, miles, testis, XLVII A.
RADULFUS, miles, coquus abbatis Guillelmi, testis, XLVI A.
RADULFUS, monachus, testis, LXX, CXVI.
RADULFUS, prior Majoris Monasterii, XLII A.
RADULFUS, servus effectus, CV, XLIX.
RADULFUS, viator, testis, LVIII.
RADULFUS, vicecomes, testis, LII.
RADULFUS DE SEMITARIO, testis, CVI.
RADULFUS ACULEUS, LIX A.
RADULPHUS, capellanus comitis Theobaldi, LIV A.
RADULPHUS, thesaurarius Majoris Monasterii, LXIII A, LXIV A.

RADULPHUS DE CASTEMERULE, monachus, testis, XLVIII A.
RAGENARDUS, testis, XIII, L.
RAGENAUDUS SESEPTIMUS, testis, LIII A.
RAGINALDUS, testis, L.
RAGINALDUS, collibertus, XXX A.
RAGINALDUS DE REMORENTINO, L.
RAGINALDUS BALCENNUS, testis, V A.
RAGINALDUS BELINUS, collibertus, V A.
RAGINALDUS LE DAIN, LXV A.
RAGINALDUS PEXNUS, XLIX A.
RAHERIUS, collibertus, IV.
RAHERIUS, famulus, servus effectus, LXXXIV.
RAHERIUS, filius Ebrardi, testis, VIII A.
RAHERIUS, filius Rensuisie, testis, VIII A.
RAHERIUS, piscator, servus effectus, XL A.
RAHERIUS, piscator, testis, XLII.
RAHERIUS, prepositus Sancti Georgii, testis, XIII A.
RAIMBALDUS, fidejussor, VII A.
RAIMBALDUS DE CAMPO MARTIS, testis, XVIII A.
RAIMBERTUS, bovarius, testis, CXXVI.
RAIMBERTUS, servus effectus, XCIX.
RAIMUNDUS, avunculus Giraldi, testis, LXVIII.
RAINALDUS, testis, XLVI, L, LIII, XCV, CXII.
RAINALDUS, abbas de Prulliaco, testis, XXI.
RAINALDUS, boverius, testis, LXXV.
RAINALDUS, coquus, testis, LXII, CVII, CVIII, XXXIII A.
RAINALDUS, coterellus, servus effectus, CX.
RAINALDUS, famulus, testis, LX, LXX.
RAINALDUS, famulus, servus effectus, XXXII, XLVI.
RAINALDUS, filius Beliardis, testis, IV.
RAINALDUS, filius Ermentrudis, XVI, CIX A.

Rainaldus, filius Gaufredi majoris, testis, XLVIII A.
Rainaldus, filius Giroardi et Adeladis, servus effectus, XXXIII.
Rainaldus, filius Landrici, testis, CXXIV.
Rainaldus, filius Lotberti, XXIII.
Rainaldus, filius Tetbaldi Baronis et Guitburgis, servus effectus, XXVII.
Rainaldus, frater Goscelmi, testis, LVIII.
Rainaldus, frater Guarnerii, testis, XL.
Rainaldus, frater Landrici coci, testis, CXX, CXXIII.
Rainaldus, gener Arnulphi archiepiscopi, testis, XLIV.
Rainaldus, major, testis, II, XII, XIX, XXIX, XXXVI, XXXVII, XXXVIII, XLVII, LXXIX, LXXX, LXXXI, LXXXII, LXXXIII.
Rainaldus, nepos Gilduini, testis, LXVI.
Rainaldus, pater Heldonis, XXXI A.
Rainaldus, pater Hildiardis ancillæ, testis, XLVIII A.
Rainaldus, pellitarius de Cerniaco, testis, III A.
Rainaldus, pistor, testis, XXII, XL, XLI, XLV, LXVIII, XCIV, XCIX, CVII.
Rainaldus, prior, testis, LXX.
Rainaldus, testis, XLVII.
Rainaldus, servus effectus, XX.
Rainaldus, servus, VIII, XXIII A, XXXVI A.
Rainaldus, servus, liber factus, CXVII.
Rainaldus, sororgius Rotberti, testis, XXVIII A.
Rainaldus Turonensis, coquus, testis, XVI, XIX A.
Rainaldus, vicarius de Calvo Monte, testis, XVII A.
Rainaldus de Castro Gunterii, testis, XLVII A.
Rainaldus de Ciconiis, testis, XI.
Rainaldus de Crathaiaco, XXVI A.
Rainaldus de Rua Vassalor, testis, CI.
Rainaldus de Rupibus, XIX A.

Rainaldus de Sancto Michaele, testis, XXV A.
Rainaldus de Spieriis, testis, VIII A.
Rainaldus de Subtus Scala, testis, IV, XLVIII.
Rainaldus de Vico Vassalorum, testis, IX A.
Rainaldus Besillus, testis, LVIII.
Rainaldus Bigotus, servus effectus, XXV.
Rainaldus Burgundio, testis, XLIII.
Rainaldus Butatus, testis, XLI A.
Rainaldus Didonius, auctor, XLVII.
Rainaldus Doardus, testis, CXXIV.
Rainaldus Doire, testis, XXV A.
Rainaldus Jonetus, testis, IV.
Rainaldus Madalgius, testis, LXXXIX, IX A.
Rainaldus Passa Cocus, testis, LI A.
Rainaldus Polinus, testis, LVIII.
Rainaldus Russellus, testis, L A.
Rainaldus Tailla Petit, testis, CIX.
Rainardus, testis, X, LIV, LXIII.
Rainardus, cognatus Godefredi, testis, XXVIII.
Rainardus, frater Gausfredi, XXXIV A.
Rainardus, homo Godefredi, testis, CII.
Rainardus, vicarius, testis, LXXIV.
Rainardus de Dalmariaco, testis, CXXVI.
Rainardus de Ferraria, testis, XIII A.
Rainardus de Ruga Vassalorum, testis, XIII A.
Rainaldus de Villa Fulgerias, dominus Mainfredi salnerii, III A.
Rainardus Caput de Lupo, testis, XXI A.
Rainardus Caput Villanis, testis, LXIX, CVIII.
Rainardus Doardus, coquus, servus factus, CXXI.
Rainardus Boena, testis, LII A.
Raindincus, famulus, liber factus, LII.
Rainelmus, filius Burchardi, XLVIII.

INDEX ONOMASTICUS.

Rainerius, cellararius, testis, cii.
Rainerius, coquus, testis, xciii.
Rainerius, famulus Sancti Martini, testis, xxviii, lxvii.
Rainerius, fidejussor, vii a.
Rainerius, homo Huberti et Hugonis, testis, xxxi.
Rainerius, monachus de Rameruco, testis, liv a.
Rainerius, prepositus, testis, xxxiii a.
Rainerius, servus, xliv, cix.
Rainerius Canartius, testis, xxx a.
Rainerius Fabr... ...tis, cix.
Rainfredus, fr... ..., vii a.
Rainildis, colli... ... .iii, lxvi.
Randenus, servus, ... a.
Rannulfus, testis, lii.
Ratherius de Montiniaco, viii a.
Reiricus, sponsus Matildis, liv a.
Renoldis, majorissa, serva, l a.
Renoldis Poisila, serva, l a.
Rensisa, uxor Huberti Mordentis, testis, viii a.
Ricardus, liber factus, lii.
Ricardus, major, testis, xix, lxxxv, xcvi.
Richardus, archipresbiter, testis, xv.
Richardus, filius Teduini, testis, xxviii a.
Richardus, frater Hadebrandi, testis, xviii a.
Richardus, hospitalarius, testis, xxiii a.
Richardus, major, testis, ii, xii, xv, xviii, xxx, xxxi, xxxii, xxxiii, xxxiv, xxxv, xxxvi, xxxvii, xxxix, xlvii, lxxix, lxxx, lxxxi, lxxxii, lxxxiii, lxxxiv, lxxxvi, lxxxvii, lxxxviii.
Richardus, novitius, testis, viii.
Richardus I, rex Angliæ, lix a.
Richardus de Lalo, l a.
Richardus Insanus, testis, xxviii a.
Richerius, testis, liv, liii a.
Richerius, filius Guarini, testis, cix.

Richerius, frater Fulconis, liv.
Richildis, filia Bernoini, serva effecta, lxiv.
Richildis, mater Petri, xxix a.
Richildis, soror Odonis, lxv.
Richildis, uxor Gualdrici molendinarii, colliberta, lv.
Richildis, uxor Viviani caprarii, serva effecta, cxi.
Rigaldus, filius Bertranni Agnelli, servus effectus, iii.
Ritberga, soror Firmati, colliberta, lxxxviii.
Rivallonius, testis, xlvii a.
Roaldus, furnarius, servus, l a.
Robertus, testis, xxv a.
Robertus, avunculus Joduini, xlix a.
Robertus, capellanus de Montiniaco, testis, xlviii a.
Robertus, hospitalarius, testis, xv a.
Robertus, pater Hugonis, xlix a.
Robertus Boena, testis, lii a.
Robertus Marchurveellus, pater Gaufredi servi effecti, xlv a.
Roculfus Fullo, testis, cix.
Rodulfus, filius Ernaldi de Balgenciaco, testis, xxviii a.
Rodulfus, filius Ivonis de Curbavilla, testis, viii a.
Rodulfus et Rodulphus, monachus, testis, viii a, xviii a.
Rodulfus, vicarius Blesensis, testis, xxvii a.
Rodulfus, vicecomes Cenomanensis, xvi, xix a.
Rodulfus de Balgiaco, testis, xcvii, xiii a.
Rogerius, testis, xiii.
Rogerius, faber, servus, l a.
Rogerius, famulus, servus effectus, xxix.
Roscelinus Uvaspallus, testis, lvi.
Roselinus, pistor, testis, xix.

Rosto de Lavarzino, testis, xxix a.
Rotbergis, colliberta, xxi.
Rotbertus, testis, xlvi, lix, xxx a.
Rotbertus, capellanus, testis, cvii.
Rotbertus, cellararius, testis, xx, ciii, xxi a.
Rotbertus, clericus de Redonis, testis, lxxv.
Rotbertus, clemosinarius, testis, iv, c.
Rotbertus, filius Adelardi, testis, cxvii.
Rotbertus, filius Alexandri, testis, cxvii.
Rotbertus, filius Drogonis, lxxiv.
Rotbertus, filius Odonis Scoti, servus, liber factus, cxiv.
Rotbertus, filius Racianæ, testis, cxvii.
Rotbertus, filius Rotberti, xxxi.
Rotbertus, filius Rotberti Burgundionis, xxxii a.
Rotbertus, filius Rotberti vicecomitis Blesensis, xviii a.
Rotbertus, filius Teduini de Sancto Bricione, testis, xxvii a.
Rotbertus, filius Tetbaldi et Eliæ, xxx a.
Rotbertus, frater Rainardi salnerii, iii a.
Rotbertus, hospitalarius, testis, xcvii, ciii, civ, cv, xiii a.
Rotbertus, infirmarius, testis, xciii.
Rotbertus, major, testis, ii, xix, xxix, xxxvi, xxxvii, xxxviii, lxxix, lxxx, lxxxi, lxxxii, lxxxiii.
Rotbertus, miles de Cainone, testis, cxvi.
Rotbertus, miles de castro Lavarzino, xxxi.
Rotbertus, monachus, testis, xii a.
Rotbertus, pellitarius, testis, xliii.
Rotbertus, presbiter, testis, lix, lxxv, xcix.
Rotbertus, rex Francorum, v. iii.

Rotbertus, sartor, testis, xxv, xxxix, xlviii, xciii, iv a.
Rotbertus, servus Sancti Martini, testis, xlvi.
Rotbertus, servus effectus, xxxiv a.
Rotbertus, vicarius, testis, xi a.
Rotbertus, vicecomes Blesensis, xviii a, xxvii a.
Rotbertus de Beziaco, testis, cxiii, xxxv a, xxxix a.
Rotbertus de Chimsiaco, testis, cxxvii, xli a.
Rotbertus de Grastina, testis, xliii a.
Rotbertus de Monte Comitorio, testis, xxx a.
Rotbertus de Repibus, auctor, cxv, cxvii.
Rotbertus de Sancto Leodegario, testis, ii.
Rotbirtus de Sancto Medardo, testis, v a.
Rotbertus de Villenolio, testis, xviii a, xxviii a.
Rotbertus Animalia, servus effectus, xxvi.
Rotbertus Blainetes, servus effectus, xxii.
Rotbertus Bergendo, testis, xvi, xix a, xxxii a.
Rotbertus Chiophardus, servus, xxxvi a.
Rotbertus Ferlus, servus, xliv.
Rotbertus Franciscus, testis, xvi, xix a.
Rotbertus Maltalant, testis, l a.
Rotbertus Mansellus, testis, xxxii a.
Rotbertus Normannus, testis, xli a.
Rotbertus Tortus Capellus, testis, lxix.
Rotgerius, famulus, testis, xxi a.
Rotgerius, filius Gauscelini Longi, testis, xviii a.
Rotgerius, pater Hainrici, ix a.
Rotgerius Piperatra, xxxvi, ix a.

ROTLANDUS DE COLDREI, testis, VIII A.
ROTROCHIUS, filius Gualterii de Buslo, testis, LI.
ROTRUS, testis, LIX.
RUDOLFUS, filius Ivonis de Curbavilla, I A.
RUDULFUS, archipresbiter, testis, XI A.
RUDULFUS, filius Goszelini Malum Minantis, testis, XI A.

SALOMO, testis, L, XLIX A.
SALOMO, clericus, nepos Adalgerii, testis, I.
SALOMO, filius Odonis de Frato Vallo, XLIX A.
SALOMO, pater Haimmairici Gaimardi de Lavarzino, LIII A.
SALOMO, vicarius, testis, XIII A.
SALOMO DE FRACTA VALLE, testis, LIII A.
SALOMON, testis, XLVI.
SALOMON, filius Ivonis, testis, XXX A.
SALOMON, vicarius comitis Fulconis, testis, XIV A.
SAMUHEL, testis, XXI.
SANCELINUS, testis, XXXV A, XLV A.
SANCELINUS, cellararius, testis, CXXIII, CXXIV, CXXVII, XL A, XLVI A, XLVII A, L A.
SANCTIO, filius Ingelgerii, testis, XXIII A.
SANCTIUS DE BLES, testis, CXVI.
SANZELINUS, testis, CXX.
SANZELINUS, cellararius, testis, CXIX.
SANZIUS, prepositus, testis, XXVI A.
SANZO, senescalus, testis, XVIII A.
SAVARICUS, miles comitis Fulconis testis, CXV.
SAVARIS DAISCHAY, testis, LV A.
SCICILIA, filia Drogonis, LXXIV.
SEGARIUS, XLVIII A.
SEHENIUS, famulus, liber factus, I

SEIBRANDUS DE CURRONE, testis, CXVI.
SEILENDIS, uxor Johannis de Licia, LIV A.
SEINCELLUS, abbas de Pontilevio, testis, LIX A, LX A.
SENTARIUS LORIPES, testis, IX.
SFROINDUS, testis, XXXV A.
SEVINUS DE SANCTO KARILEPPHO, testis, XXIX A.
SEVUINUS, pater Otberti, XII A.
SIBILLA, mater Rotberti, CXV, CXVII.
SICBARDUS, abbas, testis, X, LXIII.
SIGEBRANNUS, testis, LXXII.
SIGEMARUS, cellararius, testis, XCVII, CX, CXI.
SIGEMUNDUS, presbiter, testis, LI.
SIGIVERTUS, testis, XXX A.
SIGNARIUS, testis, XXX A.
SIGO, abbas congregationis pii Florencii, XVI A.
SIGO, monachus, testis, XXX A.
SIMO, filius Alberici, testis, VIII A.
SIMON, filius Borelli Blandins, testis, LV A.
SIMON, filius Guiberti, testis, XLIX A.
SIMON, frater Odonis de Fonte, auctor, XXIII A.
SIMON DE SANCTO MARTINO, testis, XXX A.
SIRUS DE LENGIACIS, testis, CI.
SOPHIA, filia Barduini de Castro Noastri, et uxor Bernardi Cauda Vaccæ, XXII A.
STEPHANUS, testis, X, LIX, LXIII.
STEPHANUS, carpentarius, testis, CIV.
STEPHANUS, cellararius, testis, LXXVIII.
STEPHANUS, clericus, testis, LXXII.
STEPHANUS, filius Alrardi, XIV.
STEPHANUS, monachus, XXIV A.
STEPHANUS, nepos Bartholomei archiepiscopi Turonorum, LXXV.
STEPHANUS, nepos Mauricii sacerdotis, testis, III A.

STEPHANUS, presbiter de Monte Laudiaco, testis, XLIII.
STEPHANUS, prior Sancti Leodegarii, LV A.
STEPHANUS, servus, XLIV A.
STEPHANUS DE FONTANIS, testis, CXXVII.
STEPHANUS DE LORATORIO, homo Lamberti Surdi, testis, XXV.
STEPHANUS DE MADUNO, auctor, XLIV A.
STEPHANUS DE TARNAI, testis, LV A.
STEPHANUS DE VALLE, testis, XXXIII A.
STEPHANUS AGASS, testis, XXXIII A.
STEPHANUS GAMBACANIS, servus, VI A.
STEPHANUS MICHAEL, testis, CIX.
STEPHANUS MICHAEL, prepositus Huberti, testis, XLIII.
STEPHANUS REX, testis, XXV A.
STEPHANUS RUIL, testis, CXVI.
SULIO, testis, I.
SULPICIUS UVAIPUS, testis, CXIII, XXXIX A.
SULPITIUS, dominus Ambaziæ, auctor, LIX A, LX A.
SULPITIUS, puer, testis, CXV.
SULPITIUS DE RUPIBUS, testis, CXVII.
SUPPLICIUS, filius Durandi Mille Scuta, testis, LXVI.
SYMO, testis, LI.

TEALDUS, piscator, testis, XLIII.
TEBERTUS, pedigator, testis, LVIII.
TEDMARUS, pater Frodelini, VIII A.
TEDUINUS, filius Gaufredi Corvesini, IX.
TEDUINUS, filius Teduini de Sancto Briciono, testis, XXVII A.
TEDUINUS, prepositus de Carnoto, testis, XLI A.
TEDUINUS, presbiter, testis, XXXV A.
TEDUINUS DE RUPIBUS, auctor, VI.
TEDUINUS DE SANCTO BRICIONE, XXVII A.
TEDULLUS, pater Tetbaldi, XLI A.

TEELUS DE SCORCELLIS, testis, CI.
TEGRINUS, mercator, testis, XXX A.
TELALDUS DE ORGERIA, testis, VIII A.
TELESBELLUS DENS, testis, XXIX A.
TEOBALDUS, furnerius, testis, LIV A.
TEOBALDUS CORCONS, testis, XLIX A.
TEODERICUS, testis, XLIX A.
TEODERICUS, filius Hugonis de Avazai, testis, XXVIII.
TEODERICUS, filius Rainardi, testis, XVIII A.
TEODERICUS BASTARDUS, testis, LXV, XXVII A.
TESCELINA, uxor Huberti, XLIII.
TESCELINUS, subvicarius, testis, XIV A.
TESTHA, serva, XLIV A.
TETBADUS CALVUS, monachus, testis, LXVII.
TETBALDUS, testis, LXXVIII.
TETBALDUS, cellararius, testis, XVII, LXVIII.
TETBALDUS II, comes Blesensis, LI, I A, VIII A.
TETBALDUS, filius Ernaldi, testis, XXIV A.
TETBALDUS, filius Ernulfi, testis, XXIV A.
TETBALDUS, filius Guillelmi, XCI.
TETBALDUS, filius Loterii, testis, IX A, XIII A, XXX A.
TETBALDUS, filius Tedulli, testis, XLI A.
TETBALDUS, filius Tetbaldi et Eliæ, XX A.
TETBALDUS, major, testis, XIII A.
TETBALDUS, miles, filius Loterii, IV A.
TETBALDUS, miles de Monte Morentiaco, testis, VIII A.
TETBALDUS, pater Hervei, XVIII A.
TETBALDUS, piscionarius, homo Sancti Martini, testis, XCIX, CXI.
TETBALDUS, prepositus, testis, LI.
TETBALDUS, sanguinarius, testis, LXXXVIII.
TETBALDUS DE RUPIBUS, testis, XI.
TETBALDUS BARO, servus effectus, XXVII.

TETBALDUS REX, testis, XVI, XIX A.
TETBAUDUS, testis, LVIII.
TEIBAUDUS, monachus, testis, LVIII.
TEIBAUDUS, pater Rotberti, CXV, CXVII.
TEBAUDUS PAGANUS, de Villa Nova, auctor, XXXVII A.
TETBERGA, filia Viviani, CXI.
TETBERTUS, famulus, testis, XX A.
TETBERTUS, filius Adelelmi, testis, CXVII.
TETBERTUS, frater Guarini de Balnessa, testis, XLIII.
TETBERTUS, medicus, testis, XC.
TETDERTUS BRAHANA, testis, XXIII.
TETLENDIS, uxor Winefridi porcarii, serva effecta, XXXIX.
TEUDO, auctor, LIX.
TEUDO, abbas ecclesiæ Burgulensium, XI A.
TEUDO, pater Hugonis, XXIX A.
TEUDO DE RUPECULIS, testis, CVIII.
THEOBALDUS, filius Raginaldi le Dain, LXVI A.
THEODELINUS, filius Airardi, testis, VIII A.
THEOFANIA, uxor Humbaldi, LX.
THOMA, frater Peloquini, domini insulæ, XXXIII A.
THOMAS, frater Michaelis Rufi, testis, XLII.
THOMAS POTET, testis, LV A.
TURBATUS, servus, XI

UGO, filius Odonis de Frato Vallo, XLIX A.
ULGARDIS, mater Dodonis Ansquitini, XC.
ULGERIUS, famulus Sancti Laurentii, testis, LXIV.
ULGERIUS, frater Lescelini, testis, LIII.
ULGERIUS, homo Letberti, testis, XXIII.

ULGERIUS, monachus, testis, XXI.
ULGERIUS, pater Archembaldi, XXVI A.
ULGERIUS, sacerdos, testis, LIII A.
ULGERIUS, servus, IX.
ULGERIUS DE CARCERE, auctor, VIII.
ULRICUS, clericus, filius Heinrici, VII.
ULRICUS DE BRUSLONE, testis, XXXII A.
ULRICUS BURGUNDIO, maritus Girbergæ, XIV A.
ULRICUS PERDRIELLUS, testis, CX, XV A.
UMBERGA, serva, XLIV A.
UMBERTUS, hospitalis, testis, IV.
UNCBERTUS, filius Constabuli de Vestenno, servus effectus, CVII.
UNCBERTUS, filius Constantini, servus, LXXV.
UNCBERTUS INFUNDUTUS, testis, XXI.
URBANUS II, papa, CXV, CXXVI, XLI A, XLII A.
URFIO, coquus, testis, XCVII.
URSIO, testis, XVI, XXII, CV, CX, XIX A.
URSIO, coquus, testis, XIII A, XV A.
URSIO, vice dominus Belvacensis, testis, XXXI A.
URSUS, testis, XCIX.
URSUS, frater Hilgualdi, testis, XLVIII.
UTBERTUS, capellanus, testis, LXXII.

VASLINUS, cellararius, testis, CVI.
VASLINUS, sartor, testis, CXXVI.
VASLINUS RUFELLUS, testis, CXV.
VILERIUS DE LAVARZINO, testis, V A.
VITALIS, testis, X, LXIII, V A.
VITALIS, clericus, testis, I A.
VITALIS, collibertus, LXXIV.
VITALIS, fidejussor, VII A.
VITALIS, filius Letardi bubulci, servus effectus, XCVIII.

VITALIS, filius Otberti bergerii, servus, CXXVII.
VITALIS, homo Sancti Martini, XXI.
VITALIS, mancipium Fulcherii, testis, LIX.
VITALIS, paraster Odonis de Fonte Merlandi, testis, L A.
VITALIS, pistor, testis, CV.
VITALIS, presbiter, testis, LXX.
VITRIACUS, LIV A.
VIVENTIUS, lavendarius, testis, XXII.
VIVENTIUS TORTUS, testis, XC.
VIVIANUS, testis, L, LII, XI A.
VIVIANUS, caprarius, servus effectus, CXI.
VIVIANUS, clericus, testis, LXXVI.
VIVIANUS, filius Viviani, CXI.
VIVIANUS, frater Herberti, collibertus, LV A.
VIVIANUS, presbiter, testis, LV A.
VIVIANUS BROCHARDUS, de castro Insulæ, auctor, XLVIII.
VIVIANUS NIMIUM HABENS FRUMENTUM, testis, XXVII A.
VIVIANUS RANTONI, testis, LV A.
VUARINUS, frater Hugonis, testis, XIII A.
VUIDUS, filius Alberti carpentarii, testis, XIX A.
VUILLELMUS, major de Ponte, L A.
VULGRINUS, filius Ingelbaldi Britonis, testis, IX A, XV A, XXX A.

WALCHERIUS, filius Tetbaudi Pagani, testis, XXXVII A.
WALERANNUS DE BRETOLIO, XXXI A.
WALTERIUS aut GUALTERIUS, famulus de Castello Ambaziæ, servus effectus, XL.
WALTERIUS, frater Welduini Crassi, testis, XVI A.

WALTERIUS CHARCOSIUS, testis, XXII A.
WARINUS, nepos Tetbaudi Pagani, testis, XXXVII A.
WARNALDUS, tanator, testis, XIII A.
WAUFRIDUS, XVI A.
WELDUINUS CRASSUS, testis, XVI A.
WICHERIUS, testis, X.
WIDO, filius Magni Widonis de Monte Letherici, XXXVII A.
WIDO, nepos Tetbaudi Pagani, testis, XXXVII A.
WIDO, vinitor, monachus, testis, XLII.
WIDO DE PETRAFORTI, testis, VIII A.
WILLELMUS, abbas Majoris Monasterii, XLV A, XLVI A, XLVII A, XLVIII A.
WILLELMUS, famulus, servus effectus, XXX.
WILLELMUS, frater Gausberti clerici de Sancta Maura, XVII A.
WILLELMUS, frater Rotberti de Villenollo, XXVIII A.
WILLELMUS, hospitalarius, testis, LVIII A.
WILLELMUS, major de Ponte, testis, LA.
WILLELMUS, prior Majoris Monasterii, L A, LI A, LVIII A.
WILIELMUS, prior Boni Nuncii, testis, LVIII A.
WILLIELMUS, frater Sulpitii Ambaziæ, LIX A, LX A.
WILLIELMUS DE MONTE LEONIS, testis, LIX A, LX A.
WINEFREDUS, porcarius, auctor, XXXIX.
WISMANDUS, de Super Bojon, testis, XV A.
WOFRIDUS, episcopus Parisiorum, XXXVII A.

Yvo, testis, V A.

INDEX GEOGRAPHICUS.

AMBAZIA, AMBAZIACUM, AMBAZIÆ CASTELLUM, XVI, XL, LIII, XCVII, CXIII, XIX A, XXXII A, XXXIX A, Amboise (Indre-et-Loire).
ANDEGAVENSIS COMITATUS, ANDEGAVIA, XIX A, LIX A, l'Anjou.
ANDEGAVI, CXVI, les Habitants de l'Anjou.
ANGLI, LIX A, les Habitants de l'Angleterre.
ANGLIA, LVI A, LVIII A, l'Angleterre.
APULIA, LIX, la Pouille, province d'Italie.
AQUITANI, XXXVIII A, les Habitants de l'Aquitaine.
AQUITANIA, LVI A, l'Aquitaine, ancienne province de France.
AZAIUM, LVI A, Azay-le-Rideau, arrondissement de Chinon (Indre-et-Loire).

BALGENCIACUM, LXV, XXVII A, XXVIII A, Beaugency, arrondissement d'Orléans (Loiret).
BELLUSLOCUS, XXVI A, LXI A, Beaulieu, arrondissement de Loches (Indre-et-Loire).
BELLUS MONS, VIII A, Beaumont-le-Vicomte, arrondissement de Mamers (Sarthe).
BERIACUM, prioratus, LIX A.
BITURICENSIS PAGUS, XC, CV, le Berry.
BLESENSE CASTRUM, XXVII A, Blois (Loir-et-Cher).
BLESENSIS COMITATUS, PAGUS, XXVII A, XLI A, LIV, le Blaisois.
BLESIS, BLESENSE CASTRUM, XXIII, XXVIII, LXXIV, CII, CXII, XXVII A, Blois (Loir-et-Cher).
BONI NUNTII, Prioratus, LVIII A, Prieuré de Bonnes-Nouvelles, d'Orléans.
BRENERIAS, IV A.
BRETULIUM CASTRUM, XXXI A.
BURGULIENSIS CONVENTUS, XI A, XXXVIII A, LV A, l'Abbaye de Bourgueil, arrondissement de Chinon (Indre-et-Loire).

CAINO vel CHINO, XVI, LIII, CXVI, XIX A, LVI A, Chinon (Indre-et-Loire).
CALVUS MONS, XVI, LI, CXVI, XIX A, XXVII A, Chaumont, arrondissement de Blois (Loir-et-Cher).
CAPELLA, CXVI, CXIX, CXXIII, CXXVI, CXXVII, la Chapelle-Vendômoise, arrondissement de Blois (Loir-et-Cher).
CARNOTENSIS ECCLESIA, LVIII A, l'Église de Chartres.
CARNOTUM, VIII A, XLI A, Chartres (Eure-et-Loir).

CARTUSIA DE LIGETO, LXI A, la Chartreuse du Liget, arrondissement de Loches (Indre-et-Loire).
CASSINIACUM vel CASSANICUM, XI A.
CASTELLUM-RAINALDI, XLIII, Châteaurenault, arrondissement de Tours (Indre-et-Loire).
CASTRUM DUNUM, I A, XXIII A, Châteaudun (Eure-et-Loir).
CASTRUM GUNTERII, XLVII A, Château-Gonthier (Sarthe).
CATTINA, villa in Vindocinensi pago, XIV A.
CENOMANNENSIS ECCLESIA, XLIX A, le Diocèse du Mans.
CERNAICUM, CERNIACUM, III A, XXII A, XXVI A, Cernay, arrondissement de Châtellerault (Vienne).
CHAMARTIUM vel CAMARTIUM, CXXIII, XXIV A, XXVIII A, XXX A, XLVIII A, Chamars, prieuré dépendant de Marmoutier, au diocèse de Chartres.
CHESELLIS, IV, Chezelles, arrondissement de Chinon (Indre-et-Loire).
CLOIA, I A, Cloyes, arrondissement de Châteaudun (Eure-et-Loir).
CLOISUS, locus in provinciâ Biturigensi, LXVIII.
COLUMBARIÆ, VI, Colombiers, aujourd'hui Villandry, arrondissement de Tours (Indre-et-Loire).
CONDATENSIS VICUS, CIV, Candes, arrondissement de Chinon (Indre-et-Loire).
CORMARICENSE MONASTERIUM, XXXIII A, l'Abbaye de Cormery, au diocèse de Tours.
CURTIRAS, villa in pago Vindocinense, XIV A.

DALMERIACUM, CXXVI, XXXIV A, Daumeray, arrondissement de Baugé (Maine-et-Loire).
DOLENSIS PAGUS, LXII, LIX A, le pays de Dol en Bretagne.
DUNENSIS PAGUS, III A, le Dunois.

FERRARIA, VI A, XIII A, XXX A, la Ferrière, commune d'Houssay, arrondissement de Vendôme (Loir-et-Cher).
FLORENTII PII CONFESSORIS CONGREGATIO, XVI A, Abbaye de Saint-Florent, près Saumur (Maine-et-Loire).
FONS CARI, XVI, XIX A, Font-Cher, prieuré dépendant de Marmoutier, au diocèse de Tours.
FONS MERLANDI vel MERLANNI, LV, LXIX, L A, Mesland, arrondissement de Blois (Loir-et-Cher).
FONTANIS (Abbatia de), LX A, l'Abbaye de Fontaines-les-Blanches, commune d'Autrèches, arrondissement de Tours (Indre-et-Loire).
FRACTA VALLIS, XXIX A, XLIX A, LIII A, Fréteval, arrondissement de Vendôme (Loir-et-Cher).
FRANCI, LIX A, les Francs.
FRANCIA, XXXII A, LVIII A, la France.
FULGERIAS, villa constituta in Dunensi pago, III A.
FUNALS, villa in pago Dolensi, LXII.

INDEX GEOGRAPHICUS.

GASTINA vel GUASTINA, LXXVII, Abbaye de Gastines, située commune de Villedômer, arrondissement de Tours (Indre-et-Loire).

HALENA, villa in pago Blesensi, XLI A.
HERA, aqua nomine, in Blesensi pago, VIII A.

INSULA, INSULA BUCHARDI, XLVIII, XXII A, XXXIII A, LXI A, l'Ile-Bouchard, arrondissement de Chinon (Indre-et-Loire).

KARANTA, XXXVIII A, la Charente, fleuve qui se jette dans l'Océan, vis-à-vis l'ile d'Oleron.

LANSULA, castrum in pago Lemovicino, LXXV.
LAUSDUNUM, LV A, Loudun (Vienne).
LAVARZINENSIS CELLA, LX, le prieuré de Lavardin, dépendant de Marmoutier.
LAVARZINUM, LEVARZINUM, VIII, XXXI, CVI, XV A, XLIX A, Lavardin, arrondissement de Vendôme (Loir-et-Cher).
LEMOVICINUS PAGUS, LXXV, le Limousin.
LOCHÆ, LUCAS, LUCACENSE CASTRUM, CIII, XXXIII A, LXII A, Loches (Indre-et-Loire).
LORATORIUM, V, XXV, le Louroux, arrondissement de Loches (Indre-et-Loire).

MADUNUM, castrum, XLIV A, Meung-sur-Loire, arrondissement d'Orléans (Loiret).
MAIEROLLÆ, villa sita in pago Blesensi, XLI A.
MAJUS MONASTERIUM, passim, l'Abbaye de Marmoutier, près Tours (Indre-et-Loire).
MIXTITIA, vinea in villa Domini sita, XV A.
MONCIACUM, XXIII, Moncé, commune de Limeray, arrondissement de Tours (Indre-et-Loire).
MONS ALTUS, LX, Montaut, commune de Millançay, arrondissement de Romorantin (Loir-et-Cher).
MONS AUREUS, LXXIV, XXX A, Montoire, arrondissement de Vendôme (Loir-et-Cher).
MONS LAUDIACUS, XLIII, XCVII, Montlouis, arrondissement de Tours (Indre-et-Loire).
MONS SORELLUS, CIV, X A, Montsoreau, arrondissement de Saumur (Maine-et-Loire).
MONS TRICHARDI, XVI, XIX A, Montrichard, arrondissement de Blois (Loir-et-Cher).
MONTINIACUM, XLVIII A, Montigny-le-Gannelon, arrondissement de Châteaudun (Eure-et-Loir).
MORENA, vinea in villa Domini sita, XV A.

NAVOLIUM, IV A, XXX A, Naveil, arrondissement de Vendôme (Loir-et-Cher).
NIOLIUM, LV A, Neuil, arrondissement de Chinon (Indre-et-Loire).

NOIASTRUM, XLVIII, Nouâtre, arrondissement de Chinon (Indre-et-Loire).
NORMANNIA, LVI A, la Normandie.
NOVUS VICUS, XLI A, Neuvy, arrondissement de Blois (Loir-et-Cher).

ORCHASA, LXIII, XXVII A, Orchaise, arrondissement de Blois (Loir-et-Cher).

PARCIACUM, CIII, CXXIII, Parçay-sur-Vienne, arrondissement de Chinon (Indre-et-Loire).
POMERIUS ACER, LVI A, le Pommier-Aigre, commune de St-Benoît-du-Lac-Mort, arrondissement de Chinon (Indre-et-Loire).
PONSLEVIUS, LX A, Abbaye de Pontlevoy, arrondissement de Blois (Loir-et-Cher).
PARISIUS, LXV A, Paris.
PRUILIACUM, XVI, Preuilly, arrondissement de Loches (Indre-et-Loire).

RAMERUCUM, LIV A, Ramerupt, arrondissement de Bar-sur-Aube (Aube).
REDO, LXXV, Redon (Ille-et-Vilaine).
RESBATIACENSE MONASTERIUM, XII, Abbaye de St-Pierre-de-Rebais, arrondissement de Coulommiers (Seine-et-Marne).
RICROX, villa in pago Biturigensi, CV.
RIPARIA, XXXIII A, Rivière, arrondissement de Chinon (Indre-et-Loire).
RUPECULÆ, CVIII, CXV, les Rochettes, commune de Ste-Radégonde, arrondissement de Tours (Indre-et-Loire).
RUPES, IV, VI, XI, XVI, XLIII, XLVIII, XCVI, CII, CXV, CXVII, les Roches, arrondissement de Vendôme (Loir-et-Cher).

SANCTA MAURA, V, XVII A, Ste-Maure, arrondissement de Chinon (Indre-et-Loire).
SANCTI CHRISTOFORI ECCLESIA, XXXVII A, St-Christophe, arrondissement de Châteaudun (Eure-et-Loir).
SANCTUS AMANDUS, CXVII, St-Amand-de-Vendôme (Loir-et-Cher).
SANCTUS ANIANUS, XIII, XXXI, L, St-Aignan, arrondissement de Blois (Loir-et-Cher).
SANCTUS CYRUS, in pago Bituricensi, XC.
SANCTUS MAURICIUS, XV, St-Maurice, ancien vocable de la cathédrale de Tours, aujourd'hui St-Gatien.
SANCTUS VICTOR, XLI A, St-Victor-de-la-Chaussée, arrondissement de Blois (Loir-et-Cher).
SANCTUS YLARIUS, XX A, XXI A, St-Hilaire-sur-Yerre, arrondissement de Châteaudun (Eure-et-Loir).
SEMITARIUM, CVI, IV A, XIII A, le Sentier, commune de Monthodon, arrondissement de Tours (Indre-et-Loire).
STELLA, LIX A, l'Abbaye de l'Étoile, au diocèse de Blois.
SUESSIO, VIII A, Soissons (Aisne).
SUNZIACUM, XXV A, Sonzay, arrondissement de Tours (Indre-et-Loire).

INDEX GEOGRAPHICUS

TARDANENSIS, TARDINENSIS PAGUS, LVI, le Tardenois.
TAVENNUM, IV, XLVIII, CVI, Tavant, prieuré de Marmoutier, arrondissement de Chinon (Indre-et-Loire).
TROUM, XLIX A, Troo, arrondissement de Vendôme (Loir-et-Cher).
TURONES, XV, LXXV, LIX A, les Habitants de la Touraine.

USSELLUS, XL, Huisseau-sur-Cosson, arrondissement de Blois (Loir-et-Cher).

VIENNA, XXXVIII A, la Vienne, rivière qui se jette dans la Loire à Candes.
VILERIAS, villa in Tardinensi pago, LVI.
VILLA AITARDIS, ETARDI, XXI A, XLII A, Villetard, commune de Maves, arrondissement de Blois (Loir-et-Cher).
VILLA BERFODII, I A, XLIII A, L A, Villeberfol, commune de Conan, arrondissement de Blois (Loir-et-Cher).
VILLA DOMINI, locus supra Vindocinum, XV A.
VILLA NANTULFI, XLI A, Nanteuil, commune de Montrichard, arrondissement de Blois (Loir-et-Cher).
VILLARIIS (ALODIUM DE), II A, in territorio Vindocinensi.
VINDOCINENSE TERRITORIUM, II A, XIV A, le Vendômois.
VINDOCINENSIS PAGUS, I A, le Vendômois.
VINDOCINUM, VII, XIII, L, LII, LVIII, LXXIX, CI, CVI, V A, IX A, XII A, XIII A, XIV A, Vendôme (Loir-et-Cher).

WASTINA SILVA, VIII, la Forêt de Gastines au nord-est de la Touraine.

Tours, imprimerie Ladevèze.

www.ingramcontent.com/pod-product-compliance
Lightning Source LLC
Chambersburg PA
CBHW071140160426
43196CB00011B/1954